校园有戏

中小学戏剧教育实践指南

缪斌　陈刚　袁媛

著

上海教育出版社
SHANGHAI EDUCATIONAL
PUBLISHING HOUSE

推荐序 一

没有什么比让戏剧教育领域的专家和实践者与他人分享其丰富的经验更有价值的了，这些经验都是在戏剧课堂上与学生的现场接触中形成、塑造和检验的。

这本书不是一本单纯的出版物，它是一个路标，是一个指南，是一种启蒙和激励，能让其他人跟随书中的指引，创造一个更有意义的世界。它为学生在学校里学习戏剧，为教师学习如何在学校的环境中教授戏剧和发展戏剧课程提供了一种启发性和创造性的方法。

缪斌和袁媛对工作充满热情，他们毅然转行，投身戏剧教育，这不是很多人能够做到的。他们很幸运，得到了天府第七中学（以下简称"天府七中"）校长的支持和理解。他们不仅在自己的学校开展戏剧教育，还成为戏剧教育的灯塔和榜样。他们制定新的策略，与他人分享知识，是戏剧教育真正的远见者和先驱。

戏剧教育不仅仅是一种戏剧表达方式，它还是一种充满活力、具有变革性和深远影响的学习方法，可以从多个维度吸引学生。几个世纪以来，戏剧一直是社会的一面镜子，反映了文化叙事、人类情感和交流的本质。在现代教育环境中，它已发展成一种多方面的工具，可以培养创造力、促进社会情感的成长、建立自信以及提高各学科的学习成绩。

本书旨在为戏剧教育工作者提供全面的指导，为在学校实施戏剧教学提供理论基础和实践策略。书中通过最佳实践、成功案例、戏剧过程范例和具体方法，激励教师将戏剧作为丰富学生学习体验的一种手段，并将课堂转变为充满活力的创造与合作中心。

十五年前，我和塞尔维亚戏剧教育与艺术中心（CEDEUM）一起参与了一项广泛且深入的研究项目，该项目汇集了来自欧洲十二个国家的教育戏剧（ETD）从业人员，研究戏剧如何影响每个儿童在其教育历程中所必需的关键能力，即"里斯本关键能力"。我们研究的目的是了解教育戏剧对里斯本终身学习八项关键能力中的五项能力的影响：母语交流；学会学习；人际交往、跨文化和社会能力以及公民能力；创业精神；文化表达。但对我们来说，该项目最重要的成果在于增加了第六种能力："人之为人"的普遍能力，这种能力既包含了上述五种能力，又赋予了它们新的内涵。

我们非常清楚，戏剧教育在培养沟通交流、解决问题、团队合作和社会适应等软技能方面发挥着举足轻重的作用。越来越多的人认识到，掌握这些技能对学生在21世纪的劳动力市场中取得成功至关重要，而传统的讲授式教学很难培养这些技能。通过即兴表演、角色扮演和剧本共创，学生将学会积极倾听、清晰表达思想以及在不同团队中和谐合作。

但最重要的是，在21世纪这个充满个人主义和高新技术的时代里，戏剧教育培养了我们的人性，发展了人与人之间亟需的关系和接触。在戏剧教育中，我们处理的是人与人之间的互动、情感和情境。戏剧是我们探索周围世界和个人生活的有力工具。

我们还必须认识到戏剧教育的整体性。将戏剧教育纳入学校教育最有说服力的理由之一，就是它能将儿童作为一个完整的人加以培养。戏剧能调动学生的情绪，鼓励共情，增强人际交往能力，提高自我意识。当学生学会站在另一个角色的立场上时，他们会超越自身的视角，探索不同的观念，培养同理心和文化敏感性。戏剧活动所创造的安全空间让学生敢于冒险，敢于直面个人恐惧，并以传统学术环境所不允许的方式表达自己。

本书不仅是中国戏剧教育界的珍宝，还是以国际戏剧教育协会（IDEA）为核心的国际戏剧教育界的珍宝。我们希望这本书将来能被翻译成世界其他语言。

萨尼娅·克尔斯马诺维奇·塔西奇

国际戏剧教育协会主席

2024年11月10日

推荐序 二

　　我一向主张每个实践教育戏剧和教育剧场的戏剧教师，在有过几年的实践经验积累后，都应该把自己的教学过程、理念、心得、经验、成果记录下来，写成书传播出去。特别是那些一直坚守在学校与青少年和幼儿共同工作的一线戏剧教师，他们有太多太多令人感叹的创造和收获，为什么不分享给更多的同人，和他们多多交流、相互学习呢？由缪斌、陈刚、袁媛撰写的《校园有戏——中小学戏剧教育实践指南》就是这样一本在成都天府七中戏剧教育教学数年实践基础上的成果结晶。

　　二十年来，在中国推广实践教育戏剧的过程中，我们关注的重点多在北上广深这些一线城市，以及东北和西北地区的城市和乡村，对祖国的西南部关注较少。当2016年我参加成都 A4 美术馆的学术研讨会时，第一次见识了"内地城市"的开放和前卫。他们的艺术教育理念和实施，其实是与国际接轨的，走在了当时一些城市大美术馆的前列。在成都还有一些"自由戏剧"这样的校外戏剧机构，共同构成了成都的现代化艺术教育理念。在这样一个开放的环境中出现如天府七中戏剧教学这样的实践，显然是很正常的。

　　首先，他们有一个在希腊接受过现代戏剧教育理念和方法的戏剧教师。希腊的戏剧教育理念和方法是与英国同系统的，我当年在英国学习时就有希腊同学；现在我们与欧盟的合作交流也包括和希腊的互访；目前我们在抓马宝贝和见学暑期学校也聘请了希腊外教。一所学校具有理念学识和实践热情兼备的戏剧师资，是持续开展现代戏剧教育的首要条件，也是必要的前提。

　　而且，他们还有一个认同现代教育戏剧、教育剧场理念的校长，他能全力支持，将教育戏剧课堂教学贯穿到教学计划中并贯彻到底，这是学校行政制度计划统筹的重要保障。没有敢于担责拍板的一校之长的领导和支持，靠几个教师的热心很难在全校顺利开展除教育部颁布的《义务教育艺术课程标准（2022 年版）》之外的现代理念戏剧教学。

其次，他们迅速地培训并组建了课程建设和实施团队，这支团队在全校一盘棋的规划中逐步展开教学工作。这是教育戏剧得以有计划持续发展的良好土壤。

天府七中的领导和教师很清楚地认识到了这一点，所以在他们学校的戏剧教育推进过程中，无论是教育戏剧课程和教育剧场课程的开设，还是校园戏剧社团的组建，或是校园戏剧节的举办，都名正言顺地进入全校教育计划，与学校育人体系同步运行。在这样的环境中，在全校师生的共同努力下，学生的身心成长必然取得令人瞩目的成绩。

21世纪我们需要什么样的戏剧教育？这是我在本世纪初提出的一个值得深思的问题。在快速变化的社会环境中，经过我们自20世纪末期的介绍引进和实践推广，人们逐渐认识到：普通学校的戏剧教育不应该仅仅停留在传统的以舞台戏剧"声台形表"等技巧的传授和舞台戏剧的观赏、排演，更应该注重以戏剧的基本元素结合教育学、心理学、认知学等原理，形成一个系统的学科方法应用于教育和教学。这就是说，我们需要的戏剧教育并不仅仅是在艺术熏陶、审美培养和戏剧技巧学习方面。在普通教育中的戏剧教育，更重要的是利用戏剧的教育功能和基本元素，促进学生的全面发展，培养他们的批判性思维、想象力和创造力，增强他们的社会适应能力、人际沟通能力、团队协作能力等。这才是我们在学校进行戏剧教育的目标和目的。戏剧教育应该成为连接学生内心世界和外部世界的桥梁，让学生在虚拟的戏剧环境中去体验不同的真实角色和人生，从而更好地理解自己、他人和我们生活的这个世界，做好迎接未来人生的准备。

显然，单纯的舞台戏剧鉴赏和排演很难达到这些目标。我们需要一种更能够激发学生潜能的戏剧教育，它应该注重学生的个性发展，鼓励他们参与创作、勇于表达自己的观点和感受。同时，戏剧教育也应该与现实生活紧密结合，让学生在戏剧过程中思考社会问题，培养他们的社会责任感和公民意识。

这种深入融入教育学的戏剧方法早在20世纪初期就有人在探索了。在世界的另一端，随着现代哲学、教育学的发展，已经有几代人也觉察了这些问题，而且他们在实验戏剧历代发展的影响下，历经了半个世纪的探索，已经总结出一些不同于舞台表演的戏剧教育方式和方法，比如 Drama in Education（DIE）、Theatre in Education（TIE）和 Creative Drama 等。幸好，我们在20世纪90年代中期发现了它们，并开始引进这些方法，我们将它们分别翻译为"教育戏剧""教育剧场"和"创造性戏剧"。

随着教育戏剧和教育剧场在中国的普及推广，我们体会到，这些方法显然与我国过去一贯运用的在学校带领学生排演戏剧的方法截然不同。实际上，早在 20 世纪三四十年代，我们的学校、我们的军队和工农团体中，也在实行一种类似的戏剧形式用于战争年代的教育和宣传。因为在二战前后我国的教育家、宣传队的戏剧教育观念基本与欧美国家同步，那时候欧洲的教育戏剧发展也基本处于这个阶段。但是，20 世纪 50 年代以后，我们只学习苏联大剧院式的以舞台戏剧为主的戏剧教育方法，割断了与欧美国家的联系，错过了他们在 20 世纪人文新学科和实验戏剧大发展时期的许多探索：戏剧在诸多先锋戏剧实验中跨学科，与现代哲学、教育学结合，提出了教育戏剧和教育剧场的方法及学科理念。它不再是一种单一的艺术形式和技巧传授，而是成了一种综合性的教育模式，旨在培养学生成长必备的综合素养和能力。这种戏剧教育不重戏剧排演和艺术鉴赏，强调学生的主体性和现场参与性，鼓励他们通过戏剧过程、即兴表演来探索自我、理解他人和社会，在实践中学习和成长。

在这样的戏剧教育中，教师不仅是知识的传授者，更是学生成长道路上的引导者和伙伴。他们除了应该具备教育学、心理学、认知学，甚至脑科学的学养，还应该具备丰富的戏剧学知识和戏剧实践经验，同时还需要具备创新思维和跨学科整合的能力。这样才能成为一个能更好地在虚拟戏剧情境中引导学生参与体验、发现问题和解决问题的戏剧教师。

学校和社会应该与世界同步、与时俱进，为戏剧教育提供更多的支持和资源。学校可以更多地推广普及教育戏剧课程和活动，为学生提供更多的参与机会和实践平台。社会可以加强对教育戏剧的宣传和推广，提高公众对教育戏剧的认识和重视。

鉴于我国急需大量在学校普及戏剧教育的师资，2007 年我在上海戏剧学院开创了四年制教育戏剧师资课程，但学生数量太少，远水不解近渴。于是 2013 年我们开始建立暑期学校，后又创立"见学国际教育文化院"，对在职教师进行三年制教育戏剧密集课程培训，我的工作室也进入学校开展培训辅导，至今已有四千余名掌握了教育戏剧和教育剧场方法的戏剧教师遍布全国各省（区）市。这是我们得以在全国各省（区）市推广和普及这些方法的基础和保障。

在这期间，我们为改变国人的教育观念和戏剧观念做了大量工作。实践证明，对观念和概念的正名还是很重要的，这不是无谓的纷争。特别是在中文语境下，名不正，则言不顺；言不顺，则很多事情都难以推行。20 世纪末，我国的教育观念还停留在工业革命时期从西方引进的许多方法和概念中，并没有做好迎接新世纪的切实准备。我们的戏剧观念更是还停留在唱戏演戏的高雅艺术鉴赏概念中，并没有真正契合现代教育的戏剧方法和理念。正是这二三十年来教育界、戏剧界的有识之士不遗余力地阐释、辩论、宣讲、实践、印证，才确立了我们的新的戏剧教育观念。

也许，在英语的语境下，可以不强调戏剧教育（Drama Education）和教育戏剧（Drama in Education）的区别，英语的"戏剧"概念就是 Drama、Theatre，它不包括歌剧、音乐剧。但是汉语不同，"戏剧"包括大部分的表演艺术种类和门类，话剧、歌剧、舞剧、音乐剧、戏曲等都是戏剧。在英语语境下，戏剧学院的专业戏剧教育，叫作"Drama""Theatre"，不叫"Drama Education"，应用于普通学校的戏剧教育才叫"Drama Education"。但在汉语语境下，都叫"戏剧教育"，其又细分为专业戏剧教育和普通戏剧教育。那么，在现阶段，当一个新概念"Drama in Education"被引入汉语语境时，就必须有一个区别于笼统"戏剧教育"的清晰概念。在中国香港和台湾地区的实践中，引进者根据使用场景的不同，将这种不同于传统戏剧教育的方法分别翻译为：课堂戏剧、过程戏剧、教学戏剧、教育戏剧……我们选择了"教育戏剧"以区别于原来传统的戏剧教育方式。我们主张"在普通学校做戏剧教育的方式，采用教育戏剧方法"。这样，在汉语语境下语义明确、思路清晰，不至于在行文中导致"戏剧教育""教育戏剧"无序混乱出现。

2014 年开始，我的工作室在戏剧的综合艺术形式上，分别从参与式戏剧、创意戏剧两个层面，每年做一个在职教师参与的教育剧场实验工作坊。历时四年，我们在实践基础上总结出参与式戏剧、创意戏剧的两个系列。

参与式戏剧包括：故事剧场、论坛剧场、纪录剧场、环境剧场……

创意戏剧包括：创意木偶、皮影、音乐、舞蹈、戏曲、诗歌……

这些剧场方式都是为了改变我国校园戏剧惯有的单一剧本排演模式，以学生为主体，让学生参与一个戏剧创作的全过程；让他们无须因循传统制作，只在传统民间艺术和不同艺术形式的交叉基础上创意发展出一个新的剧场艺术创作来。同时，利用社会的一切现代化公共设施，把作为综合艺术的戏剧形式发挥到极致，比如把音乐舞蹈戏剧跨界进入美术馆、博物馆和自然环境中去。这些剧场形式适合不同年龄段的孩子选用，使他们的参与和创意半径尽可能扩大。直到现在，我们还在从幼儿园、小学、中学和高校的教学中继续实践、创造着。

随着 AI 技术、脑机接口等科技的飞速发展，戏剧教育应该怎样与时俱进，如何利用新的技术手段和创新的教学方法来适应数字时代的学习，是摆在我们面前的艰巨课题，我们面临着新的挑战和机遇。二三十年之后，人类世界将发生怎样的变化，我们难以预料；如何面对 AI 人、生物人和人机混合人的充满不确定的未来世界，那时候我们将怎样在虚拟场景中体验戏剧创造，这些对我们来说都是难以想象的新课题。未来已来，戏剧和戏剧教育将怎样发展，就在不远的将来，可我们还没做好准备。我想，戏剧是人与人直接对话、交流的艺术形式，不妨想象一下，或许那时候正可以运用戏剧方法去识别你遇到的是否为真人，在充满机器人的世界，人与人之间的交流一定是更加珍贵的存在。这是戏剧教育和教育戏剧能持续存在的前提条件，至少在现阶段我们还需要戏剧教育。我们应该以开放的心态和包容的态度来探索和实践新的戏剧教育模式，为孩子提供适应未来世界的更加丰富多彩的学习体验和发展空间。只有这样，我们才能更好地适应时代发展的需要，为培养具有国际竞争力的未来人才做出更大的贡献。

2025 年是国际教育剧场创立六十周年的日子，是值得纪念的。六十年来，在前辈创造的基础上，一代代戏剧教师和演教员为幼儿的健康成长，青少年的基本素养和世界观、人生观、价值观的建立，把创新发展的戏剧方法与哲学、教育学、心理学、认知学等新兴学科结合，创造了面向 21 世纪适应未来发展的优秀学科和方法。现在，我们已经可以看到并体会到当年这些方法创立和发展的必要和成效了！

虽然由于各国存在的客观原因，教育剧场发展艰难，在其发源地已经衰微，但是在世界各个角落总有一些志同道合者不会放弃，还在努力践行中。我们也是这样的后继者，我们不愿放弃但也不墨守成规，我们会"洋为中用"落地创造我们自己的教育剧场。中国的孩子需要艺术滋养，中国的教育需要进入数字时代的变革，我们在 20 世纪末开始引进教育戏剧和教育剧场，恰好为现在做了充分的准备，是时候做出坚实的推进了。

这不仅是戏剧教育的目标，更是我们全社会共同努力的教育革命方向。教育剧场六十年的历程，见证了无数教育工作者和艺术家为这一目标的付出与坚持。他们用自己的热情和智慧，不断探索和创新，为孩子提供了更加丰富多彩的学习体验。现在，面对未来，我们仍须努力。我们站在新的历史起点上，更应该继承和发扬前人的精神，将戏剧教育融入更广泛的教育实践中，改变我们的育人模式和观念。让每一个校园都有戏，让每一个孩子都能感受到艺术的魅力，激发他们的创造力和想象力，去参与和创造，培养他们面对未来的综合素质和健全人格。

总之，《校园有戏——中小学戏剧教育实践指南》不仅是对天府七中戏剧教育实践的全面总结，也是一本可借鉴的教材、一本参考书，可以为那些想要在学校开展教育戏剧的学校和教师提供可借鉴的路径和方法。相信这样的经验会让更多的教师认识到教育戏剧的价值，有力推动全国中小学戏剧教育，让更多的学校加入到运用教育戏剧和教育剧场方法开展戏剧教育的行列中来。

李婴宁

著名剧作家、戏剧教育家

2025 年 1 月 12 日

推荐序 三

　　对于一名教师来说，最有力的改变因素就是其他教师分享的有效的实践故事。我们通过见证他人的故事并从中学习，来学习戏剧教学。

　　这是我在 2024 年 7 月 15 日至 20 日于中国北京举行的国际戏剧教育协会（IDEA）2024 年大会上发言的主题，同时，这也是《校园有戏——中小学戏剧教育实践指南》的主题。缪斌、袁媛和陈刚校长一起阐述了他们对戏剧教育的观点，为其他在教学中使用戏剧的教师提供了启发。他们从自己所处的世界出发，分享戏剧教育的知识、经验和技巧，与对戏剧教育感兴趣的中国教师直接对话。

　　本书是对愿意分享课堂所学的，热情洋溢、知识渊博的教师的祝贺。同时，本书也强调了学校管理者在学校戏剧教育发展中所起到的关键支持作用。在中国戏剧教育发展史上的这一重要时刻，分享成功故事以激励其他同样走在这条道路上的人是非常有价值的。

　　自 2016 年以来，我一直见证着中国戏剧教育的快速发展和公众对戏剧的兴趣的增长，通过我在国际戏剧教育协会（IDEA）中的角色，我得以从国际视角来反思这些趋势，这对我个人而言是有益的。在这些年里，戏剧教学取得了显著的发展，戏剧在整个课程中的地位也得到了认可，这是在中国戏剧教育先驱的基础上形成的一股支持浪潮。这一成功意味着，有必要支持教师更自信地将戏剧融入日常课堂，让"戏剧+"贯穿整个课程。戏剧不仅是表达思想和交流故事的一种强大且直接的教学形式，它还在整个课程体系中发挥着重要作用。在社区建设和学校戏剧制作中，戏剧教育也发挥着重要作用。

　　在国际舞台上借鉴他人的做法固然有益，但中国的戏剧教育者也必须在教学中找到自己的声音。分享故事，就像本书所做的那样，是这一旅程的必要组成部分。

　　我非常高兴能看到本书的出版，也鼓励其他人分享他们的故事。中国戏剧教师将共同建立一个实践社区，以维持并鼓励精彩的戏剧教学。这将有力地改变学生的生活、学校的学习，并丰富社会的多样性。

　　戏剧教学需要我们的想象力、创造力，以及具有变革性和持久性的学习能力。我希望这本书为中国教师带来价值和帮助，同时支持和鼓励中国中小学的戏剧教育发展。

罗宾·帕斯科

国际戏剧教育协会前任主席

2024 年 10 月 1 日

推荐序 四

有传言称，一名中国学生将来到希腊纳夫普利翁，参加伯罗奔尼撒大学教育戏剧硕士专业的学习。他就是缪斌。我很高兴我们将会拥有一个具有跨文化背景的班级，中国文化将成为其中重要的一部分。在那之前，缪斌参加了埃皮达鲁斯戏剧学园项目（Epidaurus Lyceum），在希腊古老的剧场开始戏剧学习。从古剧场向南几公里，就是纳夫普利翁。果然，缪斌来了。生活不过是一个又一个的童话故事，于是，一个以中国英雄为主角的中国—希腊现实童话就这样诞生了。

这就是他在纳夫普利翁两年旅程的开始，在之后，他出色地导演了一部中希跨文化戏剧，这标志着他研究生学业的顶峰。在那部剧里，他编写了剧本，扮演了男主角，与希腊演员用中文和希腊语完成了罕见且新颖的演出。对于一个非希腊人而言，无论是两种语言的结合，还是剧中的表演和导演，都是一项壮举。通过行云流水的演出，两种文化融会贯通，创造出令人钦佩的作品。

研究生期间，缪斌工作专注且富有创造性，成果斐然。教育戏剧专业课程主要是用希腊语授课，而他的到来让这个专业变得国际化。他一直很活跃，举办中国文化讲座，介绍中国文化的方方面面，如乐器、文学、茶道等，他甚至还在监狱里开展教育戏剧课。他深受大家的喜爱，是大家关注的焦点，身边总是围满了朋友。他做任何事情都很有效率，对作业、课程和实践都会高质量完成。他头脑灵活，适应能力强，尽管我们专业的学习要求很高，但是缪斌总是会第一时间投入并用自己的热情和智慧为学业而努力。在相处中，我们也感受到他乐于助人的品质。我想，缪斌教会了我们很多。毕业后他一次又一次地回到希腊，并在我们为他举办的"教育戏剧：从纳夫普利翁到成都"的分享会中展示了他这几年的成果。

现在，我看到了他的最新作品——一本关于戏剧教育理论和教学的书。在很多国家，教育戏剧已被纳入课程，它涵盖戏剧、教育学和治疗领域的练习和技巧，成为一种与其他艺术相结合的全人教育教学方法。它是一门交流的艺术，是一种在我们的现实生活中创造新现实的方法，每个人都可以成为自己创造行为的主体（如果他或她愿意的话），通过语言或非语言、动作或非动作、个体或集体来表达自己。教育戏剧是一种可以以体验的方式"教授"任何学科的方法，如历史、文学、数学、物理、社会学、外语等。通过这种方式，每个学生都能参与一系列练习，在放松自己的同时，将注意力集中到一个物体、一个思想、一个词语和一个主题上。学生可以独自策划一个场景，也可以与他人一起合作；他可以扮演一个或多个角色，还可以与他人进行即兴表演与合作，通过角色扮演和创造性活动来学习。语言、故事、童话、照片或我们身边的任何物品都会成为一种行动、一种动作、一种表达的契机。学生与身边的朋友或团队里的其他成员一起讨论，相互倾听，共同创造。这对掌握技能大有裨益！

除了在学校学习之外，学生还要了解自己，当然也要了解他们所生活的社会。这个社会可能喜欢某些东西，也可能不喜欢某些东西。在这个游戏中，一切都将被表达出来，并从迄今为止"从未见过"的方面被看到。每个人的视角都得到了拓宽，每个人都能通过对方了解到自己的生活经历，而对方显然也有自己的故事和解决方案。生活中有许许多多的事，而所有这些事都可以由学生来表现，他们也会对这些事件进行评论，并经常以自己的方式将其延续下去。这就是教育戏剧与戏剧治疗的联系所在。

教育戏剧激发了我们的灵感，并使每个人的多样性得以彰显。因为每个人都是独一无二、不可复制的。同样的，每个人的想法都不尽相同，最终，通过练习和技巧，每个人都能了解自己，了解自己的做事方式、优点和弱点。每个人都用自己的方式表达自己，展现个人风格，并不断提高自我表达能力，这对现在和未来是多么重要。教育戏剧还培养了观察和审视周围一切事物的能力，以及将因果关系联系起来的能力。青少年需要了解每件事是如何运作的，事情发生的过程是怎样的，每个人是如何思考的，这样他们才能通过游戏获得逻辑推理能力。

同时，小组中的每一位成员都能看到身边发生的事情，并开始对其进行批评，从而培养批判性思维。这是一种生活态度，它引导每个人成为更好的人，成为当今社会的公民，因为当今社会在不断发展，有时还存在许多问题。课堂成为评价的场所、质疑的场所和创造性建议的场所，最后学生发现并关注他们寻求解决的问题。

因此，通过戏剧可以解决问题。通过与其他艺术的结合，学生在不同的情境、立场、对立面、态度和信念中开展工作，并通过角色扮演尝试找到可能的、适当的解决方案。这是一个让参与者直接参与其中的过程。他必须身临其境，专注于当下，全身心地投入到他正在做的事情中。因此，这也是一种练习，练习将自己的思想集中在一个物体、一个词或一项任务上，并做好准备，迅速对正在做的事情做出反应。这些都是每项任务所要求的品质，学生将在今后每项任务的应用以及与他人建立的关系中认识到这一点。他们学会了积极倾听他人，而随着时间的推移，他们还能够更好地理解他人，设身处地地为他人着想，从而培养同理心。

不可否认，当学生专心致志地相互倾听时，他们可以学会提出论据来支持自己的观点。因为他们可以做决定，所以他们被赋予了能力。一般来说，决策和选择与人的一生息息相关，涉及日常生活的方方面面，因为我们都会遇到进退两难的情况或困难。在做出决定的同时，还要采取与决定相关的行动，并保持主体的一致性。这些过程不仅能让人有能力支持自己的观点，还能说服他人，让人听到自己的声音。如果有一天这些学生走上了领导岗位，他们将能够严肃认真、始终如一，尊重每一个人并维护法律。每个人都能与其他人一起发出自己的声音，他们在小组中表达自己。小组中不能缺少尊重。如果缺乏尊重，小组很快就会解散，所有的行动、表达和即兴表演都会停止。教师引导小组成员发现小组的规律，这就是人们如何学会服从和规则，妥协和限制。每个人都能通过彼此了解自己能够或应该付出多少，允许索取多少。此外，如果学生尊重他人的权利，那么当他认为自己受到不公正对待时，他就能坚持自己的观点。戏剧鼓励认真倾听对方，回答对方的问题，与对方握手，与对方合作，与对方一起创造新的东西。

很多可以重现的事件都需要两个、三个、四个甚至更多的人一起合作。很少有只有一个人发言或表演的情况。所以，戏剧不是一个人就能完成的，因为我们周围发生的一切都需要有其他人的参与。这需要团队合作精神。一个人如何工作，而另一个人又如何工作？每个人又是如何一起工作的？与团队一起工作，你会看到其他人以不同的方式处理每个问题，你会拓宽自己的认知，你会接受不同的个性、不同的能量以及不同的心态、情绪、信仰、成见、偏见和欲望。你经常处于守势，但为了推进戏剧活动的创作，你又经常伸出援手。也许这就是你为团队做出的牺牲。你为妥协而放弃的部分与你贡献的观点和挑战，将团队带入新的空间。除了创造力之外，每位参与者还能培养合作精神，共同学习，这不仅能推动他们的智力发展，还能培养他们的社交能力。生物不是独自生活，而是与他人共同生活。即使在海洋中，你也能看到它们聚集在一起，即使在天空中，你也能看到成群的星星。同样，在教室里，"有生活素材的梦之小组"一年四季都在不断发展变化。

通过教育戏剧，我们可以在游戏中学习外语。我们可以从几个单词开始逐步积累，通过游戏学习语法，掌握说话者的风格。为此，除了我们自己，我们还可以使用木偶、皮影戏和面具等工具。游戏可以带来趣味，通过游戏和角色我们可以学习或巩固所学的语言。语言与想象力的结合越多，想象力就越能提高我们的创造力。通常，一个刺激会带来一场思想风暴，一个人会激起并开启另一个人的想象力，因此，在发挥创造力的过程中，我们理解了符号和象征。所有这一切都会传递到心里，塑造我们的思维、反应、灵活性、心理模式和生活方式，甚至是幸福感。教育戏剧帮助创造性学习方法的发明，比如创意写作。通过表演，我们可以以不同的方式编写文本，并将这些文本与学生可以表演的新文本结合起来。学生还可以撰写支持某一主题的演讲稿，并参加演讲比赛。他们可以写日记，记下自己的感受和课上发生的事情，最后想办法发表出来，也许是在校报上，也许是在网上。可以肯定的是，创造力的水龙头是可以打开的，而且我们确实可以使它流到我们想要或需要学生去的地方。这些也包括了支持表达的其他艺术形式，让每个人都能在自己想表达的地方更多地表达自己。音乐是必不可少的，因为它既有助于培养情感，营造气氛，又能促进动作或舞蹈。同样重要的还有绘画、雕塑、摄影、平面设计，这些课程将培养学生的创造力，并使学生向创新领域迈进。

我们从简单的练习开始，通过戏剧，我们到达了技术的彼岸。我们不能忘记，每个小组在完成工作后都有一项重要的任务，那就是对他们创作的所有作品进行评估与反思。这就好比每个学生跳出自己看自己，跳出他人看他人，说出自己的感受，说出自己喜欢的东西，说出自己在活动中的其他想法，说出自己要改正的地方，说出自己要牢记的东西。或许，每个学生的课堂体验日记能让他们明白更多的道理。

如果学生在体验性、合作性、包容性的课程中，用自己的身心，用自己的整个生命来处理自己的事情，那么正如许多研究已经证明的那样，学校会因为学生的改变而改变。学生会变得有责任感、有思想、有创造力，会在选择中展现情感的力量，会与人合作，会乐观生活，他们是为生活之美而快乐生活的人，他们将学会在尊重他人的前提下克服困难，他们会为正确的事情和自己的权利而战，同时也会为身边的人和弱势群体的利益而战，从而使这个社会变得更加美好。教育戏剧为培养富有同情心的世界公民提供社会变革动力。

很高兴看到缪斌这本关于戏剧教育的优秀著作，每一位教师都应该阅读这本书，为自己在教育的征途上汲取力量。

阿尔基斯蒂斯·孔托雅尼

希腊伯罗奔尼撒大学戏剧系荣誉教授

2024 年 10 月 18 日

推荐序 五

戏剧教育具有其他学科无法比拟的变革力量。它具有独特的能力，能够调动身心和精神，激发创造力、合作精神和批判性思维。数十年来，我与学生、教师以及城市和乡村的学校一起工作，亲眼见证了这种转变，在那里，戏剧不仅是一种艺术创作，更是一种促进个人和集体成长的力量。

《校园有戏——中小学戏剧教育实践指南》这本书的出版正值教育的关键时刻。全世界的学校都在努力应对挑战，让学生为不可预测的未来做好准备，而艺术——尤其是戏剧——提供了宝贵的工具。戏剧教育能培养学生的同理心、应变能力和适应能力，这些技能在我们这个相互联系、瞬息万变的世界中至关重要。然而，尽管戏剧教育有着巨大的潜力，它却往往难以得到认可，面临着误解和障碍。本书为相信戏剧具有重塑教育的潜力并渴望将其融入学校的教育工作者提供了一盏明灯。

戏剧教育为何重要

当我回想自己教学生涯中最具影响力的时刻时，它们往往都与戏剧有关。从害羞的学生通过即兴表演找到了自己的声音，到脱离学习的学生在合作表演中发现了乐趣，戏剧始终为学生的成长提供途径。戏剧的价值不仅仅在于培养未来的演员或剧作家，还在于培养全面发展的个人。戏剧要求学生倾听、换位思考和解决问题，这些技能超越了舞台，丰富了他们的课余生活。

本书第一章"学校需要什么样的戏剧教育"探讨了戏剧在教育中的作用这一基本问题。它探讨了戏剧教育如何培养创造力和社区意识，同时也强调了教育工作者经常遇到的障碍，例如将戏剧简化为无聊游戏或过于刻板的表演练习的错误观念。作者关于戏剧教育本土化方法的论述与我的经历深有共鸣，强调了根据当地情况调整全球最佳实践的重要性。

植根于实践的指南

本书的与众不同之处在于其实用性。教师经常表示希望将戏剧融入课堂，但又因缺乏资源或培训而畏难。本书弥补了这一不足，从设计戏剧课程到管理戏剧课堂，为教师提供了循序渐进的指导。第二章详细介绍了课程结构——从必修课到选修课和专修课——特别有帮助，使学校能够根据自己的独特需求量身定制课程。

书中还包含了一些具体的例子，例如根据《迟到大王》和《九色鹿》等故事设计的课程，突出了本书的实用性。这些范例不仅仅是模板，它们还是创造力的跳板，鼓励教育工作者对其进行调整和扩展，以适应自己学生的需求。同样，在学校戏剧制作中强调师生共同创作，反映了一种重视合作和共同所有权的教学方法，也完全符合 21 世纪教育的原则。

课堂之外的戏剧

本书最令人兴奋的是对"戏剧 +"的探索，即戏剧远远超出了课堂的范围。这种跨学科的方法既新颖又必要，它展示了戏剧如何丰富语言艺术、历史甚至科学等学科。"戏剧 + 语文"和"戏剧 + 英语"提供了令人信服的例子，向我们展示了戏剧如何加深学生对课文的理解，如何以动态、具体的方式培养学生的语言技能。

此外，该书对将戏剧作为社区建设工具的观点既及时又鼓舞人心。"戏剧 + 社区"和"戏剧 + 乡村"两部分重点介绍了戏剧如何弥合分歧，促进学生、家长和社区之间的联系。这些内容与我自己在乡村学校工作的经历产生了共鸣，在乡村学校，戏剧往往成为讲故事、保护文化和改变社会的有力手段。

教师在戏剧教育中的作用

任何成功的戏剧课程都离不开充满激情、装备精良的教师。作者认识到戏剧教育需要一套独特的技能和思维方式，因此对教育工作者的专业发展给予了极大关注。第五章对课堂管理的关注尤其有价值，解决了大班教学、课堂安全和观众素养等常见问题。这些实用技巧让教师有能力为戏剧创造一个有利的环境，确保戏剧对所有学生而言都是一种具有包容性和影响力的体验。

同样重要的是强调教师的幸福和成长。青海省"美术教师戏剧工作坊"和浙江省"美好教师成长营"等活动说明，戏剧也可以成为促进专业发展和个人成长的工具，让教师在课堂上展现最好的自己。

行动号召

作为教育工作者，我们的任务是让学生为我们无法完全想象的世界做好准备。戏剧教育强调创造力、同理心和适应能力，为学生提供了驾驭这种不确定性所需的工具。但是，要发挥戏剧教育的潜力，不仅需要戏剧教师的努力，还需要管理者、决策者和各学科教育工作者的努力。

《校园有戏——中小学戏剧教育实践指南》不仅仅是一本指南，更是一份重新思考教育的邀请函。它向我们提出挑战，让我们能够坚信，在学校里，戏剧不是后知后觉的，而是融入课程和文化的核心支柱。它要求我们超越传统的"孤岛"，拥抱戏剧所体现的跨学科和社区精神。

对于拿起这本书的朋友们，我鼓励你们带着好奇心和开放的心态去阅读。无论你是一名经验丰富的戏剧教师，还是一名渴望尝试的新手，你都会在这本书中找到丰富的想法和灵感。更重要的是，你会发现一个行动的号召——将戏剧的魔力带给你的社区、你的学校和你的学生。

最后，我要感谢本书的作者们对这一重要领域的奉献，感谢他们创作了这部无疑将对教育工作者和学生产生持久影响的作品。我很荣幸能为这部如此完美地概括了戏剧教育变革力量的作品作序。让我们共同努力，培养出不仅在学业上有竞争力，还在创造力上有能力，并能与他人深深相连的一代学习者。

叶逊谦

喜马拉雅戏剧教育创新研究院院长

北京臻爱公益基金会戏剧教育课程委员会主席

2024 年 11 月 19 日

目　录

前　言

　　我的戏剧教育开始于希腊，在我回国进入校园进行教学实践之后，逐步根据中国学生的特点和社会环境进行了本土化适应。理论来源于实践，这个过程中我也慢慢形成了自己的戏剧教育理念和方法。在这本书里，我期望能够将所学与所实践分享给所有期望从事戏剧教育的教师。

　　戏剧教育这条路的开端，是我当初参加由雅典艺术节和伯罗奔尼撒大学联合举办的埃皮达鲁斯戏剧学园。那是一段特别美好的回忆，当时我与来自二十多个国家的一百多名戏剧演员一起经历了一次终生难忘的戏剧旅程。正如亚里士多德所说：戏剧的目的是净化。戏剧唤醒了我内心的全部潜力。2024年春节，埃皮达鲁斯戏剧学园的创始人乔治娜·卡柯达奇（Georgina Kakoudaki）邀请我去她家，我们回忆起当初在埃皮达鲁斯戏剧学园时的点点滴滴，她很惊讶于我这几年在戏剧教育方面的成绩，她说当初在接受我加入学园的时候没有想到我会在这条路上走这么远。有时候人生中一个偶然的选择，可能对他这一生都产生影响。

　　从学园结业之后，还要继续戏剧之路吗，还是回到我的创业之路？当时我面临着人生的岔路口。于是我去征询自己在埃皮达鲁斯戏剧学园的导师、纽约大学的丹尼斯·希尔顿-里德（Denis Hilton-Reid）教授的建议，他毫不犹豫地给了我肯定的回答。他甚至特别郑重地跟我说了一句话："当你成为一名成功的导演后，记得要给自己在剧中留一个演员的角色。"当时我特别不理解这句话，因为那时候我连以后是否要继续学习戏剧都还没有决定，他竟然已经帮我想了那么远。

　　我又去问学园的联合主办方——伯罗奔尼撒大学的教授们，他们在那15天里全程清楚地看到了我的表现，所以我想问问他们：我是否有机会进入伯罗奔尼撒大学学习戏剧？在学园驻守的克里斯蒂娜·佐尼乌（Christina Zoniou）非常支持我，她是伯罗奔尼撒大学戏剧系的教师，她把我介绍给玛丽亚·迈克达基（Maria

Mikedaki）教授，然后她们一起帮我开始了申请流程。我非常幸运，遇到了这几位非常优秀也非常友善的教师，如果没有她们的支持我无法走上戏剧之路。能够进入伯罗奔尼撒大学读教育戏剧的研究生是非常不容易的，因为这个研究生项目从来没有招收过外国留学生，所以校方当时也完全不清楚如何招收一名中国学生。经过大家几个月的共同努力，最终梦想成为现实。

后面的故事很长，我以优秀的成绩完成了研究生的学业。研究生期间，我不仅完成了童话创作、监狱戏剧教育项目、木偶剧创作、路上的戏剧等，还为学校的本科生举办了中国文化讲座和跨文化戏剧讲座。与此同时，我也在雅典大学学习希腊语，在希腊艺术剧院师从卡蒂娅·热罗（Katia Gerou），学习戏剧表演。因为我相信一名好的戏剧教师，不能只学习教育戏剧，还需要对戏剧艺术有相当的造诣。

读研究生的同时，我在希腊也完成了很多文化艺术项目，比如跟希腊摇滚乐队一起举办音乐会，与希腊音乐家一起举办了"诗乐春秋"中希诗词音乐会，此外还有古希腊音乐会、东正教堂里的音乐会、卫城博物馆里的音乐会等。我还参加了一些广告和电视的拍摄，举办了希腊教育戏剧夏令营，策划了中国动漫希腊行、"游走中国"艺术节等项目。在研究生毕业之前，我与比雷埃夫斯戏剧学院合作，完成了我的毕业大戏——中希跨文化戏剧《霸王别姬》。很荣幸，在毕业的时候，我被授予教育戏剧研究生项目中国大使的荣誉。

在学成回国的时候，我再次面临选择。是继续我的创业，还是进入学校开展戏剧教育？当我还在希腊的时候，两位非常有远见的校长邀请我到成都的小学开设戏剧必修课。这在当时的成都还是很难得的。虽然当时成都有些学校开设了戏剧选修课、社团课，但是并没有学校开设必修课。必修课要不要开？怎么开？这些都是我刚回国时直接面对的问题。最终，我在学校里为所有年级的学生开设了每周一节的戏剧必修课，以及每周三节的戏剧艺术选修课。自此，我有机会将自己的教育戏剧理念和方法在教学中实践，并开始建立自己的教育戏剧课程体系。同时，我与雅典大学合作开发了"米尔蒂斯"戏剧课程，并将其进一步发展成了一部短剧。这个课程被希腊主流媒体《每日报》报道，引起了轰动。2023年在希腊约阿尼纳大学举办的希腊全国教师大会上，我也受邀就这个主题做了分享。

在天府七中，我建立起了戏剧的三级分层课程，包括戏剧必修课、选修课和专修课，培养戏剧教育师资并组建了专职的戏剧教师团队。同时，我还担任艺术组组长、带领音乐、美术、舞蹈和戏剧教师一起构建综合艺术课程。于是我有了将戏剧与各艺术学科融合的机会。随着在戏剧教育领域的不断深耕，我逐步将戏剧教育的覆盖范围从小学扩展到幼儿园、中学和大学，基本实现了对全年龄段的覆盖，特殊群体、家长学堂等也被纳入其中。

自《义务教育课程方案（2022年版）》颁布以来，戏剧课程得到了越来越多的关注，但是一个问题也越来越凸显，那就是合格戏剧师资的短缺。于是我开始培养戏剧教师，组建本校的戏剧教师团队，同时也为乡村教师和其他学校提供戏剧工作坊和培训支持。

除了教育戏剧必修课，我还希望将教育剧场引入到课程体系中。因此，我逐步培养学生剧团，并与学生一起创作了几部专业戏剧作品，包括《精卫填海》《蜉蝣》《安提戈涅》《伊卡洛斯之翼》等，这些作品相继登上了大凉山国际戏剧节、麓镇戏剧游戏嘉年华、中国儿童戏剧节、成都市儿童戏剧季等舞台。我也在学校里总策划执仁有戏戏剧节，目前已举办三届，每一届都是对前一届的颠覆。从最开始，我就不想做常规的单一舞台演出，也不想让教师专门为戏剧节去排练节目，于是我大量研究乌镇戏剧节、阿维尼翁戏剧节等国内外戏剧节，从而创新性地打造了校园戏剧节的新模式，并在此基础上不断突破校园的边界，与社会连接，以真实的项目推动合作关系的发展。我们也走进社区，为社区带来戏剧工作坊。

随着学校戏剧课程品牌的建立和体系的完善，我收到了越来越多的邀请，比如参加在珠海举办的IDEAC戏剧教育应用与合作大会，并在大会上带当地的学生上了英文戏剧教育观摩课《灰姑娘》(Cinderella)，为全国各地的教师主持了两天的戏剧教育工作坊；之后又参加中央戏剧学院举办的全国中小学戏剧教育研讨，袁媛老师在研讨会上带当地的学生上了教育戏剧公开课《大禹治水》，并展演了人偶剧《蜉蝣》。在南京戏剧与教育应用大会上，我发表了《以教育戏剧为基础的中小学戏剧课程》的主旨演讲，袁媛老师为参会教师展示了教育戏剧公开课《快乐王子》。与此同时，我们终于建立了天府七中戏剧教育研究中心，并在2023年11月举办了首届天府七中戏剧教育论坛，来自全国各地近一百所学校的两百多名教师参加论坛，同时还有一百名教师参加了由我、伊维萨·西米奇（Ivica Simic）以及叶逊谦老师主持的戏剧教育工作坊。2024年7月在北京举办的国际戏剧教育协会（IDEA）全球大会上，我被选举为新一届执委会委员和项目总监，这是IDEA历史上第一次由中国人担任这个职务。

我也收到了成都文理学院的邀请，为小学教育系的学生开设为期四个学期的教育戏剧专业课。这是一次非常有意义的合作，我希望能够系统性地为这些以后要从事教育行业的学生传授教育戏剧的理念和方法，将来他们成为教师之后可以用教育戏剧来提升自己的教育教学质量。同时，我也受成都大学中国—东盟艺术学院邀请，为留学生开设跨文化戏剧课；受浙江致朴公益基金会（以下简称"致朴"）邀请，担任戏剧教育公益导师，为浙江的乡村学校——桐浦镇中心小学提供戏剧教育支持，仅仅半年，桐浦镇中心小学的戏剧教育就发生了显著的变化；受A4美术馆邀请，为视障儿童带来了戏剧工作坊；受北京阳光未来艺术教育基金会邀请，为青海省二十五名音乐和美术教师举办了戏剧教育工作坊；受成都市麓湖社区邀请，和袁媛老师为社区的孩子连续三年举办戏剧工作坊；受成都繁星戏剧村的邀请，担任驻村导演，在剧场里导演了一部儿童科幻剧《三叠纪的星光》。尽管由于时间原因没能如丹尼斯教授说的那样给自己留一个角色，但是他当初的"预言"似乎正在成真。

通过这几年在学校里大量的一线教学实践和研究，以及在高校、社区、场馆、乡村等主持戏剧教育项目，我积累了很多戏剧教育的经验和方法，尤其是如何建设戏剧课程，如何开展戏剧课堂，如何创作儿童戏剧，如何策划戏剧活动等。此外，我也在戏剧教师队伍建设方面略有心得，在三四年里，学校的专职戏剧教师团队从我一人扩大到如今的五人。我还邀请团队中的优秀戏剧教师袁媛老师加入本书的编写工作，她在过去几年里多次在全国性戏剧教育大会上展示戏剧公开课，也在社区戏剧、馆校合作等领域有出色的成果，更重要的是，她拥有小学全学段丰富的教学经验。她主要负责第三章"戏剧游戏与习式"、第四章第五小节"课程设计案例"的案例三和案例四、第六章第四小节"校园戏剧案例"的案例二和案例三、第七章第二、三小节"戏剧＋英语"和"戏剧＋学校"这几部分的撰写。此外，很多戏剧教师都有一个共识，就是戏剧课程要在学校里落地，校长是关键，戏剧教学与学校管理必须相互配合和支持。因此我特地邀请了陈刚校长参与本书的编写，陈刚校长十分重视艺术和体育学科，对于戏剧课程给予了强有力的支持和自由发展的空间，他从校长的视角可以给更多的教师和学校启发。他主要负责第一章第三小节"学校里的戏剧教育"的撰写，并对其他章节提出了修正建议。我负责其余章节的撰写。袁媛老师和陈刚校长的协作对于这本书的完成也非常宝贵。对于想要或正在从事戏剧教育的教师而言，这本书或许可以为大家带来与儿童面对面的一线经验，可以让大家更清楚如何将戏剧教育在学校里落地。

戏剧教育正在中国蓬勃发展，尤其是在 2022 年教育部发布的《义务教育艺术课程标准（2022 年版）》把戏剧列为单独的艺术学科之后，越来越多的学校和教师开始重视戏剧教育，并尝试开设戏剧课程。但同时，在戏剧教育的落地方面也还存在很多问题。在国内绝大部分的地区和学校，戏剧仍然没有进入学校课程，只是以选修课、社团课等形式存在。也有一些学校开始开设戏剧必修课，但对课程设计毫无头绪，缺少合适师资，戏剧教育落地困难重重。所以天府七中开设戏剧必修课的经验显得弥足珍贵，尽管仍然是在摸着石头过河，但也可以给刚刚起步的学校一些启发。合格戏剧教育师资的短缺，显然已经成为当前国内戏剧教育最紧迫的问题，因此师资培养将是接下来几年的重点。必须清醒地认识到，培养戏剧教育的师资不是几天就可以实现的，不是短期的师培工作坊就可以批量生产的，而必须有个长期过程。此外还必须强调的是，很多人对中小学戏剧课程仍然停留在表演的认知上，这无疑是有问题的，对戏剧教育观念的调整，其实是戏剧教育健康发展的根本。

在戏剧教育的路上，我们仍在摸索，这本书的内容只是阶段性反思。期待与大家共同努力，共待花开。

缪斌

希腊雅典

2024 年 8 月 18 日

第一章　学校需要什么样的戏剧教育

在从事戏剧教育的这几年里，我遇到了形形色色的教育工作者。他们有着不同的身份、不同的想法、不同的行动。有些时候我们会产生共鸣，有些时候我们会产生碰撞。然而教育就是这样的，正如 A4 美术馆 iSTART 儿童艺术节策展人李杰所说，我们今天在说的创新教育的一些内容，早在几百年前就已经被提出来了。

所以何为创新？

一位家长跟我说，她是第一次当家长，所以很忐忑，特别担心被老师找，担心自己没教育好孩子。教育是百年大计，诚然如此，我们对孩子的教育必将影响他们的一生，也会影响未来的世界。

所以何为教育？

作为教师，我们如履薄冰、战战兢兢，生怕自己观念上或行为上的错误，会误了学生的一生。因为我们都未去过未来，没有人能知道我们现在的教育是否能够为学生在未来的生存和发展出一些力。也正因此，我们现在对教育的思考和变革是必须的。

所以何为师者？

以上三个问题，指向了正在进行的教育改革。随着时代的发展、环境的变化、儿童个体差异的增大，教育必然需要进行持续性改革。在不同的学科、不同的领域、不同的层面，教育改革有多种样态。而从我们的经历和角度来看，我们认为戏剧教育可以为当下教育改革带来新鲜的思考和行动的方法。这正是因为戏剧教育中展现出来的诸多亮点：自主学习程度高；重视思辨，不迷信标准答案；激发想象，鼓励创造；团队合作与问题解决等。

在2022年教育部颁发《义务教育艺术课程标准（2022年版）》之后，戏剧似乎成了一个炙手可热的新兴学科，越来越多的学校开始尝试开设戏剧课，越来越多的专家学者开始分享他们对戏剧教育的观点，越来越多的戏剧教育师资培训班涌现。在这风起云涌的好时代，我们有必要停下脚步思考，学校究竟需要什么样的戏剧教育？在过去的几十年，学校里的戏剧教育主要以戏剧表演和排演剧目为主，戏剧似乎就等于舞台表演。这一类戏剧教育主要有以下特征：

一是师资为其他学科教师或校外表演教师。带着学生排演剧目的教师分两类：一类为校内教师，多为音乐教师、语文教师或英语教师，他们面临的主要问题是，自己对戏剧并不了解，甚至没有看过戏剧，但却需要根据自己从电影、电视节目和视频网站获得的经验，或者干脆只凭自己的想象去教学生；另一类来自外聘机构，请机构的表演教师进学校来带社团，一个学期排演一部剧，期末进行汇报演出。

二是以现成的剧本为主，缺少原创。学校排演的剧目大多以现成的剧本为基础，有些学校会使用经典剧本，有些学校会向机构购买剧本。进行原创编剧的学校比较少，而让学生自己进行剧本创作的学校就更为少见。

三是基本教学模式与戏剧院校、剧团类似。大多模仿专业剧团的戏剧制作模式，学校会安排学生参加面试选角，确定演员名单和角色安排，然后分配台词，在经过一定的戏剧训练后，很快开始进入排练环节。

四是戏剧作品质量较差，专业水准较低。校园戏剧与专业剧场戏剧似乎形成了两个世界，学生的戏剧基础和戏剧素养均不高，导致舞台呈现效果不理想。

五是戏不够，服化道来凑。通过丰富而绚丽的舞美和服化道为学生的表演加持。学校会不惜重金请第三方公司设计舞美、制作道具，购买色彩斑斓的演出服，化上夸张的妆容，学生的声音不够就再加上耳麦甚至手持话筒，全方位掩盖学生本身戏剧表演能力的欠缺。

六是无法开设必修课。主要以选修课、社团课等形式开设，只能让少部分学生参与，无法覆盖全部学生。

那么具有以上特征的戏剧教育是学校所需要的吗？或许李婴宁老师的这段话能

够启发一些思考：

> 单纯靠传统观念的戏剧教育方式已不能达成我们所期望的深层目标，很失望于一些专家仍然热衷于让学生将大人写就的故事背诵、模仿、表演出来，在教育戏剧中，不能单纯表演故事。

让学生以专业演员的方式背诵剧本，模仿教师的表演，这就对学校戏剧教育的目标提出疑问：学校里开设戏剧课程是为了培养演员吗？传统的演员培训模式适合中小学生吗？师资也成为阻碍学校戏剧教育发展的桎梏，无论是其他学科教师，还是机构教师，在不具备适合学校的专业戏剧教育能力的情况下，都无法满足学校戏剧课程的建设需求。如果学校内的戏剧教育只以选修课、社团课的方式体现，无法惠及所有学生，那么戏剧教育在学校里终究只是"一道凉菜"。

戏剧教育究竟是什么？按长期以来的理解，戏剧教育就是对戏剧艺术的学习，包括戏剧赏析、戏剧创作、戏剧表演等，聚焦于戏剧艺术修养。在高校，比如戏剧学院，戏剧教育专注于培养专业的戏剧编剧、导演、演员和舞台美术人才；在中小学，戏剧教育体现为目前普遍可见的戏剧表演和排演的课程。这有些类似于美术教育包括画作赏析、绘画创作，音乐教育包括对声乐、器乐的学习等。

李婴宁老师在 20 世纪 90 年代前往英国学习之后，发现了戏剧教育推广普及的另一种可能——教育戏剧（Drama in Education）。教育戏剧于 20 世纪 50 年代至 60 年代诞生于英国，在 70 年代发展成一套成熟的以即兴为核心的教育体系。在英国，戏剧作为国家课程的一部分，应用于各个学科的学习，并以立法的形式纳入课程标准。在美国，戏剧同样是以立法的形式纳入学制，形成从幼儿园到小学、中学和大学的戏剧课程体系。但与英国不同的是，在美国，戏剧教育被称为创造性戏剧（Creative Drama），意为通过戏剧的方式来培养儿童的表达能力、感受能力、创造能力等。所以，在英国和美国，戏剧已经融入所有学生的教育中，已成为当地教育的基础内容。

在教学实践中，我们发现了两种极端模式：一种是坚持传统戏剧教育，认为戏剧教育就是表演、排剧，但是这种模式无法对全体学生推广，毕竟不是所有学生都需要学表演，甚至不是所有学生都适合表演；另一种是抛弃戏剧核心，认为从事教育戏剧不需要懂戏剧，这导致很多从事戏剧教学的教师竟然从来没有看过戏剧，更不要说懂戏剧。这两种极端模式都不是学校所需要的戏剧教育。

那学校需要什么样的戏剧教育？我觉得应该包括以下几个方面：

学校里的戏剧教育需要面向全体学生。戏剧课程不应只是少数学生的特权。从欧美国家以及我国港台地区的实践来看，戏剧被列为必修课程是大势所趋。学校只开设戏剧表演课，是无法满足全体学生的戏剧教育需求的。中小学毕竟不是戏剧学院，不可能全面开设表演课，戏剧表演课只能作为小部分群体的课程。但是戏剧教育，尤其是教育戏剧，是适合所有人、所有群体的，这就意味着在中小学开设戏剧课程要考虑普适性，课程应适合不同年龄段的所有学生。

学校里的戏剧教育不能只体现为表演课。表演课不适合每个学生，也不符合学校艺术教育的整体需求。每年的一年级新生家长会，我都会在家长会上对所有家长说："我们的戏剧课不教表演。"家长都会表示很惊讶，因为在大多数人的印象中，戏剧课就是教表演。但如果把戏剧课单纯开成表演课，就大大降低了戏剧课的价值。当然也有家长会在期末的时候问："老师不是说不教表演吗，为什么孩子在课堂上还是会有表演活动？"实际上，戏剧课上会有大量的即兴，在即兴和戏剧游戏的结合中，会生成很多所谓的"表演"，但这种表演不是教师教的，不是学生模仿教师的，而是学生自己在情境中即兴生成的。

学校里的戏剧教育不能脱离戏剧本身。近几年，随着戏剧教育和教育戏剧的流行，越来越多的学校开始重视并开设戏剧课程。但是培养戏剧师资不是一蹴而就的，有些学校没有合适的戏剧教师，就由语文教师、音乐教师等来代课。这就出现了一种现象，很多对戏剧不了解、没有学习过戏剧，甚至连一场戏剧演出都没有看过的教师在教戏剧课。尤其是一些教师学习了教育戏剧的习式，直接套用到自己的课程设计和课堂教学里，看起来像模像样，但实际上缺少了戏剧的内核。

学校的戏剧教育需要合格的师资。目前国内的戏剧教育师资大概有三类：一类是在国外读了教育戏剧专业毕业归国的教师，这部分人数较少；一类是原本从事戏剧表演等少儿培训的教师，如今转向戏剧教育领域；一类是学校里的语文、英语、音乐等学科的教师，要么是出于自身对戏剧教育的兴趣，要么是出于学校布置的开设戏剧课程的任务，开始学习和从事戏剧教育。从实践情况来看，这三类教师在从事戏剧教育过程中遇到了不同的困难，比如第一类教师可能会遇到教育戏剧水土不服的情况，毕竟由于国情、学情等的不同，单纯照搬欧美的教育戏剧会在实际应用中遇到问题；第二类教师大多毕业于戏剧表演相关专业，有些当过戏剧演员，在戏剧表演领域有较多的经验，但是对于学校的教育教学比较陌生，容易将学校戏剧课程开设成表演课，在面对学校普遍大班额时也会遇到挑战；第三类教师可能是目前戏剧教育领域人数最多的群体，他们的教育教学素养较高，大多毕业于师范或相关专业，但是其中大多数人对戏剧了解较少，有些教师可能之前从未接触过戏剧，在从事戏剧教学的时候可能如无根之木而束手无策。那么，学校的戏剧教育需要怎样的师资？在本章第五小节会有详细探讨。

一、戏剧与戏剧教育

戏剧教育的核心仍然是戏剧，这应该是毋庸置疑的。如果脱离了戏剧去谈戏剧教育，就会如无源之水、无根之木。戏剧是戏剧教育的根，基于戏剧才能生长出戏剧教育。所以，在学习戏剧教育之前，有必要先对戏剧有一定程度的了解。

（一）戏剧是什么？

1. 孩子们认为的戏剧

我会在孩子们的第一堂戏剧课上问这个问题，然后得到五花八门的答案，有"京剧""川剧""话剧""歌剧""皮影戏""音乐剧"等，当然还有说电影、电视剧的。不同年级的孩子给出的答案也大多不同，这与他们各自经历中接触过的与戏剧相关的事物有关。我在给一年级的孩子们上了一个月的戏剧课之后，孩子们对戏剧有了初体验，我再一次提出了这个问题，答案开始变得有些不同。

"戏剧是游戏！"

一个男生一边把手举得高高的，一边回答。没错，这一个月的戏剧课里有很多游戏，所以当我们"play"（玩游戏）的时候，其实也是"一出戏"。无论是在戏剧教育，还是在专业戏剧演员的训练里，戏剧游戏都是必不可少的。孩子们和演员们通过游戏，在不知不觉中提高了自己的专注力、想象力、肢体能力等，从而为身心全面发展打好了基础。

"戏剧是模仿！"

一个女生安静地举着手回答。这也没错，亚里士多德在《诗学》里指出"他们最初的知识就是从模仿得来的"。艺术的创作过程是模仿，戏剧是"行动的模仿"。人类从出生之后一直通过模仿去学习和认识周围的世界，语文、数学、体育等学科无不如此。但是模仿不是复制。

"戏剧是扮演！"

一个男生很得意地给出了这个答案。角色是重要的戏剧元素之一，当我们需要进入角色的时候就需要扮演，扮演成拿着魔镜的王后，扮演成七步成诗的曹植，甚至让孩子扮演成教师。"教师入戏"也常常让学生看到教师在扮演不同的角色，而他们愿意去相信这些角色。生活中我们常常在扮演各种角色，而在戏剧里，我们有机会通过扮演去体验更多的人生。

"戏剧是表演！"

好吧，终于有孩子说出这个答案了。这是一个让人有些担心的答案，容易让人有刻板印象的答案。每每有其他教师或者家长或者陌生人听说我是戏剧教师，他们就会问："戏剧课是不是教表演？"还有很多家长会问："我家孩子是不是现在最好先学一学表演？"但是，其实孩子们还会给出另一个答案：戏剧是即兴！没错，我们的戏剧课上有表演，但那是孩子们即兴生成的，并非由教师去教的。采用即兴而非以往的模仿，其根本原因在于对孩子们想象力的保护。在传统教学模式下，孩子们的想象力和创造力从低年级到高年级呈递减趋势，如果戏剧也按传统艺术教育的方式来教，那也会出现这样的后果。

"戏剧是想象！"

很难想象没有想象的戏剧。有点拗口的一句话，却是学校戏剧教育的"立身之本"。戏剧的世界需要想象，在想象中去创造出另一个时空的，甚至不存在的世界。在平时的戏剧课上，孩子们可以充分放飞自己的想象，如果他们不展开想象反而会达不到戏剧课的要求，只有在想象中他们才能去创造，去即兴。必须强调的是，我们无法培养孩子们的想象力。这并不是一个令人沮丧的结论，反而是让我们应当振奋的结论，因为孩子们原本就拥有想象力！幼儿园至小学低段，是孩子们想象力最丰富的时候，他们在观察这个世界的同时，也在脑海中想象更丰富精彩的景象。很多成年人存在误解，认为自己可以培养孩子的想象力，但实际上，想象力匮乏的成年人又如何可以培养想象力本已丰富的孩子呢？所以，我们需要的不是培养，而是保护。

"戏剧是把想象的事情做出来！"

在前一个答案的基础上，有一个孩子做了补充。脑海里可以天马行空，但还要把想象表达出来。所以，戏剧也是表达，既可以通过语言表达，也可以通过非语言表达，如肢体等。我们传统教育中重视语言表达，但是对肢体表达却有所忽视。

"戏剧是运动、锻炼！"

戏剧课重视肢体的练习，有大量的戏剧活动，所以往往非常消耗体力。有时候孩子们会跟我"诉苦"，觉得戏剧课比体育课还累。戏剧课也会通过戏剧游戏来锻炼孩子们的体能、协调能力等，这就让孩子们觉得戏剧是在做运动、在锻炼。

以上是戏剧课上孩子们给出的答案，我们在小学教学中不用跟孩子们去很学术地讲戏剧是什么，剧场是什么，只要让孩子们在学习中去体验和感受就可以了。但是对于戏剧教师而言，了解戏剧是什么，却非常重要。

2. 教师需要了解的戏剧

追根溯源，有两个英文单词都翻译成"戏剧"，一是"theatre"，一是"drama"，这两个单词都起源于希腊语。有不少人把前者翻译成"剧场"，把后者翻译成"戏剧"，这没有错，但并不全面。"theatre"除了剧场的含义，还可以翻译成戏剧、戏剧作品、戏剧演出、剧团等，是一个有多重含义并且适用广泛的单词。所以"theatre"也包含了剧场、戏剧作品、演出人员等含义。"drama"这个单词在戏剧领域是"a play for theatre"（戏剧剧目），含义相对狭窄。"drama"在古希腊语里的意思是动作，因此没有动作就不构成戏剧，不能认为"话剧"就只是说话而没有动作。

下面简单介绍"theatre"的几层含义，这对于戏剧教师来说应当是基础知识。先从"剧场"来了解承载戏剧的物理空间。

（1）剧场

剧场最早形成于古希腊，包括方形剧场和留存至今的圆形剧场，其典型代表是雅典卫城脚下的狄奥尼索斯酒神剧场和位于雅典西南伯罗奔尼撒半岛的埃皮达鲁斯剧场。这两个剧场均有两千多年的历史，可以容纳一万多名观众。剧场中央是圆形舞台，三面被大理石建造的观众席环绕。在圆形舞台的后方原本建有舞台景屋，如今只能见到断壁残垣。狄奥尼索斯酒神剧场已经废弃，如今只是供游客参观的遗址，而埃皮达鲁斯剧场至今仍然在使用，每年夏季雅典艺术节期间，世界级戏剧作品会在这里演出。

现在最常见的舞台是镜框式舞台，这种舞台通过在舞台口设置像镜框的矩形台框，将舞台与观众席分隔开。从文艺复兴时期至今，镜框式舞台成为剧场的主流。镜框式舞台的优势在于可以充分发展舞台美术，包括舞台背景、吊景等。另外还有几种比较常见的舞台，包括观众席四周环绕舞台、观演关系更亲密的中心式舞台、兼顾亲密观演关系和背景舞美设计的三面式舞台等。随着时代的发展，剧场逐渐突破空间限制，越来越丰富和多元，例如利用废弃的工厂等改造成新的表演空间。随着环境戏剧被大众所接受，戏剧的物理空间发展出无限可能性，广场、草坪、公园、办公楼等任何一个日常生活空间，都可能会有戏剧在那里发生。

（2）戏剧作品

戏剧作品包括两种形态：剧本和演出。当戏剧作品还停留在文字的时候，那就是剧本，比如莎士比亚的《哈姆雷特》、关汉卿的《窦娥冤》和曹禺的《雷雨》等。当剧本经由导演和演员的合作被呈现成舞台上的视觉艺术时，就成了演出。

戏剧作品主要包括两个基本类型：悲剧和喜剧（按照古希腊戏剧的分类，还包括羊人剧，在此不做介绍）。绝大多数人对悲剧和喜剧的理解存在误区，他们认为悲剧是让人悲伤的戏剧，喜剧是让人开心的戏剧。但实际上，悲剧和喜剧的内涵远不止于此。悲剧诞生于古希腊，代表剧作家有埃斯库罗斯、索福克勒斯和欧里庇得斯，最初源于对酒神狄奥尼索斯的祭祀。亚里士多德在《诗学》中认为，悲剧是严肃、深刻的戏剧，通过模仿人物的动作进行表达，借以引起怜悯与恐惧来使感情得到净化。悲剧不是我们印象中的悲伤哭啼，而是明知命运无法抵抗，却能勇敢反抗强大的、也许无法超越的命运。人们在观看悲剧的时候，看到远比自己完美的人物在强大的命运面前都不会妥协，从而从剧中人物身上观照自己，在离开剧场回到自己的生活中后，能够更好地面对生活中遇到的问题和挑战。在莎士比亚的作品中，悲剧也占了很大的比例。喜剧关注的是人类行为和社会议题，通过对不好的社会现象进行讽刺，从而突出不协调的矛盾。后来还有将悲剧喜剧交融的悲喜剧，即同时拥有悲剧和喜剧的双重特质，如契诃夫的《樱桃园》。从悲喜剧中，又诞生出荒诞派戏剧，代表作是贝克特的《等待戈多》，在喜剧的外表下和无逻辑的行动中的，是悲伤的内在。

如果以历史和地区来分类，那么戏剧经历了从古希腊戏剧到古罗马戏剧的演变，随后在中世纪之后迎来了以莎士比亚为代表的文艺复兴时期的戏剧，再进一步发展到以易卜生、契诃夫为代表的现实主义戏剧。在东方，最早的是印度梵剧，中国戏曲在宋末元初蓬勃发展，然后传到日本发展成为能剧和歌舞伎。在意大利诞生了歌剧，在美国诞生了音乐剧。过去几个世纪，东西方的戏剧开始了碰撞和融合，出现了跨文化戏剧。按照不同维度，戏剧可能会出现不同的分类，这些可以在戏剧教育的实践中逐步熟悉。

（3）构成人员

没有演员和观众，就无法构成戏剧。所以演员和观众是戏剧最重要的组成部分。演员是戏剧内容的载体，通过演员在舞台上的表演，戏剧作品才能展现在观众眼前。同时，观众也是戏剧的必要构成部分。戏剧具有现场性，演员和观众必须面对面。通过视频观看戏剧演出和现场观看戏剧演出，是完全不同的。戏剧的观演关系要求演员和观众要同时在同一个空间，面对面产生相互之间的反应。现场的感受是独一无二的，因为那是集体性的体验，各种不同背景的观众会相互影响。有些戏剧演出还会邀请观众互动，参与到戏剧活动中。所以，学习和从事戏剧教育，一定要走进剧场。

除此之外，戏剧的创作还需要编剧和导演。编剧就是创作剧本的专业人士，剧本往往是戏剧创作的起点。导演则是与演员、编剧等关系最紧密的人，协调统筹整个戏剧作品的创作，负责将剧本的问题通过演员转化为舞台演出。因此导演往往是戏剧创作和演出的中心。

综上，可以总结出演员、导演和编剧的职能。

演员：模仿生活中的行为，并表现得就像是生活在虚构的真实中一样。

导演：确保对生活的表现准确无误，并创造出视觉和听觉的意义。

编剧：完成文本创作，探寻意义，产生可能的重要的理解。

在戏剧创作和演出团队中，还需要舞美设计师、服装设计师、道具设计师、灯光师、音响师、舞台监督、制作人等，这么多专业人士共同构成剧团。

戏剧是一门复杂的综合艺术，以上对戏剧是什么做了非常基础的介绍，要成为一名戏剧教师，还需要平时多学习戏剧相关的知识，多参加戏剧活动，多去剧场观看戏剧，从而对戏剧有更深入的理解，才能为戏剧教育的学习打好基础。

（二）戏剧教育是什么？

在了解了戏剧是什么之后，我们进一步来了解戏剧教育是什么。国内关于戏剧教育（Drama Education）与教育戏剧（Drama in Education）有不少争论，常常会争得不可开交。的确，这两者是有区别的，教学者、教学对象、教学方法、历史来源等都存在差异。但是过多的争论导致的是割裂，是阻碍，对戏剧教育或教育戏剧的普及和发展并没有益处。经过对多国戏剧教育发展情况进行考察后我发现，在戏剧越发达的国家和地区，越不会有关于戏剧教育还是教育戏剧的争论，甚至不会去争论戏剧艺术与戏剧教育；但是在戏剧不那么普及的国家和地区，越容易有相关的争论。比如在戏剧起源地希腊，人们认为戏剧自诞生之日起就具有教育功能，在雅典城邦时期，执政官会发钱给公民去观看戏剧，而不像现在人们需要买票去看戏，那是因为执政官明白，观看戏剧也是一种公民教育。因此，在希腊，戏剧艺术与戏剧教育不会被刻意区分，实际上，戏剧在希腊的学校教育和社会教育中发挥着重要的作用。伯罗奔尼撒大学开设了教育戏剧专业，在课程中既有戏剧艺术的木偶剧、悲剧等课程，也有论坛剧场、过程戏剧等教育戏剧内容，并未做严格区分。

因此，在本书中，我也不对戏剧教育与教育戏剧做特别的区分。当然，为了让刚开始接触戏剧教育的教师不至于太过困惑，我对戏剧教育、教育戏剧等概念略做说明。

戏剧教育在国内的历史很久，从戏曲人才的培养，到如今戏剧学院编剧、导演、演员、舞美等人才的培养，都属于戏剧教育。所以传统的戏剧教育是指培养从事戏剧行业专业人才的教育，这些学生未来大多会在剧场、社区、学校等场所从事戏剧表演、教学等工作。

教育戏剧则是二战后在英国发展起来的一个体系，主要代表人物包括多萝西·希思科特（Dorothy Heathcote）、盖文·伯顿（Galvin Bolton）、大卫·戴维斯（David Davis）等，他们将戏剧运用于全人教育，将年轻人置于两难境遇中，探索自身并认识所处的世界，探索解决问题的方法。经过多年的研究和实践并参考前辈的理论，我对教育戏剧尝试做出如下定义：

教育戏剧是将戏剧艺术应用于教育，通过即兴和过程为主的戏剧方法，进行经验式学习和知识建构的以学生为中心的艺术教学形式，让学生在一个两难的情境中体验和经历，通过思考做出选择，尝试找到解决问题的方法，从而更好地认识自己和世界，进而可以将从戏剧中获得的经验带回自己的生活。

所以相比传统的戏剧教育，教育戏剧不以表演为目的，不是示范性的、重视结果的教学，而是即兴的、重视过程的，不以教师为中心，而是以学生为学习主体。

除了教育戏剧，教育剧场（Theatre in Education）也是教师经常会遇到的概念，这看起来跟教育戏剧非常相似的名词，又有什么特殊之处？教育剧场起源于英国考文垂，创始人戈登·瓦林斯（Gordon Vallins）既是一名教师，也是一名专业演员，他希望将专业戏剧带给教师，从而以戏剧帮助教师在学校里进行教学。后来，我在读教育戏剧硕士时的导师之一戴维·帕门特尔（David Pammenter）接手了考文垂戏剧和教育剧场公司，并培养了众多英国教育剧场代表性人物。简单来说，教育剧场是将剧场艺术作为工具来学习，相比于教育戏剧，其对戏剧艺术的要求更高，需要专业剧团和剧场的参与。教育剧场的教学者被称为演教员（actor-teacher），也就是集演员和教师于一身，既要接受过专业戏剧表演的训练，又要熟知教育教学法。教育剧场通常会由专业演员为观众表演一个剧目，同时也会为学生提供参与机会，能够在即兴与演出之间自然地转换，从而实现各自的教育目标。

因此，我们在本书中所说的戏剧教育，是一个宽泛的概念，无须刻意去辩论其与教育戏剧的区别。我们尝试为学校需要的戏剧教育进行画像：

（1）以戏剧艺术为核心，脱离戏剧艺术的戏剧教育是名不副实的。

（2）以育人为目标，让学生可以认识自我并理解所生活的世界，更好地建立世界观、人生观和价值观。

（3）不以表演为教学内容，不以让儿童变成演员为教学目标。

（4）以即兴为核心能力，保护想象力，激发创造力。

（5）以学习者为主体，倡导经验式学习。

（6）不追求标准答案，不进行知识灌输，鼓励思辨和知识建构。

（7）以过程为主，而理想的结果水到渠成。

满足以上几项，就是学校需要的戏剧教育。

特别话题：戏剧课等于表演课吗？

戏剧教育画像的第一条，强调以戏剧艺术为核心，所以戏剧教育与戏剧艺术一定不能强行分割，反而应是同根同源。如果不懂戏剧艺术，仅仅是会一些戏剧游戏或教育戏剧习式，并将其运用在日常教学中，虽然可能会有一定效果，但与真正的戏剧教育相距甚远。但同时也必须明确，学校里的戏剧课不是表演课。经常见到一些戏剧课就是带孩子排演一部戏，学期初拿出一份剧本，然后从声台形表开始教学，经过一学期的排练，在期末进行展演。这其实很难算是学校需要的戏剧课。我坚持不以教师示范、学生模仿的方式教低龄的孩子表演，因为这样会严重伤害孩子的想象力和创造力。盖文·伯顿说过，"戏剧是存在，不是假装"。但是，我们太容易在校园里看见孩子矫揉造作地表演，观众看了会觉得很尴尬、很假，究其原因，孩子无法理解角色，无法体验情境，他们只是模仿了表面的动作和语言，没有自己的思想和感受，自然就会很假。

在我们的戏剧课堂上，我们是以即兴的方式让孩子去"表演"，而不会教表演技巧。甚至我们可以理解为，孩子不是在表演，而是在通过自己的肢体和语言进行表达。拥有想象力才能即兴，孩子天生拥有想象力，所以他们可以即兴；能够即兴才能够创造，孩子在戏剧课上习惯了即兴，于是他们可以去创造。所以，我们的戏剧课有"表演"，但这种"表演"是孩子自己生成的，是即兴出来的，而不是教师教的。

为了提高孩子的戏剧艺术素养，我们发起了"带孩子去剧场"的项目，带他们走进剧场观看优质的剧目，通过这样具身的体验和感受，他们可以自然地获得戏剧的浸润。我们不需要跟孩子讲戏剧的专业知识，他们在戏剧课上即兴创作，在剧场里观看戏剧，对戏剧的理解会逐步形成。

表演本身没有问题，正如莎士比亚的经典名言："世界是个大舞台，我们男男女女都是演员。"我们在生活中、工作中、学习中表演，我们无时无刻不在扮演某种角色。但是，当表演成为一种固化的模式，或者说生硬地模仿某个角色，或者说脱离了演员和观众对表演来自自己生活的需求，那么表演就有问题了。我曾经旁听过一堂戏剧课，当教师跟孩子说："来，像老师这样，扮演一只猫。"孩子就做出跟教师一模一样的动作时，我的心就沉了下去。这样的表演课，会对孩子的想象力和创造力造成最直接的伤害。

何况，中小学的孩子不是以表演为职业的演员，戏剧课也不是为了将他们培养成为职业演员。很多人其实不喜欢也不适合在舞台上表演，如果强行把他们推上舞台，对他们来说反而是一种伤害。戏剧课对孩子的意义在于其作为一门融合多种形式的综合艺术，一门以人类生活经验为基础并投射人类生存思考的学科，可以引导孩子进入戏剧的世界，并让他们在其中发现戏剧与自己生活的联系。他们可以体验人类共同的情感和经历，也可以找到让自己更好地生活的动力。

表演只是戏剧的外在形式，而学习表演的过程却千差万别。在给我们的孩子上戏剧课的时候，更需要重视这个过程，而非只关注表演结果。所以，必须承认戏剧的艺术性，重视艺术的品质，同时必须遵循儿童的发展规律，育人为先。戏剧课的目的不是表演，尽管这可能是孩子持续的戏剧即兴创作的产物，但我们应将戏剧作为一种探索媒介，让孩子参与身体及声音的表达。

二、戏剧教育的价值

戏剧教育作为一种综合性的体验式学习过程和艺术表现形式，对学生个体发展的最大作用是把他们培养成完整的人。学生通过主动地参与创建一个虚拟的境遇，在戏剧活动以及与教师、同伴的互动中探索一个真实的境况，从而获得他们对自身以及所处世界的全新理解。在这个过程中，学生通过想象力与创造力，利用肢体和声音体验一个个不同的情境和角色，学会了如何成为一个更好的人。戏剧的力量，小到可以认识自我，大到可以建立人类命运共同体的价值观。戏剧教育不仅仅是一门艺术学科，更是可以统整和联结各学科的全科教育，对学生而言其最重要的作用是培养学生的全人素养，让学生在基础教育阶段可以实现真正的全面发展。戏剧教育不仅仅是传统观念认为的表演或舞台艺术，还是融合了戏剧艺术与教育学、认识自我与探索世界的教学理念和方法。学生通过戏剧教育可以从其他学科的学习中获得全新学习方式和全局思考的机会，这些体验也会反哺到他们日常的学习生活中。

在戏剧教育的建构中，教师可以把美术、音乐、舞蹈、文学、语言、数学、历史、地理、自然科学、道德与法治等不同学科作为戏剧性虚构内容和情境的主要元素，通过即兴和过程为主的戏剧方法，进行以学生为中心的经验式学习和知识建构，让学生在一个两难的情境中体验和经历，通过思考和行动做出选择，尝试找到解决问题的方法。在这个过程中，学生不仅能开发自己的想象力与创造力，还能发展语言技能以及相关学科技能，同时，在与同伴的互动中，他们还能增强情感认知、同理心，提高团队沟通与合作的能力。最重要的是，在这些具身学习体验中，通过对主题、意义的深刻理解与探讨，教师能帮助学生找到他们与生活的联结，让他们将课堂上的反思和收获带回日常生活中，成为一个具有批判精神和思考能力的人，从而获得一个更多元和丰富的人生。

关于戏剧教育的价值已经有很多研究，包括肢体表达能力、语言交流能力、团队合作能力、想象创造能力等，尤其值得强调的还有学习能力、思辨能力等。爱尔兰小学艺术课程的《戏剧教师指南》强调戏剧可以为儿童的发展做出独特的贡献。戏剧的目的及其活动的特殊性，为儿童提供了增强自我意识和体验独特学习模式的途径，同时该指南还列出了戏剧对儿童发展的价值 ①：

（1）让每个儿童都有机会通过想象活动和体验来学习新知识。

（2）让每个儿童都有机会以最适合自己的方式获取知识。

（3）激发儿童学习的动机和兴趣，从而培养一种态度，将知识视为调整其对世界看法的必要条件。

（4）提供一种方法，让儿童能够以一种特殊的方式将知识与以前的学习和经验联系起来。

（5）帮助儿童从不同学科中接触到的看似不同的知识中发现规律和统一性。

（6）在认知和情感层面上，把近的变远，把远的变近，这样，生活中的方方面面就可以被探索得足够近，以便进行有效的检查，但又足够远，以便为儿童提供安全感。

（7）为儿童提供丰富的口头语言体验，并为他们提供使用不同语域的机会。

（8）让儿童体验戏剧这种艺术形式。

（9）为儿童提供吸收和容纳其他文化的经验。

（10）通过预测儿童的心理发展，让儿童通过戏剧体验其他世界，从而超越他们眼前的经验，帮助他们适应不断变化的环境。

---

① National Council for Curriculum and Assessment. Drama Arts Education Teacher Guidelines ［EB/OL］.［2025-3-20］. https://curriculumonline.ie/getmedia/7fff6e7b-4877-4759-9519-4a43388735f9/PSEC04b_Drama_Guidelines.pdf.

（11）促进儿童想象力、智力、情感和身体的同步全面发展。

（12）通过积极探索直觉，培养儿童的创造力、发明力、洞察力、发现力和解决问题的能力。

（13）通过戏剧性的虚构，让儿童体验、理解和练习现实中所需的生活技能。

（14）引发对他人思想、态度和情感的共鸣。

在新一轮的全国教育课改中，我们更强调以学生为中心、综合素养导向以及学生的全面发展。但同时，现在教育最大的隐忧在于学生在学习中参考的人和事，恰好与生活无关。因此仍然有不少学生面临学习压力、心理健康、社交焦虑等一系列的问题，戏剧教育能很好地回应这些问题。在此不再总结赘述已有的研究结果，我们将从平时的戏剧教育实践中切身感受到的几个方面来分享戏剧教育的价值。

价值一：身体

日本著名导演铃木忠志有一本书，我爱不释手，这本书是《文化就是身体》。书中铃木导演指出随着现代科技越来越发达，人类的身体也逐渐僵化，"一个有文化的社会将人类身体的感知与表达能力发挥到极限，身体提供了基本的沟通方式；而一个文明的国家并不一定是有文化的社会"。

我在给中学生和大学生上戏剧课的时候发现，他们中的大多数人身体已经僵化，可能语言表达能力很强，但是肢体表达能力却很弱。很多学生会说自己很宅，或者说自己总是埋头于学习，很少锻炼身体。于是很荒诞的场景出现了，本当如早上八九点钟的太阳的十多岁少年，却表现得如老年人那样的肢体僵硬，在我带他们做一些练习时他们会浑身疼痛。这让我不得不思考，当学生每天努力充实自己大脑时，他们的身体是否跟上了大脑的发展呢？如果没有足够强壮的身体承载，大脑再发达又可以放到哪里呢？相比于知识学习，身心健康更重要，这似乎已经是社会的共识。但现实又是如何呢？

我们可以观察到，幼儿园和小学低段的学生非常喜欢动，跑来跑去、上蹿下跳，他们的身体机能和对身体的感知都非常好。但是随着年级的升高和年龄的增长，学生越来越不敢动也不愿动了！他们越来越安于端正坐在课桌前看书写作业，越来越倾向于那些成年人看起来比较"上进"也比较安全的活动。当他们的身体越长越高，当他们的骨骼越来越坚固，他们的背却驼了，肩却斜了，腰却塌了。要再站直，却越来越难。

因此，我非常赞同希腊戏剧教育者所推崇的，当然也是很多国家戏剧教育者和戏剧艺术家推崇的：戏剧的核心是身体，身体又是文化的核心。戏剧教育的本质是戏剧，因此在戏剧教育中必须重视身体文化。除了出于形体或者肢体表达的目的，身体也是我们与大自然与社会接触与感知的根本。在数字化时代和人工智能时代，对身体的重视或忽视成为不得不探讨的问题。

在我们的小学戏剧课程中，对于小学一年级和二年级的学生，我们重点培养他们的戏剧基本能力，包括肢体和声音的运用与表达，尤其强调肢体训练的重要性。在课堂上，我们会通过大量的戏剧游戏去培养学生的肢体表现力和表达力，也会通过基础练习去培养学生良好的形体和身体条件。正如学语文得先学会写横竖撇捺折，才能写出方方正正的字。如果没有良好的身体素质，又如何能学好戏剧呢？又如何能真正成为一个全面的人呢？戏剧教育对于身体的健康成长和灵活表达的价值可见一斑。

价值二：人与人的连接

李希贵校长曾讲述北京十一学校的戏剧课上发生的小故事。第一次上课的时候两个学生不好意思手拉手，只能各自拉着一支笔的两端。然而到期末的时候，他们已经能自然而然地拉手了。戏剧可以拉近人与人的距离，促进人与人的交流和理解。因此，我们常说，戏剧是一个集体活动，需要人与人的连接。

但在居家学习时期，学生被分隔在各自的家中，只能通过一个屏幕和一根网线相连，他们无法同处一个空间，无法手拉着手。对于年幼而且没有戏剧经验的学生来说，根本无法感受理想的戏剧体验。即使是成年人的戏剧课，比如我曾在线上上英国壁虎剧团的肢体戏剧课，教师是教学和演出经验丰富的剧团副艺术总监海伦，学生基本都是有戏剧或者舞蹈等相关经验的，但还是与我在希腊时跟导师和同学面对面学习的感受相去甚远。那是因为缺少了人与人之间相互影响的气场和连接。

因此，戏剧教育与其他学科的最大不同在于空间的差异。戏剧课上，学生会处于一个自由的空间，不会被固定在课桌椅上。这有利于学生充分感受空间，方便他们与同学产生紧密的连接。当然，这也使缺乏经验和能力的教师难以控场，刚顾上这几个学生那边又失控了。我们需要让自己做到的，就是与教室里每一个学生建立连接，即使你不看他，也能感受到他的行为和状态。在需的时候，你可以立即行动。

人类毕竟是社会性生物，需要与他人接触和交流，这也是戏剧所重视的。有时候我会跟学生说："戏剧真的不是只教你们表演个什么，戏剧是教你们如何做人，做一个真正的人，一个有人性的人。"如果我们的学生长期与其他人缺少接触和连接，未来他们在社会中将会面临诸多困难。

价值三：内驱力

在学校里开设戏剧课，如何去衡量教学质量呢？不同于机构开设的表演课，这类课程会让家长看到孩子在期末登上了舞台，完成了一段表演，以此让家长判断这个课报得是否有价值。大班额决定了学校不可能让每个学生在期末都登上舞台。不少家长跟我沟通戏剧课的时候，还是会认为我们的戏剧课只是在教表演，如同大多数人所理解的那样。这来源于社会上对戏剧的普遍印象。所以不难理解机构教师跟我"诉苦"，他们认为在机构开设戏剧课最难的是跟家长的沟通，即使教师想开设教育戏剧课，也想践行先进创新的教学理念，但却无法实现，因为家长看重的是结果。

大多数时候我并不会刻意去跟外界澄清，因为我们戏剧课的内容还是要学生自己慢慢去体验。嘴上说得再漂亮，不如做出来再看。家长期望看到的，其实还是教学的实际效果，即戏剧课到底可以让孩子收获什么。我们既然说教育戏剧重视过程，那就要让家长看到孩子在学习过程中发生的变化。

我在最开始从事戏剧教育的时候还是会有点担心：一是教育戏剧在国内的知名度不高，不像其他学科根本无须解释授课的必要性，而且家长对戏剧课有刻板印象；二是教育戏剧重视过程，对孩子的影响是要从长期来看，短期看不到明显效果，家长可能在过程中失去耐心和信任。幸而，戏剧带给孩子的影响，无须我们等待太久。

还是举个例子。在我的戏剧课上，有一个女生因为年龄偏小，而且性格内向，很不起眼。她在班上成绩也很一般，二年级的成绩在班上垫底（那时还是"双减"之前，二年级还有考试）。她妈妈因为工作繁忙，所以也不怎么顾得上她。我当时注意到她，于是把她招进我的剧团。刚开始她很吃力，各方面的训练都达不到要求，而她也不会跟我沟通，可以感觉到她很不自信。那时我对学生有两个基本要求：一是语数英一定要学好，因为戏剧学习要求有扎实的语言和文学功底，也需要较强的思维能力；二是不能拖作业和补作业，因为要有时间观念和规则意识。如果学生达不到这两个基本要求，那么就不得不退出剧团。

实际上，对这两个要求我并没有采取一刀切的方法。有一次我看到剧团里一个三年级的学生坐在教室外面写作业，过去一看，原来是前一天回去玩嗨了忘了写。我只跟她说："下次不能了哦。"她点点头，看起来非常不好意思。从那以后她再也没有拖欠过作业。

说回这个女生。她刚开始也是多次触碰到那两个要求的边界，有时候可以感觉到她自己已经快要放弃了。后来，我们开始创作一个关于杜甫的剧，布置了一个任务：在一周内背完五首杜甫的诗。这五首诗对二年级的学生来说有难度。一周之后，除了她还有一首背不下来，其他学生都顺利过关。

按照约定，这时该让她退出这次创作了，不过我还是想再努力一下，于是鼓励她，再给了她一次机会，让她第二天早上来找我。我不确定她是否会抓住这次机会，直到第二天早上，她过来找我并非常流利地把五首诗背完！我当时真是太高兴了，我能感觉到，她找到了动力，还有信心。

从那之后，她越来越认真，每一次上课和排练都很努力。由于她之前学习基础比较薄弱，所以她利用每次来上课或排练之前的那段时间，和其他学生一起在教室一角做作业，我会看到其他学生给她讲题，一起讨论。尽管我没有特地去看她在班上上课的情况，但我能感觉到有些东西在悄悄改变。

在排练中，我有意将她放在了一个很重要的位置，并告诉她如果出错会导致所有人走错位。刚开始有几次，她果然会走错，排练时常被中断。她有些慌乱，但我很坚持，我跟她说我相信她可以做好，她能承担这个责任。经过不断地努力，她最终不再出错。两个月后，那部戏剧作品的演出很成功，所有学生都很开心，包括她。而这时，她的班主任来跟我说，她这两个月变化太大了，不仅成绩从垫底上升到了中上游，而且也变得自信开朗了。对于后者我自己也感受很深，以前她几乎不和我交流，但到后来，她会主动来"逗"我，跟我开玩笑。

更让我和她班主任惊讶的是，她妈妈也主动联系我们，并且在我们出去演出的时候来当剧团的志愿者。她班主任说，以前很难见到她妈妈，更不提来当志愿者了。所以不仅仅学生改变了，家长也改变了。

那么我们来回顾一下，这个学生从戏剧学习中获得了什么。

表演吗？我在戏剧课上不会去教表演，只会通过即兴来发展学生的自主表演能力。在戏剧课上，我能看到的是艺术能力（包括感受力和表现力等）、自信、社交能力、团队合作能力、责任心。在班级方面，我听班主任反馈的是学习成绩提高（也说明了学习能力的提高）、及时完成作业。在家庭方面，我直观发现的是，她妈妈对她更关心了，开始参与到她的学习中来，亲子关系得到改善。

那么上面这些又是为何会发生的呢？我觉得是学生的内驱力。她喜欢戏剧，喜欢上戏剧课，因此为了能够留在戏剧的世界里，她努力去达到两个基本要求，进而达到戏剧课的要求。不需要教师和家长去催去督促，她自己会为了自己的热爱而努力。所以戏剧课让学生收获的绝不是表演，也绝不仅仅是艺术能力，还有更多。

价值四：融入集体

戏剧是集体活动，在戏剧课堂上，学生会自然而然地融入集体中。对于刚开始因为不熟悉、内向等原因而感觉到融入困难的学生，我们一般会让他们在旁边观看其他学生上课，在他们感觉到自己准备好后就可以随时加入集体中。这里我以曾经在戏剧课上遇到的一个学生为例。

那时 LA 刚刚幼儿园毕业参加完军训回来，还没上一年级，长得很帅。从一开始他就表现得比较突出，不过却似乎并不让人满意。当其他学生都在认真地做戏剧训练的时候，他在旁边不愿意参与。偶尔参与进来，也会随意地中途离开。我感觉到他的自尊心比较强，批评他容易引起他的过激反应。

我也很理解他，因为自己的孩子与他同龄，而且对集体活动也是比较慢热，不能很快融入新集体。所以尽管他的表现会影响到整个课堂的进度和效果，我也对他很宽容。

在安排角色之前，我研究了每个学生的基本信息，根据他们的特点和经历来匹配相应的角色。LA 的角色是一名老兵，刚好他又军训回来，应该是很适合的。记得在让他敬军礼的时候，我还担心他不会，但他敬了一个标准的军礼，并且非常明显的，他敬礼之后的表情突然变得严肃认真。那一刻，我感觉我抓到了与他的联系。

我常跟其他教师分享，在戏剧课上，教师必须保持与课上每一个学生的联系。这种联系是双向的，即使你没有在看他，没有对他说话，他也不会觉得自己被忽略，同时你确实能感受到他的动态和情绪。这里的"他"指教室里的每一个学生。但如何建立起这种联系？需要你用心去感知每一个学生，关键在于找到建立联系的联结点。

所以从敬军礼开始，我与 LA 的联系正式建立起来，我能更清晰地感受到他的情绪状态。我会用一种他比较能接受和受鼓舞的方式来推动他参与到课堂中，事实证明效果还不错。

到了第三天，在这一天的课上，LA 再次表现出不认真和游离，我第一次用比较严厉的语气批评了他。他似乎非常震惊，继而眼中有了泪水，然后跑到教室一角并蹲在那儿。我没有去管他，此时他妈妈正坐在教室旁边的座位上，她也没有立刻去找他。我们都留了一些时间让他去调整。教育需要等待，需要有耐心。

课堂继续，一切如常。后来他到妈妈那儿去，似乎也在哭诉。在课间休息的时候，他过来跟我说："缪老师对不起……"他跟我说了他的感受，我认真地听他说，然后跟他说这件事里他的问题以及我的建议。再之后，他更认真地参与课堂，状态也更好了，并且也能融入集体了。

朋友问："为什么要等到第三天才会这样去批评他，而不是更早？"一是到第三天的时候，我和他彼此都比较熟悉了，所以当我这样批评他时，他是有空间去思考的，如果第一天就这样，估计他就再也不会进入戏剧课堂了。二是前三天里他感受到了戏剧的乐趣，所以他这时不会轻易离开，他有留下的兴趣和驱动力，这也是为什么当时我没有去管他。简单地说，这里涉及对学生的感知、时机的把握和内驱力的培养。朋友感叹，在这样的课程中这个学生的成长会很大，戏剧课太有意义了。

价值五：自信

我们常说要培养孩子的自信心，那么如何培养呢？戏剧又如何在这方面帮助孩子？还是以以前的一个学生为例。

ZM 最大的问题就是，即使我们都相信他，他却不相信自己。他很缺乏自信。

当时我们在排一个剧，他的角色很重要，在最后的一幕里要通过自己的讲述来点题，但是他告诉我，在以前一个比赛里，即使面前只有两个评委，他也会感到紧张。而这个剧里，他将面对很多的观众。

他很文静，换句话说就是音量很小，所以在前面几幕他与其他学生对词时，我对他做了一些训练，效果也比较明显。但最后一幕只有他自己，他的音量又那么小，可能观众看到的就是他走来走去，然后就结束了，谁也听不清他在说什么。那这个剧就垮了。

这给了他特别大的压力，已经触及了他可能最大的短板。在第四天的排练中，他压力大到不得不中断排练，而我也就顺势让学生休息（这时还有其他学生在问："不是还没有排完吗？"因为这是我们唯一没有排完的一次）。

我同样很理解他，因为我自己以前也很内向，不喜欢在大众面前表现。我愿意给他时间，即使只剩一天就要演出了。袁媛老师去单独辅导他、开导他，我也找机会去帮他放松心态。这个年龄的孩子已经有自己的独立思考，相比于年龄更小的孩子更难放得开。他的痛苦和纠结我们在场的所有教师和家长都清楚地感受到了，既为他担心，同时也耐心地给他时间。

他想了很久，然后过来跟我聊。我跟他说："其实现在直面这个自己最怕的问题并不是坏事，以后在学校里难道没有公开的发言吗？遇到回答问题或者答辩怎么办？还有以后找工作、申请大学也都需要面试，那个时候如果这样紧张，那还有可能通过吗？所以趁这次机会，突破自己。戏剧最大的作用之一，就是可以帮你进入角色，在角色里去突破，从而在生活中帮到你。"

这时一个小女孩过来，她跟 ZM 讨论起台词，然后喊 ZM 去练习对台词。可能是 ZM 想通了，也可能是不好意思在小妹妹面前退缩，两个人到一边去练习了。当天，我没有再给他任何压力，给足他时间和空间去思考。

最后一天，他穿着白色衬衫黑色裤子，非常帅气。更让我直接感受到的是他的情绪和状态，不再是前一天的低迷。排练开始，他的表现让我们眼前一亮，旁边有家长就在说："这个男孩进步真大。"第五天的他和第四天的他，似乎发生了巨大的变化。

以前有人说，学戏剧哪能那么容易看出效果，又没有成绩单，最多就是站在舞台上去表演。但实际上，戏剧教育的学习目标并不是舞台表演，而是学生全面素养发展，亦即全人教育。不用担心看不出效果，学生在戏剧课程里往往会有各方面明显的变化，这里分享一则家长的反馈。

> 缪老师，跟您分享一下昨天小朋友从您那里学到的本领。昨晚我们在阅读《漫画弟子规》的时候，我怕她不懂其中的意思，她读完我就跟她讲解每一句的意思，没想到她说："妈妈，你不要直接跟我讲意思，你指旁边的插图让我去找对应的句子，看看我能不能自己猜到是什么意思，我们缪老师教我们学戏剧的时候，也不会直接教我们怎么表演，而是让我们自己去想应该怎么表演，这样才能发挥我们的想象力。"这让我惊讶到了，她能在你们的影响下学会融会贯通，真是一件开心的事。过后，我认真反思了自己平时的引导方式，总是一板一眼的，真的是束缚了娃娃的想象力。同时觉得小朋友能遇到你们这样优秀的老师，真的是件幸事！

价值六：想象力

我曾经做过一个实验，同样一个练习给一到五年级的学生做，结果学生的想象力从一年级到五年级是递减的。这个结果似乎让人惊讶，又在意料之中。按照这个趋势继续下去，就会成为现在很多成年人面临的问题，即想象力和创造力的缺失。这些年的教育创新和改革，指向的就是应试教育带来的想象创造能力衰减的问题。

为什么我们现在这么重视素质教育和核心素养的培养，因为仅仅学会知识是远远不够的，尤其在人工智能时代。想象力和创造力是儿童成长中最重要的两个素养和能力，可以帮助儿童表达自我，打破思维定式，提高解决问题的能力和决策能力。在未来世界，或许人工智能在很多方面可以替代人类，但是想象和创造是人类无可替代的核心竞争力。

戏剧为儿童的想象力发展提供了许多机会，既能在低龄阶段有效保护儿童的想象力，又能在年龄增长过程中继续发展想象力。那么戏剧是如何帮助儿童发展想象力的呢？首先，戏剧帮助儿童更好地了解世界和自身。儿童总是处于好奇和困惑之中，所以他们对于新知识无比渴望，戏剧则将这一点提升到新的高度，让儿童更好地认识自己，缓解内心的困惑，与自己建立起联系，从而更好地认识周围的世界。戏剧还可以帮助儿童探索新的思维方式，按自己喜欢的方式思考，探索新事物，摆脱僵化的思维模式。在戏剧中，儿童必须以创造性的方式应对各种场景，这有助于他们以更加开放的方式思考问题。同时，在创造性合作和团队协作中，儿童的想象力同样可以在同伴关系中得到激发。毋庸置疑，为儿童提供丰富的想象力是戏剧所具有的巨大价值之一。

三、学校里的戏剧教育

（一）在学校开展戏剧教育的意义

戏剧真正的重要性在于它为儿童提供了独特的学习经验。通过发挥智力、体能、情感和想象力，儿童可以获得新的感知和理解，在这个过程中，戏剧教育的力量得以体现。戏剧教育的核心——即兴，可以使儿童的内在潜力得到释放，并为其高质量发展提供良好的机会。这为学校传统教育中出现的问题提供了解决的方案，也为教育改革提供了思路。儿童在戏剧中找到新经验、新知识和新理解的大门，这是其他学习经历无法提供的。同时我们也必须意识到，戏剧课程的学习体验取决于其质量，质量决定了学习效果。所以在课程设计、师资质量、课程定位等方面需要校方谨慎思考和决定。戏剧不能仅仅被视为一种方法，一种帮助其他课程变得更有趣的方法，而要作为一门独立的课程，戏剧课程具有完整性，可以充分提高儿童的学习兴趣和学习质量。

简而言之，在学校里，戏剧课程可以帮助儿童至少在以下三个方面获得提升：

第一，发展戏剧艺术素养，提升审美和创造能力。

第二，培养利用戏剧提升其他学科课程学习的能力。

第三，促进身心全面发展。

这需要从政策到学校、从整体到细节、从长期到短期的全方位规划。

2022 年教育部颁布《义务教育艺术课程标准（2022 年版）》（以下简称"艺术新课标"），其中最重要的变化有两点：一是将之前的音乐课程标准和美术课程标准合并为艺术课程标准，强调综合与融合；二是新增了戏剧、舞蹈和影视这"新三科"，艺术课程从传统的音乐和美术扩展至五门学科。艺术新课标的颁布指明了未来艺术教育的大方向：一是综合艺术的发展，二是艺术学科门类的丰富。艺术新课标的关键词包括育人、体验、综合，亦即坚持以美育人、重视艺术体验、突出课程综合。

从 2020 年起，我开始在学校里开设戏剧必修课程，也开始探索在学校里开展戏剧教育的意义和方法。之所以称为必修课，是因为戏剧课是面向所有学生的。这在当时的成都以及国内大部分地区是很少见也很难得的，这得益于校长对教育戏剧的了解和重视。2021 年，我在天府七中小学部开设了戏剧必修课，并担任艺术组组长。除了开设戏剧必修课，我还开始带音乐、美术、舞蹈和戏剧课，以教育戏剧为基础开始尝试建设综合艺术课程。到 2022 年艺术新课标颁布，我们发现在过去几年中无论是戏剧课程的开设，还是综合艺术课程的建设，都是与艺术新课标的大方向保持一致。而且在艺术新课标颁布的时候，我们已积累了一定的实践探索经验。

客观来说，我们的实践与艺术新课标中的要求有一定区别。比如课程落地方面，我们是从一年级开始开设戏剧必修课，在一至六年级设立单独的戏剧课，而在艺术新课标中，小学段主要是依托音乐、语文、外语等学科开展戏剧活动，"有条件的地区和学校可在 7 年级开设戏剧（含戏曲），学习任务围绕'戏剧游戏'展开"。课程内容方面，我们在小学段的必修课是以教育戏剧课程为主要内容，因为教育戏剧是适合所有人的，而戏剧表演并不适合所有人。在艺术新课标中，戏剧学科课程内容是以表演、剧本等为主。在戏剧师资方面，我们是让专职戏剧教师来上戏剧课，经过三年的发展，团队有所扩大，目前已拥有五名戏剧教师。而在艺术新课标中，由于依托音乐等学科开展戏剧活动，所以主要戏剧活动由其他学科教师来承担。

需要指出的是，艺术新课标特别提到了"教育戏剧"和"教育剧场"，由于目前国内高校很少专门开设教育戏剧专业课，因此在艺术新课标设立戏剧学科之后，学习教育戏剧和教育剧场的理念和方法成了推进戏剧课程落地的重中之重。

然而，尽管艺术新课标已经将戏剧列为"新三科"之一，使其正式成为一门独立的艺术学科，并且还鼓励有条件的地区和学校开设戏剧课程，但事实上，全国中小学真正开设戏剧课程、将戏剧列为必修的仍然寥寥无几。抛开师资短缺的问题，对于学校而言，首先要思考的是，在学校开展戏剧教育有什么意义？为什么在音乐和美术之外还要开设一门戏剧课？戏剧课要学什么内容？很多问题接踵而来。这些问题会让很多学校打退堂鼓，或者持观望态度。

机构开设戏剧课程可以丰富课程类型并吸引更多学生，从而实现更好的经济效益，但同时也需要面对来自家长的压力，包括须在短期内能看到孩子的学习效果、期末登上舞台表演、参加比赛拿奖等。在与国内各地从事教育戏剧或戏剧教育的小伙伴们的交流中，我发现大部分教师都是在机构从教，而且并不完全专注于戏剧相关教学，比如有些教师还开设主持、播音等课程。

学校里的戏剧教育不会像机构教学那样有来自家长的短期成效压力，可以比较从容地去践行教师自己的戏剧教育理念。而且在教育系统内，当教学质量得到肯定之后，就比较容易在本校、兄弟学校甚至其他区域进行推广，从而实现儿童戏剧教育普及的目标。在学校开设戏剧课程，可以更好地推广戏剧教育，可以更有效地让更多学生从戏剧课程中受益，可以更好地让戏剧与其他学科产生联动并互相影响，可以更好地在教育系统内让戏剧教育的功能显现。

在学校进行戏剧教育也有诸多困难，校长的高瞻远瞩、学校的教育哲学和制度结构、其他学科教师的理解支持甚至参与、区域内教育主管部门的支持等，都对戏剧教育的开展产生很大的影响。大多数情况下，在学校中是由其他学科教师兼带戏剧课或戏剧活动。于是就有了各种各样的问题：学校对戏剧教育的认识不清晰、对戏剧课程的定位不准确，戏剧课程的完整度和连续性不足，任课教师专业度不够，教学内容体系缺乏，等等。这些都是要在实践过程中不断摸索和建设的，并非笼统地给一个纲要或者由脱离一线的教师设计一些课程可以解决的。戏剧教育在学校落地的重要前提之一是，戏剧课程需要连贯和持续，学校在设计戏剧课程时要提前规划。戏剧课程要成为学生学校学习生活中正常课程的一部分，须确保戏剧课程的课时，无论学生或家长对戏剧是否了解（大部分情况下是不了解的）。因为只有持续的戏剧课程学习，孩子们才能有效地提升相关的技能并实现多方面的成长；如果没有持续性的学习，那么戏剧课程的积极效果就无法显现，也就无法得到学生、家长以及学校教师的认可，甚至可能被误认为是无关紧要、可有可无的东西，重蹈过去多年艺术教育所受偏见的覆辙。

除了独立的戏剧课程，戏剧还可以与其他课程和领域结合，即"戏剧+"（在第七章中有详细阐述）。欧美戏剧教育领域的大量实践证明，戏剧对于儿童学习语言、数学、科学、体育以及其他艺术课程都有很大益处。儿童可以通过戏剧，以一种在其他任何学习环境中都不可能实现的方式获得知识和技能，戏剧可以成为任何课程领域中都必不可少的学习体验。无论是哪门学科，戏剧都可以帮助学生在特定课程领域所提供的独特学习模式中受益，并且还能为他们的全面发展贡献力量。

分享一位家长对我们在学校里开展戏剧教育的感悟：

> 原来缪老师要做的教育戏剧，不是让孩子变成演员，不是对知识填鸭式的传导，或是将成年人的价值观强加在孩子的思想里。用缪老师的话来说，教育戏剧对于小学生而言，就是一种即兴的、重视过程的、对孩子有教育意义的课程，让每一位孩子用不同的适合自己的方式进行学习，让艺术成为一种学习方式，让孩子通过戏剧课程的学习，拥有即兴参与并进行独立思考和解决问题的能力，这才是学校教育戏剧的核心理念。

学校教育不可避免地会关注全体的一致性，因为整体教学质量是衡量学校教育的重要指标，其手段就是考试，因此学校在一定程度上会忽略个体的独特性。但教育关切的是个人的成长，戏剧则关注个体的全面发展。这其实也是在学校开展戏剧教育的意义。出于对这些意义的共同认知，这些年也有越来越多的学校来找我寻求戏剧教育的支持，比如去比心幼儿园、金苹果幼儿园等带幼儿园学生上公开课，并与幼儿园教师联合教研；帮助周边学校如四川天府新区第八中学、四川天府新区华阳中学等开设戏剧课程；为乡村学校如桐浦镇中心小学等提供戏剧教育培训，改变当地教师对课本剧的理解和教学过程。

在对学校开展戏剧教育的意义达成共识之后，就必须付诸行动。首先，校长是关键。在学校开设戏剧课程必须得到校长的支持，这将为戏剧教育进入学校提供必要的保障。可以看到很多学校也有不少教师在努力推动戏剧教育的落地，但是如果校长不理解或不支持，那么戏剧教育的落地将会面临重重困难。其次，校长支持后，落地还是要靠戏剧教师，所以专业戏剧教师（戏剧教育而非戏剧表演）的培养就迫在眉睫了（戏剧教育师资培养在本章第五小节有详细阐述）。尽管很多学校将戏剧课程的任务安排给了语文、音乐、英语等学科的教师，但由于这类师资对戏剧不了解或不专业，让戏剧课程建设出现了很多问题。再次，戏剧课程的成功实施需要合理的课时分配以确保持续性，需要安排适宜的教室以确保安全的空间。如果还像过去音乐课、美术课那样随意被占课或者连专用教室都没有，戏剧课程也只会成为泡影。另外，与家长的沟通。目前国内绝大多数家长对戏剧课程所知甚少，所以会对戏剧教育有很多偏见和误解，因此让家长了解戏剧对孩子学习和发展的贡献是非常重要的，这就需要学校和戏剧教师重视与家长的沟通。最后，营造学校的戏剧氛围。戏剧与其他学科均可进行融合并为其他学科的教学提供支持，戏剧教育也对学校整体教学质量的改善和提升有积极作用，学校可以为其他学科教师提供戏剧教育培训，提升教师对戏剧教育的认知，也为戏剧教育在学校里的发展培育良好的环境，不至于让戏剧课程成为学校的"附加"活动。此外，还可以为那些对戏剧教育表现出特别兴趣和专长的教师提供进一步的培训，培养更多合格的戏剧教师。

（二）在学校开展戏剧教育的关键

从校长的视角来看，在学校开展戏剧教育的关键是什么？作为学校的领航人，校长对戏剧教育在学校里的真正落地起关键作用。没有校长的理解和支持，戏剧教育在学校的开展将会十分困难。所以，从校长的角度来看，为什么学校里需要开设戏剧课程？戏剧教育与学校发展有什么样的关系？如何支持戏剧课程的开展？这些问题的答案，或许会对很多有志于开展戏剧教育的学校有很大启发。

作为天府七中的校长，我看到过去三年戏剧课程在学校里的发展，这让我相信必须要为在学校开展的戏剧教育提供支持，并深度探索戏剧在学校课程体系里能够发挥的作用和能量。而这种支持，主要体现在以下几个方面：

一是为戏剧课程提供充分的时间保障。戏剧课要成为学校的必修课程，排进课表，保证课时充足。学校甚至会为了使戏剧课达到最佳效果，为戏剧课设计了两节连堂的排课，让每次戏剧课的时间达到八十分钟，尽管这提高了学教中心的排课难度，但教务中心以及学校其他部门都给予了有力支持。

二是为戏剧课程提供优质的硬件保障。目前在天府七中小学部有两间专用戏剧教室，在中学部有一间专用戏剧教室，均用于平时的戏剧课教学。对于戏剧课需要的教具和设备，学校也尽可能提供。

三是为戏剧课程提供充足的师资保障，重视戏剧教师团队的成长。学校最开始只有缪斌老师和袁媛老师两名戏剧教师，之后在三年里扩充至五名专职戏剧教师，这在全国都是独一无二的。我们都知道，目前国内戏剧教育最大的问题之一就是师资短缺，所以作为校长，我非常支持戏剧教师的培养与成长。

四是为戏剧课程提供宽松的环境保障。在过去几年里，我并没有对戏剧课程如何开展进行任何干涉，而是将专业的事情留给专业的人做。我们或多或少都听说了教育戏剧或戏剧教育的好处，但是究竟有多好？又如何做才能让这些好处得以实现？其实一开始的时候，我们大部分人的认识都还是模糊的。所以我给予了我们的戏剧团队充分的空间，戏剧课程的内容如何设置、体系如何建立、课堂教学进展、新教师招聘、教研培训等，都由戏剧团队自行研究和实践。

五是支持戏剧教育研究中心的成立。是否有必要以学校名义来成立这样一个研究中心？是否有必要为这个研究中心争取主管部门的支持？这些是我们当初的顾虑，追根究底，是这个戏剧教育研究中心是否有足够的实力，是否名副其实。分析这几年里戏剧团队在戏剧课程方面所取得的成绩，经过研究，我们最终认为其实力足够，并且名副其实。正如我在戏剧教育研究中心成立仪式上的发言，戏剧教育中心如期成立并顺利揭牌，在中小学开展戏剧教育研究和教学，正当其时、意义重大，天府七中对戏剧教育在中小学的落地提供从顶层设计到一线教学的全方位支持，也希望能够将天府七中戏剧教育研究中心建设成天府新区乃至西南地区教育的一面旗帜。

据我们了解，戏剧教育已经进入了世界上很多国家的课程大纲，戏剧课成为学校课程的重要组成部分。但是在国内的中小学教育中，戏剧还是一个不太为人所了解和理解的学科。当学校和社会对戏剧和戏剧教育不了解时，就几乎不可能将戏剧纳入学校课程体系。但是，目前了解戏剧教育的途径很有限，仅仅靠一些宣传文章、大会论坛或者校园剧演出，还远远不能说服学校开设戏剧必修课。或许有些学校会开设戏剧选修课，引入校外机构入校开课，课程内容是排练戏剧作品。天府七中也曾有过这样的打算。近期，在北上广深等地也可以看到一些学校在削减戏剧选修课、社团课。当学校从这些课程中看不到期望的教学效果，也看不到课程的延续性和体系性后，当然不会再支持。

毫无疑问，学校能否开设戏剧课，校长很关键。校长如果对戏剧和戏剧教育不了解，或者有一点了解但是没有充分的认识，那肯定不会支持。当然，的确有很多学校教师在戏剧教育方面很努力，做得还不错，但是作为校长，需要知道如何支持，在哪些方面支持。实际上，我们在过去就曾想支持却不知道怎样去支持。这就需要戏剧教师有很清晰的课程规划、体系建设和实践步骤，让校长和学校管理层一目了然，从而可以让校长与戏剧教师达到同频。在天府七中，作为校长，我对戏剧教育的理念高度认可，对戏剧课程的发展也有清晰的了解，但戏剧课程还是经常会带给我很多惊喜。我从学校其他教师、家长和学生处收到了很多对戏剧课程的积极反馈，戏剧团队也会适时提出教学或者活动的具体需求，让我能够清楚地知道应该给予哪些支持并能很快做出决定。所以，或许校长对戏剧课程的开设有重要影响，但仅依靠校长也是不够的，更需要戏剧教师团队的持续努力。

让校长做出开设戏剧课程的决定很容易，但是在开课之后如何能够持续才是需要考虑的问题。对此，我认为除了用心做好课程体系之外，还必须提高戏剧课程的知名度。一个学校如果只有校长想做戏剧课程是不够的，还需要天时地利人和。当下，天时应该是已经具备了，艺术新课标中新增戏剧学科，为学校开设戏剧课程增强了信心。关于地利，相信很多学校也可以具备。除了专门的戏剧教室，戏剧教学空间的设置还可以通过多种方法实现，比如普通教室格局的变化、空教室的利用、户外场地的使用等。人和或许是最重要的。包括校长在内的学校管理团队当然首先需要理解戏剧教育的作用和目的，但是戏剧课程的开设绝不仅仅是校长的事，也绝不仅仅是戏剧教师的事，而是需要全校教师的支持，包括行政后勤等部门。在天府七中，戏剧课程深得人心，其他学科的教师都愿意去支持戏剧课程，也有很多教师愿意尝试在自己的学科教学中融入戏剧。当然，如果要让其他教师更了解戏剧，需要为他们提供更多接触戏剧的机会。除了教师，家长也同样需要了解戏剧课程。他们主要通过子女的反馈，以及子女在参与戏剧课程后的变化来了解。家长会、家长社群也是很不错的了解途径。家长对戏剧课程的积极态度，也会对学校开设戏剧课程产生重要影响。此外，还有教育行政部门同样需要对戏剧教育和课程有充分的了解，这样他们才会对学校开设戏剧课程给予肯定和支持。

提升戏剧课程的知名度和重要性，可以有很多途径。在天府七中，我对戏剧课程的了解主要来自教师的讨论、家长的反馈、戏剧团队的汇报、学校和戏剧组公众号的宣传、自身参与戏剧节和戏剧教育论坛等。我们的戏剧团队对戏剧课程的宣传工作做得很充分，而这正是这几年我们学校的戏剧学科发展迅速的原因之一。酒香还怕巷子深，当然酒首先要酿得香，然后还得让更多人闻到香味。我们戏剧团队的宣传渠道包括公众号、视频号、家长社群、戏剧教育论坛等，还通过馆校合作、社区合作、高校合作、国际交流、国家级市级展演、全国性论坛演讲、对其他学校提供支持、戏剧教育工作坊等宣传戏剧课程，我校戏剧团队展现出了让人信服的专业度。

学校开展戏剧教育的关键是校长，但是学校与戏剧专业教师的彼此信任和双向奔赴更是关键之关键。

四、戏剧教育面临的问题

在国内绝大部分地区和学校，戏剧仍然没有进入学校课程，所以天府七中开设戏剧必修课显得弥足珍贵，在全国都是少见的。我对戏剧教育在学校里的发展是看好的，艺术新课标发布之后，很多学校已经意识到戏剧课程的重要性，也正在行动，但一个关键问题也显现出来——师资短缺。这显然已经成为这一时期中国戏剧教育最紧迫的问题，师资培养将是接下来几年的重点。同时也必须清醒认识到，戏剧教育的师资培养不是几天就可以实现的，必须有个长期过程。除此之外，还需要意识到戏剧教育面临的主要问题之一，是公众对戏剧教育存在误解。很多人对戏剧教育的认知仍然停留在表演上，所以观念的调整是戏剧教育健康发展的根本。

（一）观念问题

在戏剧教育推广过程中最大的困难是观念的问题，包括教育者的观念和家长的观念。现在我们可以看到的绝大多数戏剧教育，还是在把戏剧表演硬搬到儿童教育上，教孩子一些表演技巧，然后让他们站到舞台上去表演，这样最容易出成果，也容易满足家长。

首先遇到的困难是家长观念的转变。大多数家长对戏剧的了解很少，即使有也是停留在舞台表演甚至影视表演上，而这样的教育方式并不适合低龄儿童。如果我们以此去进行儿童戏剧教育，就会让孩子变得"装"和"假"，同时更严重的是孩子的创造力和想象力会在这个过程中逐渐被磨灭。这样的戏剧教育其实一直都有，从我们小时候的各种表演，到语文课堂上的课本剧表演，等等。所以我在全校家长会上非常明确地告诉家长，小学戏剧课不是教表演，我们戏剧教育的目标不是把孩子都变成演员，不可能也不能。

然后是教育者的观念。尽管有很多戏剧教育者有自己的初心和梦想，但或多或少都遇到了同样的问题——来自家长观念的压力。如果按教育戏剧的教学方式授课，其实很难在短期内产出明显的成果，孩子的变化和提升是潜移默化的（实际上在我的教学中，我发现教育戏剧的教学效果还是可以比较明显的），如果是开展戏剧教育的机构，家长就会迫切地希望看到孩子的成长和成果，于是不少戏剧教育者只能妥协，转向表演教学、排剧演出，但这样就把真正的儿童戏剧教育又推进了死胡同。这一点或许能得到不少戏剧教育者的共鸣。

所以在全国推广儿童戏剧教育，需要大力普及教育戏剧的理念，因为教育戏剧的理念是与当下教育改革和课程创新的理念高度一致的，只是无论家长还是教师都了解不多。

（二）只见游戏不见戏

每一次参加全国性的戏剧教育大会，都会遇见来自全国各地的教师，能够感受到教师对于戏剧教育的热情和学习的渴望。我也在大会上为他们上教育戏剧公开课，并为他们做教育戏剧工作坊。在第一次工作坊开始前，我向教师提了一个问题："请进剧场现场看过戏剧的老师举手。"只有三分之一左右的教师举手。后来我多次给教师做工作坊，每一次问这个问题，差不多都只有三分之一的教师进过剧场，现场接触过戏剧。

也就是说，大部分对戏剧教育感兴趣甚至正在从事戏剧教育的教师，竟然没有进剧场看过戏剧！类比一下，就像美术教师从来没有现场看过画展。但是，没有看过戏剧何谈了解戏剧？对戏剧不了解又如何可以教戏剧？做戏剧教育却不懂戏剧，这是目前戏剧教育领域的怪现状。

所以中央戏剧学院的一位教授说了一句话："只见游戏不见戏"。诚哉此言。很多教师参加过教育戏剧或戏剧教育的培训，学习了一些戏剧游戏或戏剧习式，加上自己对戏剧的理解或者想象（没有看过戏剧那只能靠想象了），然后就开始给学生上戏剧课。这样的课程内容主要是套用在培训中学会的几个戏剧游戏或习式，让学生玩得开心似乎就是课程的目的。但是这样的课程缺少了戏剧的关键元素，缺少了对戏剧艺术真正的体验，结果就导致"只见游戏不见戏"。

教育戏剧虽然不等同于戏剧艺术或戏剧表演，但是教育戏剧的核心仍然是戏剧，或者说，以戏剧为内核，以教育为外壳。只是通过戏剧游戏让学生在课堂上觉得好玩，这与真正的戏剧相距甚远。如果只见游戏不见戏，会让戏剧教育变成无根之木、无源之水。

（三）将戏剧课开成表演课

中小学校里需要开设的戏剧课，绝不是表演课。因此我在每年一年级新生家长会上，一定要对家长们说一句："我们的戏剧课不教表演！"每一次，都会有很多家长表示困惑和疑问，因为以往所看到的机构戏剧课程，或者是学校的戏剧社团课，都是以表演为主，学习内容主要是一个学期完成一个剧目的创排。但这不是中小学校需要的戏剧课。甚至还有些挂着戏剧课的名头，其实是小主持课、口才课的课程，这就更糟糕了。在戏剧的学习中，很忌讳两种"腔调"，即播音腔和朗诵腔，而在大部分主持课、口才课上，孩子会形成播音腔和朗诵腔，结果导致孩子在戏剧课上拿腔拿调、矫揉造作，我们需要花很大力气纠正回来。但是课后，孩子又去上主持课、口才课，如此一来，我们在学校里的努力就白费了。当然并不是说主持课、口才课不好，实际上，在中国传媒大学、北京电影学院、中央戏剧学院等高校的主持、播音等专业，也不是像那些机构那样去教，那样的播音腔、朗诵腔已经非常过时了。

那么，为什么表演课不适合学校的戏剧课程？我们从几个方面来看。首先，我们开设戏剧课程，不是为了让所有学生都成为演员，中小学不是戏剧学院，尽管未来其中可能会有个别学生会走上戏剧的专业道路，但面向主体中小学生的戏剧课全部变成表演课肯定不适合。其次，不是所有学生都适合站上舞台。常常有家长说："我家孩子很内向，多站上舞台肯定就能让他变得外向了。"听起来似乎有一定道理，有时候也确实如此，但是我们不能忽略有一部分孩子在被"逼着"站上舞台的时候，会极度不适，甚至产生负面情绪，上台甚至可能对其心理造成伤害。我的一位研究生导师曾跟我说，她在上学的时候从来都不敢站到舞台上去，每次一站上去她就觉得整个人都不好了，所以她极少站到舞台上表演，但是这并不妨碍她成为一位著名导演。再次，将戏剧课等同于表演课，这样对戏剧教育的理解过于狭隘。关于戏剧教育及其价值在前面已做阐述，这里不再重复，而这些学习内容和价值不是表演课可以带来的。表演固然可以为学生带来很多益处，但戏剧教育却可以带来更多。最后，让戏剧教育不具有持续性。为什么这么说？因为在过去多年里，很多地区的学校都是以开设戏剧社团课作为戏剧课的主要形式，教学内容大多是以表演排练为主，但是这就出现了一些问题：覆盖学生太少、学生不愿意重复学习、家长和学校看不到效果、师资管理不善等。结果很多学校在开设了几期戏剧社团课之后，就选择停课，导致戏剧教育原本发展得还不错的地区出现了倒退。这些问题细究下来都是真实存在而且有相关的原因，影响了戏剧教育的持续发展。

（四）重视结果，忽视过程

我们长期以来一直都重结果，有"胜者王败者寇"的观念。在竞技体育领域，这样的观念无可厚非，但即便如此，奥运会仍然提出了"更快、更高、更强、更团结"的格言，"更"体现的就是过程，成长的过程。这也正是教育的目标。学生一时的成绩或成败并不意味着什么，他们在每个阶段的成长才是我们所关注的。但是道理说起来都懂，真到了现实生活中，家长会很在意自己的孩子是否登台演出，很在意孩子拿了第几名，学校也会对参赛获奖提出要求，甚至还会分派指标。这些都与我们的教育理念背道而驰。曾经有机构教师跟我诉苦，他们跟家长的沟通成本很高，因为家长交钱让孩子到机构学习，就期望着孩子会有登台演出或参加比赛的机会，并且一定要拿奖，要不然就觉得交这个钱不值得。机构原本确实想认真做戏剧教育或教育戏剧，但是在家长的这种期望和压力下，不得不改变教学内容和目标，变成了为结果而教。学期最后，孩子登台演出了，拿了张奖状回家，皆大欢喜。但是，从教育的价值来看，真的值得欢喜吗？这样的做法，只会让戏剧教育的价值荡然无存。

（五）缺少良好的戏剧氛围

为什么剧场很重要？这是显而易见的。推行戏剧教育、开设戏剧课程，那学生哪能不去剧场呢？正如当戏剧教师，哪能没进过剧场看过几部戏剧呢？同时，剧场特有的环境氛围对学生的影响是浸润式的，尤其是当戏剧在这样的空间里真实发生的时候。因为，戏剧是现场的。

教育戏剧之所以在英国、希腊等国家让孩子受益，是因为他们的孩子从小就浸润在戏剧的环境里，对戏剧早已熟悉。而我们的孩子从小缺乏戏剧的氛围，甚至对戏剧毫无所知，在这样的情况下要为孩子提供戏剧教育，是缺乏基础的。因此，我们发起了"带孩子进剧场"的项目，让越来越多的孩子能够走进剧场，在戏剧的浸润中成长。

我也对国内大部分演出中"1.2 米以下儿童谢绝入内"的规定有了一些理解。

孩子的"天性"会让他们在长时间的演出过程中很难一直保持安静，他们的情绪也容易随着演出的剧情和氛围变化，所以剧院会担心孩子在剧场里说话或者哭闹，影响正常演出和其他观众的观剧感受。但是我一直有一个疑惑，如果孩子在身高 1.2 米以下时从未进过剧场，难道当他长到 1.2 米时就能瞬间明白在剧场里该怎么做了吗？

我们在希腊生活期间，看过不少为儿童演出的戏剧，很少出现因为孩子说话、吵闹等不恰当行为影响演出的情况。希腊的剧场也没有像"1.2 米以下儿童谢绝入内"的规定，剧场对所有孩子开放。究其原因，是因为希腊的孩子从很小的时候就开始看演出，所以他们知道观看演出时的恰当行为是怎样的。因此，要让孩子成为有素养的观众，只能让他们进剧场，而且越早越好。这需要演出单位、剧院、家长、学校等各方共同努力，而不是简单地一刀切，粗暴地规定"1.2 米以下儿童谢绝入内"。

那么当孩子被"谢绝入内"之后，他们去哪儿了呢？不少家长告诉我，他们也常带孩子去看儿童剧，孩子可喜欢了。我们自己也带孩子去看过家长说的儿童剧，这类剧有以下特点：票价比较贵，声光电效果极出彩，但内涵和教育意义浅薄，戏剧艺术质量差。当时我们带孩子去看儿童剧，看了一会儿我就如坐针毡，特别后悔带孩子来看。

有家长说，孩子看得开心就很好啊，孩子喜欢就行，虽然票价确实高。票价高是一回事（实际上好的戏剧演出的票价并不会那么高，要看性价比），真正严重的问题是，这样低质量的演出会对孩子的审美造成巨大的伤害！家长说，你们学戏剧的，看了觉得不好，我们看了还觉得挺好的。可是当我问家长一个问题后，他们立马就明白了。"有些人对杀马特、土味喊麦等觉得很美，你自己觉得呢？"一旦孩子习惯看那些靠声光电来吸引注意但内容浅薄、审美低俗的儿童剧演出，想再纠正并提高他们的审美，其难度之大，可想而知。

所以，在发起"带孩子去剧场"这个项目之后，我都会提前去看一下或把把关，因为对于这一代孩子来说，审美太重要了，艺术的熏陶太必要了。这一点，我们的家长都深有同感。而且，在带孩子去剧场的时候，又何尝不是"带家长去剧场"，我们的家长都还很年轻，尽管过去的教育体系大多忽视艺术教育，但是任何时候都不晚。

期待我们有更多好的戏剧作品为孩子演出，期待我们有更多的剧场为孩子提供友好的环境，期待我们的孩子有更多的机会走进剧场，期待我们的孩子成长为高素质的观众，期待我们的孩子在戏剧中成长！

关于"带孩子去剧场"项目

自开始从事戏剧教学，我就一直在思考这个问题：教戏剧的教师可以没看过戏剧吗？学戏剧的学生可以没看过戏剧吗？但实际情况是，很多教师和学生没有看过戏剧。这是非常可怕的事情，就如学音乐没有听过音乐，学画画没有看过画作。所以艺术新课标里也将"欣赏"作为戏剧学科课程内容之一。

国内剧场的窘境源于薄弱的观众基础，大部分人对戏剧几乎没有任何了解，在这样的情况下，大多数人几乎不可能走进剧场。那怎么办？得让更多人了解戏剧，从我自身和身边朋友们的经历来讲，在了解和感受了戏剧的魅力之后，不说所有人，大部分人都会喜欢上戏剧。我自身的工作就是中小学戏剧教育，孩子在上戏剧课的同时，当然需要走进剧场去看戏剧呀！正如学习画画的孩子不能不去看画展，学习音乐的孩子不能不去听音乐。这也是我发起"带孩子去剧场"项目的初心。

我认为让孩子从小有机会进剧场是很重要的，从小就有剧场经验的孩子，无论他身高多少，都会知道在剧场里该有怎样的言行举止。很感谢成都繁星戏剧村一直的包容和理解，让我们的孩子可以有很多机会进入剧场。良好的观众素养也是我们戏剧课的学习内容，所以我们的孩子在剧场里也展现出了不错的素质。

孩子需要看戏剧，但必须看好的戏剧。

丁一滕的《新西厢》

在 2020—2023 年，"带孩子去剧场"项目其实进展得很不容易，但我们坚信该项目的意义。我们的孩子太缺乏剧场经验了，如果一个孩子从小没有在剧场、美术馆、博物馆等艺术场域的经历，又怎能期望他成为一个有艺术修养、有生活乐趣的人呢？

正好听说丁一滕要来成都，他导演的《新西厢》将在繁星戏剧村演出。于是我们就先自己买好票，然后告诉孩子，想一起去剧场看剧的话就由爸爸妈妈购票并陪同，然后在剧场汇合。观剧的过程中，作为教师，我们会全程陪同，并在演出结束之后组织讲解讨论，同时也争取搭建孩子与导演、演员的交流通道。我们期望通过这样的方式，可以让孩子在剧场里获得更深度的体验。

那天有很多孩子和家长一起来到了剧场，最后一数，竟然有二十个孩子！在长达一个半小时的演出中，他们安安静静地坐在座位上观看，没有吵闹，也没有离开座位。演出结束后，我在后台和演员聊这件事时，他们很惊讶现场有这么多孩子，对孩子的观剧习惯称赞不已。这也是我在戏剧课上特别重视的一个部分：观众素养。孩子的表现让我们看到了戏剧课的效果。

正如丁一滕所说："看到他们就看到了曙光，中国的戏剧有未来。"对于戏剧教育在学校里可以怎么做，我跟丁一滕也进行了探讨。我们共同的想法是不应该去做那些比较低幼的儿童剧，而是应该让戏剧发挥其原本的力量。我在希腊，他在丹麦，看到的儿童剧也都是有深度、有意义、有创造的，而这也是我希望给孩子带来的。

（六）缺少优质的儿童剧

什么样的儿童剧是优质的？正如"什么样的戏剧是好看的"这个问题一样，仁者见仁，智者见智。但是，从教育的角度来看，我们必须对儿童剧的质量进行把关。目前儿童剧主要存在低幼化、制作粗糙、表演不专业、缺乏意义、过度使用声光电技术等问题。因此，优质的儿童剧需要满足以下条件：

（1）符合儿童身心发展规律，不低估儿童的理解能力。

（2）制作方面须对等专业戏剧作品，不因是为儿童演出而粗制滥造。

（3）表演方面要达到专业水准，这是戏剧演出的底线。

（4）要有意义。有些儿童剧看的是热闹，看完之后对观众毫无意义和价值，这样的儿童剧不看也罢。

（5）为了吸引儿童，很多儿童剧过度使用声光电技术，以巨大的响声和灯光来吸引儿童，这不仅会对儿童的感官造成过度刺激，而且也无益于他们审美能力的提高。

（6）儿童剧不仅适合儿童，也适合成年人观看，成年人在观看的时候也不会觉得无聊。

以上面这些标准来衡量，目前可供孩子选择的优质儿童剧还很有限，期望未来能够有更多的优质儿童剧出现。

在希腊看儿童剧

如何将一个童话故事演绎成戏剧在舞台演出？如何让成年人可以自然地演给孩子看？如何让孩子能够被戏剧吸引并看进去？如何让家长在陪同观看的时候并不会觉得无聊？……或许这些是儿童剧创作面临的主要问题。

希腊国家剧院的儿童剧《匹诺曹》对这些问题都做出了积极的回答。让我们惊讶的是，作为一部儿童剧，它的时长竟然达到了两小时。甚至跟希腊国家剧院的其他正剧一样，中间还有中场休息。很难想象那么多小朋友可以安静地坐着观看两个小时，可以像成年观众一样，中场时到大厅休息，然后钟声响起又回到座位继续观看。但在我们的眼前，这一切都自然地发生了。整场演出，没有听到孩子吵闹，也没有看到孩子站起来或走来走去，所有人都是那么认真地观看戏剧。所以孩子们都真正地被演出所吸引。

图 1-1　希腊国家剧院儿童剧《匹诺曹》谢幕

之前在国内，我在自己导演的儿童剧《三叠纪的星光》的演后谈环节跟观众说："演出过程中我悄悄地坐在后排，观察有多少家长在玩手机，有多少家长在打瞌睡。"如果有很多家长在玩手机，甚至在打瞌睡，要么是这部剧对成年人来说太无聊，要么是家长本身的观众素养不够，对戏剧也缺乏了解。在希腊国家剧院的这场演出中，我也同样留意，惊讶地发现没有家长在看手机或者打瞌睡，每一个大人和小孩都那么认真地观看。袁媛老师说："正是因为大人都能够认真观看，所以小朋友会受他们影响，也能那么认真观看。"

当然这部剧本身的质量相当高，这也是所有人都能看进去的重要原因。我认为，一部好的儿童剧，绝不只是孩子觉得有趣，同样会适合成年人观看，能够让孩子和成年人都能从中获得思考和启发。

导演瓦西利斯·马夫罗乔治乌（Vasilis Mavrogeorgion）通过这部剧提出了这些问题："孩子如何成为现代社会的一部分？他们如何能够遵循成人的模板？为了生存，他们必须失去哪些纯真？"这些问题是不是都很深刻？是不是有人会觉得这些问题对孩子来说太难了？其实我们的孩子真没有我们以为的那么幼稚。

再说回演出本身。这部剧从舞美和服装来说算是大制作了，成本不低，构思也非常巧妙。每一位演员无论角色大小，都散发着主角的光辉，能够发挥出自己的能量。这里就必须说一说儿童剧演员表演的风格。

我们经常看到儿童剧的演员采用夸张乃至略显浮夸的表演风格，用一些嗲的声音或者所谓"哄孩子"的声音说话。但是在这部剧里我们没有看到。每一位演员都在认真地扮演自己的角色，而没有刻意去取悦儿童观众，他们的表演都很"正常"，具有戏剧化的夸张，但并不会让人觉得尴尬甚至反感。实际上，如果这个剧只给成年人看，也是完全没有问题的。

尽管整个剧都是用希腊语演出，但是由于这个故事本身广为人知，加上演员通过大量的肢体动作演绎，我们得以跨越语言的界限，毫无理解障碍。尤其是多名演员双手缠绕从上方垂下的布带，演绎剧院里木偶演员的场景，非常出彩。随着情节的推进，情感的变化也让我们感同身受。将一个童话演绎成戏剧舞台的演出，既能不失内涵又能有精彩丰富的形式引人入胜，这非常不容易。

这场演出让我们印象深刻的还有一点，即音乐是现场演奏的，更准确地说不是音乐，而是声效。这在希腊的戏剧演出中也比较常见，会给演出增色不少。

回来的路上，我跟袁媛老师说："这些希腊的孩子，从这么小（最小的可能只有三四岁）就能够在剧场看这么高质量的戏剧，可以想象他们长大之后会是怎样的。"而我们的孩子在看怎样的演出呢？除了通过声光电技术来吸引孩子的注意，我们能否专注于提高戏剧演出的质量，让孩子真正从戏剧艺术中受益呢？我们能否重视儿童观众，为他们创作更多高质量的戏剧，让他们从小就能感受到戏剧的魅力呢？

当我们的孩子从小走进剧场，从小观看高质量的戏剧，剧场还需要有"1.2米以下儿童谢绝入内"的规定吗？当儿童剧真正有高质量、有趣味的时候，我们的孩子还会被责怪坐不住、注意力不集中吗？或许他们坐两小时也不在话下。

（七）本土化

目前，针对中小学的戏剧课程设计尚处于空白状态。过去的戏剧选修课和社团课的主要课程内容是表演和剧目排演。但在实践中我们发现，这样的课程内容是不适合中小学生的，戏剧教育的价值绝不仅仅在于带孩子排一出戏。我们需要让戏剧教育适合中国学生，适合这个时代。目前，在小学课程里还没有戏剧课程标准和教材，所以一切都得从无到有。而我很担心因自己知识和能力有限而"误人子弟"，所以备课和上课都无比用心，如履薄冰，只期望能够给学生带来最好的戏剧课。

这是教育戏剧本土化的一场实验。教育戏剧在欧美从20世纪60年代发展至今，也已经无数次发生改变，至今仍有很多实践者、教育者在探索。照搬欧美教育戏剧肯定不可行，中国学生有独特的性格，中国课堂有独特的结构，中国社会有独特的文化，教育戏剧拥有的全人教育、全科教学的优势，须彻底本土化之后才能真正发挥出来。

而教育戏剧的必修课，在沿着教育戏剧大咖们的道路继续向前走的同时，需要探寻适合中国学生的教育戏剧课程。适合欧美学生的不一定适合中国学生，国情不同，学情也不同。即使是在欧美，从20世纪60年代到现在的六十多年里，教育戏剧也经历了很多改变和发展。有一点要明确：不管教什么，一定要清楚为什么这样教,不能生搬硬套。

除了以上问题,还有以下几个重要的问题需要回答:应该怎么去设计适合中小学生的戏剧课程?合格的戏剧教育师资短缺,学校如何构建戏剧课程体系?戏剧的游戏和习式应该如何使用?戏剧课堂教学如何进行?如何以适合孩子的方式去编创戏剧?等等。这些问题我们都尝试在本书中做一些探讨。本章的下一小节将重点讨论戏剧教育师资的培养,第二章将讨论学校戏剧课程体系的构建,第三章将讨论戏剧游戏与习式的使用,第四章将讨论戏剧课程的设计,第五章将讨论戏剧课堂的管理,第六章则讨论校园戏剧的编创。

五、戏剧教育师资培养

随着 2022 年艺术新课标的发布,越来越多的学校开始尝试开设戏剧课,越来越多的机构开始转型做戏剧课程,越来越多的家长意识到戏剧教育的重要性,越来越多的教师迫切地需要师资培训。在这几年里,有不少学校向我表达过希望能开设戏剧课程但是却找不到合格师资的苦恼。中小学里的戏剧教师,需要既懂戏剧艺术又懂教育教学。目前尽管戏剧专业的毕业生很多,但是他们大多缺乏教育教学经验,无法直接胜任中小学的戏剧教师一职;而师范毕业生则缺乏对戏剧的了解和学习,甚至很多教师没有看过一部戏剧,他们同样无法胜任中小学戏剧教师的岗位。有相关专业背景的戏剧教师仍是少数,在学校里进行戏剧教学要面临的挑战也会比在机构里更多。

因此教师迫切希望能够参加戏剧教师的培训,但是心急吃不了热豆腐。我认为合格的戏剧教师绝不是通过两三天或两三周的培训就可以速成的,需要系统深度地学习并在教学中实践。我现在在学校里担任艺术组组长,以戏剧来统领音乐、美术和舞蹈学科,除了每周会给艺术教师进行教育戏剧的培训,平时每天还有听课、评课等学习活动。校长曾问过我:"培养一名合格的戏剧教师要多长时间?"我回答的是:"至少两年。"戏剧教师的培养无法速成,需要将理论学习与教学实践相结合。在学校里各学科都会进行师徒结对,所以在戏剧团队里新教师与我结为师徒,主要的学习方式包括以下方面:

(1)读书。平时我会推荐一些与戏剧教育相关的书籍和文章让教师们阅读,帮助他们汲取前辈宝贵的经验,进行理论积累。

（2）教研。每周定期开展教研活动，在教研时我会做一些教育戏剧的培训，教师们也会对学习和教学中遇到的问题进行分享和研讨。

（3）教案。在我们课程建设的整体框架下，教师们自行备课，然后我会对每一份教案进行修改，常常会将教案改得面目全非，然后他们再去教学，再进行二次备课、三次备课，就这样在改教案—上课—改教案—上课的过程中，教师们的戏剧课程设计水平和教学水平得到明显提升。

（4）听课。教师们平时都会来听我的课，下课后再来跟我讨论他们的发现；我也会去听他们的课，然后进行评课；团队还会一起议课。我对教师们的要求是，把平时每一堂课都上成公开课，把公开课上成平时的一堂课。这其实就是要求戏剧课堂要保持高质量，并且真实。

（5）实践。要做好戏剧教育，不能仅仅困在教室里。我对艺术教师有一个期望，就是艺术教师要活得像个艺术家：美术教师要能去美术馆策展办展；戏剧教师要能去剧场导剧演戏。戏剧教师必须要有良好的戏剧艺术素养，不能是不懂戏剧的戏剧教师。

（6）交流。我会为教师们创造与外界交流的机会，比如其他地区的学校来校听课，我会"临时"通知某一位的戏剧教师（临时是为了不刻意做准备）；又比如让教师们到其他学校或者社区去做戏剧工作坊，或者参加论坛会议并发表演讲等；再比如让教师们参与到国际交流中，扩大其眼界。

在学校里，儿童戏剧教育所适用的理论基础是教育戏剧，而非以表演为方向的传统戏剧教育。目前国内高校还没有教育戏剧专业，所以大部分教育戏剧专业的教师是从国外学习归来，而国内很多戏剧教师是经过短期师资培训继而从业的。要解决师资短缺的问题，最根本的出路一定是培养专业教师，这需要国内高校开设教育戏剧专业，引进国外教育戏剧专业教授，培养高素质的教育戏剧教师。

培养戏剧教师，最难的并不是教那些方法或者习式，而是理念的转变。大部分对戏剧教育感兴趣的教师来自其他学科，但是我发现即使是音乐等艺术教师，对于戏剧教育和教育戏剧的理念接受也是不容易的，很容易被传统教学观念所限制。如果理念没有转变，那么即使学会了很多方法、习式，那样的教学还是有问题的。教育戏剧的学习并不容易，有很多教师上过不少教育戏剧师资培训班，看过不少教育戏剧相关书籍教程，但还是上不好戏剧课。即使是教育戏剧专业的毕业生，也会对教育戏剧教学的认识有很大差异，如多萝西、盖文等前辈也会有不同的教育戏剧理念。如果未学过这个专业，那可能更容易迷茫。教育戏剧的学习是长期的，必须理论结合实践，学以致用。

我观察到社会上很多儿童戏剧教育还是在以儿童剧、儿童表演为主，这也是有问题的。当然，之所以这样，一方面是因为国内还没有教育戏剧专业，大家对戏剧教育的理解还停留在表演艺术的层面；另一方面是因为商业化推广的需求，这样容易出效果让家长满意。我认识的一些在专注做教育戏剧的机构，大部分在一段时间之后都不得不做出妥协，增加儿童表演的内容。如果能够在妥协的时候还坚持教育戏剧的内核，那就已经非常不错了。

所以我觉得尽管当前师资供不应求，但为了国内儿童戏剧教育的健康发展，须坚持宁缺毋滥。可以让专业的教育戏剧教师成立名师工作室，以此形式吸收对教育戏剧感兴趣并且有意愿专门从事教育戏剧教学的教师成为工作室成员，然后进行深度的培养。以点带面，合格的师资就会越来越多。这也是我现在在学校里培养戏剧教师的方式。我相信，未来一定会有越来越多的学校开设戏剧课，也一定会有越来越多优秀的戏剧教师进入学校教学。

（一）成为戏剧教师的三个必要条件

一是要系统学习教育戏剧。国内高校还没有教育戏剧专业，但已经有部分高校开设了"戏剧教育"专业，该专业为表演导演方向（这里不是做"教育戏剧"和"戏剧教育"的名词分辨，而是从专业学习内容来说），不同于英国华威大学、爱尔兰圣三一学院或我就读的希腊伯罗奔尼撒大学的教育戏剧专业。有人可能觉得不都是戏剧嘛，但实际上从理念、方法到实践的差异还是挺大的。

二是有比较好的导师。这个导师必须有大量的实践经验，比如我的导师是从事了几十年教育戏剧的教授，现在已经退休，但仍然每年坚持去监狱等地方做教育戏剧项目。研究生期间，教过我的老师有十多位，都是在一线从事教育戏剧工作的，他们活跃在木偶剧、童话剧、教育剧场、社会戏剧、论坛戏剧、定格动画等领域。所以，我现在在学校里带新教师时，学校也是采用以师徒结对的形式，这样可以确保有持续的指导和示范。我们可以随时讨论如何修改教案，可以听课评课，可以参加实践项目等。

三是必须要有大量的教学实践。这其实也是我在工作这么多年后又到学校当教师的主要原因之一。仅从上课的情况来看，在机构上课的学生人数少且上课频次低，在教学中我发现从机构来的教师会容易"管"不住一个班的学生。一般在机构上课的可能是几个学生或十几个学生，但是学校里一个班是四十个甚至五十多个学生，这对于习惯了小班上课的机构教师来说，是巨大的挑战。当初我刚从希腊回来，第一次走进学校课堂的时候，我惊讶地发现一个班竟有五十个学生！那时候确实有些不知所措，但也只能硬着头皮去上课，并且努力寻找好的方法来关注课堂。直到今天，我的戏剧课堂也不用口令指令，更不会大声训斥。好的课堂一定是通过课堂内容来吸引学生提高专注力，而专注力的提高就会让课堂更有序。当然这是最理想的状态，需要一个过程来实现。

如果能够匹配这三点，就能够真正开始从事教育戏剧教学的征程。用"征程"这个词，是因为这条路并不容易，需要有纯粹的理念与不懈的坚持。

（二）戏剧教师的基本素养和能力

第一，戏剧素养。既然从事戏剧教育，必须要有戏剧素养，戏剧教育首先是戏剧的属性。戏剧作为一种艺术形式，具有深厚的审美价值和特点，它区别于其他艺术形式的现场性、角色扮演、时空构建和观众参与等特点，能增强同理心以及与社群的联系，它还是社会的一面镜子，让人内省。因此一名戏剧教师最需要做的是喜爱和了解戏剧，需要走进剧场，去欣赏和感受真正的戏剧艺术，也需要在兴趣的驱动下去了解戏剧的元素和基本的戏剧结构。戏剧素养包括的内容有很多，我读教育戏剧研究生期间，在学习之余也会去学习戏剧表演，并且担任编剧、演员等，还大量地观看戏剧演出，就是为了提升自己的戏剧素养。

第二，教育教学能力。戏剧教师必须具备合格的教育教学能力，甚至比对其他学科教师的要求更高。我通过实践发现，戏剧课堂上的秩序管理、学生沟通、突发状况应对、即兴能力、创新能力等都对教师提出了相当高的要求。所以不少人都会说，当戏剧教师比较累，脑力和体力消耗都比较大。一名戏剧教师需要对教育事业充满热忱，并乐于不断钻研教育的智慧。教育是安顿人的灵魂的事业。无论是中国教育的巨匠陶行知，还是国际教育领域的泰斗如让·皮亚杰（Jean Piaget）、杰罗姆·布鲁纳（Jerome Bruner），他们的教育理念都与戏剧教育的理念不谋而合。这些教育家的深邃思想，若能巧妙地融入戏剧教育的实践之中，将极大地丰富戏剧教学的内涵，激发教育的活力。戏剧教师得此理论滋养，将如鱼得水，在教学的海洋中遨游，引领学生在戏剧艺术的天空中自由翱翔。

第三，创新能力。戏剧教师还需要有不断反思和终身学习的能力。戏剧与哲学都起源于希腊，这与希腊人爱思考的习惯有一定的关系。戏剧自诞生之日起就有一定的教育意义，但被单独提炼出来成为戏剧教育教学法才仅百年的时间，在中国的应用更是处于初期。作为戏剧教师，我们需要在实践中不断反思与创新，走出中国戏剧教育自己的一条路。在国内，戏剧教育正在受到越来越多的关注，但是舶来的教育戏剧急需本土化，本土的戏剧教育理念急需跟上时代，这都要求戏剧教师必须具备创新能力。可以说，今天的戏剧教师都是开拓者，我们必须找到戏剧教育在中国本土、在这个时代的最佳内容和状态。

同时，教师还需要加深自身对学科的理解和掌握，增加知识储备，以应对课堂上可能出现的未知变化和学生可能产生的各种问题，能够即兴应对。教育戏剧的课堂形式也与传统课堂不同，学生会更自由、更主动，因此对学科教师的课堂把控能力也有更高的要求。教师要对学生情况有更深入的了解，相比于知识传输，戏剧教师还需要能够与学生一起探索学习内容，当然最重要的，是对学生的敏锐感知和无条件的爱。

（三）戏剧教师的导演能力

很多人认为当戏剧教师一定要会表演，因为要教学生表演呀，所以戏剧演员就可以当好戏剧教师。这种说法有待商榷。一是小学里的普及性戏剧课不能是表演课，毕竟不是所有学生都适合表演，也不是所有学生都要当演员。二是表演教师在小学课堂上会遇到一个现实问题，就是班上有四五十名学生，课堂把控会是一个巨大的难题。三是会表演不一定会教，这其实也是现在艺术教育里的常见问题。

所以常常会有人问我：你的戏剧课上不教表演的话，究竟教什么呢？你是怎样让那么多孩子在课堂上都能够专注参与、不吵闹的呢？在小学里当戏剧教师这些年，我越来越感觉到戏剧教师特别需要的能力，其实不是表演能力，而是导演能力。

格·托夫斯托诺戈夫（Georgy Tovstonogov）在《论导演艺术》中说，导演应该是个知识渊博的人，必须精通音乐、造型艺术、戏剧艺术、组织管理、事务运营等。导演要善于拨动演员的心弦，要擅长创造视觉形象，也就是视觉感。在创作的过程中，导演的脑海里会出现很多视觉形象。因此，小学戏剧教师要有导演的能力，这主要体现在以下三点：

第一，能够与每个学生建立起联系，从而可以调动和协调所有学生，让他们参与到课堂活动中。

第二，能够有全局观，可以以导演思维去系统化设计课程，不会出现零散琐碎的教学设计和任务。

第三，能够将课堂内容和学生的想法视觉化，并与学生一起创造和生成。能够抓住故事里最打动人的部分，让这些"珍珠"浮现出来。

那么，导演能力如何培养？教师可以在平时戏剧课堂上尝试，也可以在带学生进行戏剧创作的时候，自己担任导演，在实践中培养导演能力。我自己就是成都繁星戏剧村的驻村导演，从事专业戏剧导演的工作，同时也每年带学生剧团进行大量的原创戏剧作品的创作。相信有了导演能力，戏剧教师的课堂会大有不同。

（四）师徒制培养

这几年参加了多次全国性和地方性的戏剧教育大会，也多次为全国各地的教师做戏剧教育师资培训工作坊，与很多教师面对面交流或线上交流。我发现当下国内戏剧教育发展最大的桎梏，是戏剧教育师资的短缺。从每次的大会或者工作坊来看，对戏剧教育感兴趣的教师其实非常多，他们的学习热情也很高涨，但是却有着"求学无门"的苦恼。说实话，两三天或三五天的师培工作坊，无法培养出一名合格的戏剧教师。戏剧教师的培养无法短平快，他们需要潜心修炼基本功。因此，我们学校的戏剧团队采用了师徒制。开学的时候学校会组织各学科的新老教师进行师徒结对。在戏剧团队，三名年轻教师拜我为师，我们结下了师徒之缘。

其中煜钰与我结为师徒已有一年。在过去的一年里，她逐渐习惯戏剧课的节奏，每一份教案都先拿来让我改，然后我们互相听课评课，这一年里，她的进步非常大。之前浙江、青海等地的教师来学校跟岗，我都临时安排煜钰上公开课。临时

图 1-2　我（左一）与三名徒弟

的意思就是不做任何准备，就是一堂课平时的状态，而她每次都赢得了听课教师的赞誉。

　　结为师徒只是第一步，在接下来的日子里我为她们布置与教育戏剧相关的书籍阅读任务，同时更重要的是让她们听课常态化。为了能够更好地带徒弟，我在一至四年级各带几个班上课，这样她们就可以看到同样的课面对不同学情的学生，我上课的时候会有什么不同，以使自己更好地改进。现在基本上我的每节课她们都会来听，认真地记录下自己的观察和心得。同时，我也会去听她们的课，记录下她们上课过程中可以改进的地方，让她们在下一次上课时又可以做得更好。她们也会相互听课，互相帮助和支持。所以尽管学校有听课节数的要求，但我们戏剧团队的听课节数远超要求。实际上大家已经不关注听了多少节，而是自己听了之后获得了什么。我们除了每周教研，也开始随时随地教研，觉得有需要了大家就凑一块儿讨论。不把教研、上课、听课等当成任务，就是最好的状态。

　　对于刚刚正式接手低年级教学的教师来说，可能在教学设计和课堂教学上还有压力，但她们也动力十足。我不会给她们太多压力，因为我相信戏剧课上既允许学生失败，也允许教师失败，失败同样是学习的过程，在失败里同样可以成长。

　　除了做好教学设计和课堂教学，我也会带徒弟出去参加各种戏剧活动和交流，帮她们开阔眼界并锻炼综合能力。戏剧教师的素养必须是全面的，不能将平时的工作局限于日常课堂教学，还要有创业精神，综合立体地建设戏剧课程体系，扩展戏剧课程的边界。对于中国的戏剧教育来说，目前尚无成体系的课程，所以我们需要摸索，根据一线教学积累的经验和教训去努力。

相比于大批量培训的工作坊，师徒制培养戏剧教师或许比较慢，数量比较有限，但是看重质还是看重量，这是一个比较难的抉择。我自己的观点是在保证质的前提下，尽量提高量。如果质达不到要求，那么"生产"再多也是没有意义的，对戏剧课程在中小学的发展没有益处。

第二章 学校戏剧课程体系构建

如何在中小学里构建戏剧课程体系？这可能是很多校长和教师关心的问题。不同于其他学科，戏剧学科的课程体系尚未成熟。尽管目前有很多关于戏剧课程设计的探讨，但距设计完成仍有一段距离，主要有以下三点原因：

一是学校里戏剧课程的规模。以往，学校里的戏剧课程大多是采用选修课的形式，只有小部分学生有机会上课，在学校课程体系中的占比微乎其微。如果要将戏剧课设为必修课，那就需要扩大课程规模，覆盖全体学生。其中会涉及课时设置、教室安排等，工程巨大，需要做大量的调研和准备工作。

二是学校里戏剧课程的内容。戏剧选修课大多是以表演为主要内容，但是如果要构建学校戏剧课程体系，以表演为课程内容就不太适合了，毕竟中小学校不是戏剧学院，不是以培养演员为教育目标。如何从无到有地设计戏剧课程内容，这无疑又是一大难题。

三是学校里戏剧课程的层级。不同于机构课程，学校课程需要根据不同年级的学情进行梯度化设置，需要考虑到儿童在不同年龄段的身心发展规律。

要构建戏剧课程体系，必须克服以上三个困难，这样才能真正构建起适合学校教育的戏剧课程体系。经过几年的摸索，我在天府七中小学部逐步建立起了一套戏剧课程体系，虽然仍不完善，但可以为其他学校戏剧课程体系的构建提供一些参考。

首先要解决第一个问题——规模。仅仅依靠选修课是无法让戏剧教育真正在学校落地的，所以必须开设必修课，也就是要面向全体学生开设戏剧课。天府七中小学部从一年级开始开设戏剧必修课，所有学生每周都有一节戏剧课。解决第一个问题的关键是要得到校长的支持，并确保此举与学校的办学理念和发展规划一致。

规模的问题解决后，下一步就落在了课程的内容上。课程内容取决于课程的目标。小学戏剧课程并不以表演为目的，它是一种即兴的、重视过程且对学生具有教育意义的艺术教育课程，它让每一个学生用不同的、适合自己的方式进行学习，让艺术成为一种学习方式。在教育戏剧中学生是学习的主体，他们在教师的引导和保护下进入情境，做即兴参与并进行独立思考和解决问题，从而促进有效主动学习和人格健康成长。正如盖文所说，教育戏剧的长期目标是帮助学生理解他自身及他生活的世界，帮助学生知晓如何以及什么时候来适应他生活的世界（或什么时候不去适应），帮助学生以戏剧为媒介获得理解和满足。

基于以上原因，我们选择以教育戏剧来设计戏剧必修课程。在天府七中小学部，戏剧必修课均为教育戏剧课，过去几年的教学实践证明，以教育戏剧的理念开设戏剧必修课程是可行的。

一、课型分层

从 2020 年起，我们一直在探索戏剧课程体系，逐步建立起了包括基础必修课、个性选修课和特长专修课的三级分层课程体系。第一层基础必修课是戏剧课程之根本，若无教育戏剧必修课，则戏剧课程在学校里无法真正落地。第二层个性选修课和第三层特长专修课仍然是以教育戏剧为基础，甚至天府七中小学部的所有艺术课（综合艺术）都是以教育戏剧为基础的。

基础必修课面向全体学生，所有学生每周都有戏剧必修课，以教育戏剧的内容为主。个性选修课包括各个种类的戏剧艺术课程，如木偶剧、音乐剧、即兴戏剧等，对戏剧艺术感兴趣的学生可以选报。特长专修课的学生则是由教师从基础必修课和个性选修课中选拔而来，由既对戏剧艺术感兴趣又具有一定戏剧表演潜力的学生组成，他们会学习专业的戏剧表演内容。需要强调的是，即便是涉及表演的戏剧个性选修课和特长专修课，也并不是惯常所看到的拿一个剧本，让学生分角色、背台词、学表演，而是在没有现成剧本的情况下让学生通过即兴的方式自己去想象、创造和生成。因为这个年龄段的孩子，最重要的就是想象力。通过三级分层，既让每个学生都受益于教育戏剧，又让有兴趣和特长的学生可以在戏剧艺术方面进一步提升。

此外，戏剧节也是天府七中戏剧课程的重要组成部分。戏剧节的内容来自以学校戏剧教育为基础的综合艺术课程，重点展现平时戏剧课的内容和状态。在形式方面，戏剧节与国内外主流戏剧节对标，吸收了阿维尼翁戏剧节、乌镇戏剧节等的理念——让戏剧自然而然地发生在校园的每一个角落。在场地方面，突破了传统单一舞台，让校园的每一处都成为戏剧空间，如云剧场、谷剧场、孵化剧场、乌柏剧场等，真正让戏剧在校园里发生。

同时，我们还在探索戏剧课程的十二年一贯设计。在小学，戏剧课是综合艺术下的教育戏剧，以教育戏剧为基础，打破传统音乐、美术和舞蹈等分科教学的壁垒，以戏剧为载体，统整各艺术学科为一体，还将艺术学科与其他学科相融合，促进学生核心素养的全面发展。在初中，戏剧课是以教育戏剧为基础，重在提高学生的艺术素养，通过广泛开设多种类的戏剧课程，推动学生学科能力的提升。在高中，戏剧课是以戏剧打开艺术视野，通过戏剧丰富审美体验，帮助学生开阔人文视野，树立正确的世界观、人生观。

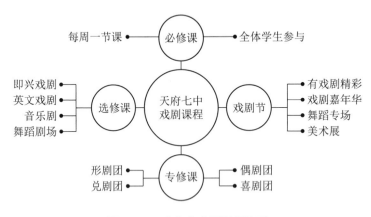

图 2-1　天府七中戏剧课程体系

（一）戏剧必修课

通过这些年在学校里的实践探索，我发现教育戏剧是最适合建设戏剧必修课程的基础。为什么是教育戏剧？我在硕士学习期间完成了教育戏剧的系统学习，当时也跟着导师为从幼儿园到大学的各年龄段学生上过课，还参与到导师的监狱教育项目中，走进当地的监狱，为犯人开展戏剧教育活动。在学习和实践过程中，我发现教育戏剧适合所有人。当然，在面向不同群体的时候，教育戏剧的方法会有相应变化。每个学生都有自己的个性，但我们要面向全体学生开设戏剧课，那就必须找到能够适合所有人的教育方法。教育戏剧正符合这个要求。

我们在学校里以教育戏剧的理念开设戏剧必修课，在每年的一年级新生全体家长会上，我都会跟家长说一句话："我们的戏剧课不教表演。"然后有家长就会问我："缪老师，你不是说戏剧课不教表演吗，为什么我还是看到孩子们在表演呢?"这是因为，教育戏剧的核心仍然是戏剧，在我们的戏剧课上仍能看到学生的表演，但这些表演不是教师教的，而是学生在学习过程中通过即兴自主生成的。比如演一只猫，教师不会去示范如何演猫，那样会导致所有学生演绎出的猫都一样，学生的想象力会被束缚。通过在情境中即兴，学生会创造出各种各样的有个性的猫。也就是说，教育戏剧以学习者为主体，在情境中通过经验式学习来进行知识建构。相比于传统的知识灌输，知识建构培养的是学生的学习能力。在教育戏剧里，没有标准答案，没有说教。

要让家长接受这样的戏剧教学理念需要一定的时间，毕竟在大部分人印象中戏

图 2-2　戏剧必修课

剧课就是表演。直到戏剧必修课开设一两年之后，仍然会有家长跟我说："缪老师，你的戏剧课太难抢了。"最开始我还一愣，我的戏剧课为什么要抢呢，不是所有学生都在上吗？后来才意识到，家长说的是戏剧选修课。可能人性里还是稀缺的、要抢的才是好的，而为所有人开设的、不用抢的，就感觉价值不高了。我苦口婆心地跟家长说："其实我们戏剧课程的精华是必修课而不是选修课"（我宁可去贬低我们的选修课，尽管选修课其实质量也很不错），让家长回去一定要叮嘱孩子，要上好戏剧必修课，珍惜戏剧必修课。

（二）戏剧选修课

接下来说说"很难抢的"戏剧选修课。的确，当每个学年的选课系统开放后，戏剧选修课都会在几秒钟内就被抢完。每年都会有一年级家长发信息问我："缪老师，是不是选课还没开始？"我一看其实是已经选完了。戏剧选修课之所以这样火爆，缘于戏剧必修课在家长和孩子中建立的良好口碑。

图 2-3　戏剧选修课"即兴戏剧"创作剧目《假如给我三天光明》

戏剧选修课是基于儿童兴趣而开设，旨在发展儿童的艺术潜能，突出儿童个体的独特性，倡导适性生长。我们几位戏剧教师会根据自己的喜好和特长，对戏剧艺术进行细分，开设个性化的戏剧选修课，比如即兴戏剧、英文戏剧、木偶剧、戏剧音乐创作等。其他学科的教师也会加入进来，比如音乐教师开设了音乐剧，舞蹈教师开设了舞蹈剧场等。此外，作为对校内戏剧课程的补充，我们也邀请成都市京剧研究院开设了京剧选修课。戏剧选修课可以让对戏剧艺术感兴趣的学生进一步提高对戏剧的兴趣，也可以让学生在必修课的基础上有机会接触更丰富的戏剧艺术门类。相比机构常开的表演课，我们的选修课尽可能开设主题丰富的课程，而不会纠结于是否要让学生学会表演以及登台展示。

（三）特长专修课

特长专修是在三级分层课程的第三层。个性选修和特长专修都是面向部分学生，学生对某个课程感兴趣就可以选择前者，而参加后者的则由教师来进行选拔。教师会选出在某个领域既有兴趣又有突出潜力的学生，为他们提供专业化发展的机会，在课上进行戏剧专业的学习和练习，还会组织他们创作戏剧作品并进行舞台表演。特长专修课旨在让学生发挥艺术专长，涵养艺术美感，发展艺术创作，构建宽广的艺术视野。尽管是提供专业化课程（我坚持要为孩子引入纯正高质量的艺术），却并非以培养专业人才为目标，因为孩子们年龄还很小，未来有无限可能，无论他们以后是否从事戏剧相关的行业，小学时期的戏剧剧团经历都一定会是人生中宝贵

图2-4　特长专修课

的财富。

专修课跟选修课不同，对于选修课，家长会跟我说抢不到；而当专修课开始时，我会收到很多家长表达希望自己的孩子可以加入剧团的想法的信息。家长的素质都比较高，并不会因为自己孩子没有加入剧团而觉得老师不喜欢自己的孩子，或许这也是因为他们能够感觉到自己孩子在平时的戏剧必修课上已经受益很多。但是，我也会跟家长耐心沟通，让他们理解戏剧专修并不适合所有孩子。

首先，戏剧表演并不适合所有孩子。表演对情感表达、舞台展现等会有比较高的要求，有些孩子可能会在某些方面不适应，甚至可能产生抵触心理。比如我的研究生导师安娜·齐奇里（Anna Tschli），她是希腊有名的导演，她告诉我，她从小就无法站在舞台上、站到很多人面前，那样她会非常不舒服，但这并不会妨碍她成为一名优秀的戏剧导演。所以专修课选拔的原则是：适合才是最好的。即使不能进入也不代表什么，并不是所有孩子都适合音乐、舞蹈、戏剧、合唱等在舞台上的表演。但是必须要强调，每个孩子都有必要学习艺术，不一定是为了表演，而是为了提高自己的人文素养，提高自己的审美与创意能力。往往艺术学习上很优秀的孩子，也常常在其他各方面都表现得很优秀。艺术适合所有人，但表演并不是。

其次，要被选拔进入专修课，也就是剧团，有三个基础要求，这三个要求也是对学生上课的要求，如果达不到，那学生进入剧团后将会面临很多问题，所以学生就需要在平时的戏剧必修课上努力达到这三个要求。

一是有规则意识，这是基本要求。我基本上是"放养"专修课的学生的，因为对他们的基本要求就是能够自己管好自己，从而能够自主学习，所以不会有课堂秩序等问题出现。学生的规则意识是在平时的必修课上形成的。所以平时带剧团出去演出时，我是不会在摆放道具、整理服装等事务上花时间的，这些都由学生自己去做好。我也对学生说："在你们踏上舞台的那一刻，我就帮不了你们了，你们需要靠自己。"

二是课堂上积极参与。只有对这门课很感兴趣，才可能上课很积极。所以要参与专修课肯定得对这门课很感兴趣吧？感兴趣的话那上课一定很积极吧？兴趣是学习的动力，但是不排除有孩子确实对戏剧不感兴趣。我们并不会因此而感到失落，毕竟每个人的兴趣不同，尤其是对戏剧表演来说。

三是课堂上有突出表现。这就要对学生的潜力和能力进行一定的考查了，每个人的特长都不同，所以根据特长来进行选择，才能人尽其才。我给剧团设置的目标是成为国内专业儿童剧团，创作的作品也需要达到专业水准，能够登上专业戏剧演出舞台和戏剧节，所以对进入剧团的孩子的要求会比较高。但我相信除了天赋，认真和努力是有突出表现的重要法宝。我看到有些孩子通过自己的认真和努力，也能够在剧团有相当突出的表现。

（四）戏剧节

为什么戏剧节也属于戏剧课程？这是因为我从最开始就定下了基调——戏剧节的所有内容都来源于平时的课程。同时，我们也通过活动来推动课程的发展。

0 到 1

在最初设计戏剧节的时候，我搜集了国内中小学校园戏剧节的信息后发现，基本上都是采取以班级为单位出节目，并让学生在同一个舞台上表演的形式，也就是传统文艺汇演的形式。在希腊见识过各种戏剧节以及各样的戏剧空间之后，我觉得自己很难满足于这样传统老套的形式。而当时，正好阿那亚戏剧节开始了，尽管不能到达现场，但我还是密切关注了阿那亚戏剧节的点点滴滴，被其中丰富多样的戏剧形式、先锋前卫的艺术观念、多元有趣的演出场地等吸引。然后我又查找了国内目前堪称戏剧节天花板的乌镇戏剧节的所有信息，并吸取了国外阿维尼翁戏剧节、柏林戏剧节、雅典艺术节等戏剧节的经验，开始着手设计我们开校以后的第一届戏剧节。我决心要做一个与常见的校园戏剧节不一样的戏剧节。在这一届戏剧节中，不再要求各个班级各出一个表演节目，不再有专门为了戏剧节去排练新的演出，甚至不再只是舞台表演。我们的戏剧节以学生为主体，各个板块均由学生在平时的学习中完成。

我很快就把戏剧节的整体框架搭建出来。戏剧节将分为四个板块：环境戏剧、文脉传承、先锋戏剧、未来世界，各个板块包括的内容也很丰富，比如读者剧场、舞蹈剧场、即兴戏剧、环境戏剧朗读、英文戏剧、科幻画展、雨画展等。整个架构从开始到搭建完成就基本上再没有改变，不过其中的内容还是在筹备过程中进行了不断的修正。这时候就发现困难了，毕竟相比于那些成熟的戏剧节，当时我们的学生全部都是一年级才六岁、七岁的小孩子，开设戏剧课也才两三个月。没有高年级

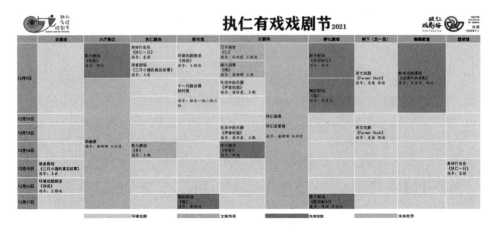

图 2-5　第一届执仁有戏戏剧节日程

学生，学生的戏剧课学习时间还很短，这基础实在有点薄弱。说实话，当时我心里是真没底，天知道这个戏剧节会做成什么样。虽然想着要做成最好的、最有创新力的校园戏剧节，但或许最后连普通水平都够不上。

　　甚至，我还为戏剧节设置了更高的要求：

　　一是戏剧节的内容要来自我们平时的综合艺术课程，而不是专门为演出而排练个节目。我提前两个月跟戏剧节的指导教师沟通整体框架，我为每个节目定了类型，但不规定具体内容，由指导教师去选择素材，并且把素材设计成综合艺术课程，让学生在课程中生成节目。戏剧节是要为课程和学习过程服务的，不能只看重最后在舞台上呈现的结果。

　　二是戏剧节的场地突破传统的单一舞台，把整个校园的每一处都变成舞台。我走遍了学校的每个角落，看到适合的地方就给那儿取个名，然后就有了"谷剧场""云剧场""孵化剧场"等，后来 A4 美术馆李杰副馆长来的时候，帮我们把我一直习惯叫的"负一楼树下"取名为"乌桕剧场"。这么多场地直接导致戏剧节的组织难度大大增加，观众要不断地转场，观众引导、现场工作人员的就位、演员的换装等都是要解决的问题。到这儿，我自己仍无法预见戏剧节的最终效果，当然，在表面上我仍然镇定自若地推动着筹备工作，与各节目指导教师一起带学生积极参与。

　　关于戏剧节的名字，我想了好多个，最终"有戏"占据了我的脑海。想想看，一北京爷们儿坐在酒馆里，一拍桌子大声说："这事儿有戏！"没错，就是这

图 2-6　学校一楼大厅也成为戏剧节的戏剧空间

感觉，我相信这所创新学校有戏，我们的学生有戏，我们努力地以教育戏剧为基础的综合艺术课程有戏，我们的戏剧节有戏，所有的所有都有戏！当然，不那么激动，也可以解释为我们学校有戏剧课，不也是有戏嘛。后来，"官方"将其解读为儿童的未来充满希望，他们将成为栋梁之材，同时也有儿童的校园生活温暖有趣之意。

图 2-7　在乌柏剧场演出的英文戏剧

从筹备开始，学生就全程参与其中并以主人翁的角色来设计和创作。他们从日常的课堂生发出戏剧节展示的内容，并与教师一起共创，实现从认知教育到元认知教育的转变。学生自己创作节目的海报和其他丰富多彩的作品，完成"小小策展人"的课程并真实地参与到布展中，在戏剧节现场为来宾们担任小小解说员和引导员。戏剧节呈现的都是课程学习的阶段性成果，并非为了戏剧节专门编排的内容。学生的演出也许不够惊艳、不够完美，但是，这正体现了我们对戏剧教育在基础教育阶段的理解。

1.0 到 2.0

从 0 到 1 很难，而要去颠覆自己也很难。第二届戏剧节，我们决心要办得跟第一届完全不一样，突破自己。但最基本的要求仍然不会变：让所有学生参与其中，真正实现学生自主；所有内容均来自日常课程，以高品质艺术为基础，突破课堂边界与社会连接，不断创新迭代。

第一届戏剧节给大家留下了深刻的印象，我们充分利用了校园里各种各样的空间，而且丰富的剧目类型也让整个体验很充实。到了第二届戏剧节，我们自然不能故步自封，必须进一步去探索创新的可能性。经过长时间的研讨，我们最终确定了五个板块，其中两个板块是全新的：戏剧大游行、戏剧嘉年华。我们设计的根本宗旨，是让全体学生参与，让戏剧惠及每个学生。

表 2-1　戏剧节从 1.0 到 2.0

维　度	第一届戏剧节	第二届戏剧节
板块	环境戏剧、文脉传承、先锋戏剧、未来世界	戏剧大游行、有戏剧精彩、戏剧嘉年华、美术创意展、社会公演
形式	读者剧场、舞蹈剧场、即兴戏剧、环境戏剧朗读、英文戏剧、科幻画展、雨画展等	剧目展演、狂欢游行、嘉年华自主演出、个人画展、立体装置展
场域	校内的谷剧场、云剧场、孵化剧场、乌桕剧场、图书馆等；校外麓湖 A4 美术馆小剧场	教学楼负一楼至四楼所有空间、小学部操场、中学部音乐厅；校外广汇美术馆学术报告厅、LAB 西厅、G11 厅
学生自主		自己制作"奇装异服"，参与戏剧大游行；演员、工作人员和观众全部为学生自己的戏剧嘉年华；自主创作并自己报名的美术创意展

举办执仁有戏戏剧节的初心，是让学生感受真正的艺术，让学生真正地自主自由。这需要有创新的思维和前沿的理念，需要有推翻自己、不断迭代的意志和勇气，需要有高素质高水平的艺术教师团队，需要有坚持、认同和全力支持的学校，需要有志同道合、精诚合作的美术馆等社会力量，需要有并肩同行、真诚信任的家长……汇集大江大河之力，才能成就澎湃汹涌的大海。

（1）戏剧大游行

大游行的历史可以追溯至古希腊时期，当时人们通过游行歌颂酒神狄奥尼索斯并庆祝春天的回归，据说戏剧也是从这些活动中诞生的。如今大游行和狂欢节以其包容性和参与性在世界各地流行，成为人们辞旧迎新、抒发对幸福和快乐向往的活动。为了这个期待已久的日子，学生穿上了与众不同的服装，个性化地表达自己对戏剧的热爱。

图 2-8　戏剧大游行从操场出发

戏剧大游行让所有学生都能参与戏剧节，让戏剧节成为每个学生的节日。家长们说，孩子回家后都说要过节了，开始自己动手做各种各样奇奇怪怪的衣服和道具，原来是要参加戏剧节的大游行了。正如大游行所寄予的人们对幸福和快乐的向往，孩子也以自己的个性表现传达对戏剧的热爱。

（2）有戏剧精彩

作为戏剧节的基础，所有节目均来自平时的综合艺术课程，没有节目是为了戏剧节而专门排练。戏剧节，终归是为了综合艺术课程服务。在"有戏剧精彩"板块展演的两部戏剧作品《米尔蒂斯》和《九色鹿》，均来自日常的戏剧课程，并在学生的自主创作中，实现了从课程到舞台的转变。

图 2-9　执仁实验剧团戏剧演出《米尔蒂斯》

由执仁实验剧团呈现的戏剧演出《米尔蒂斯》，讲述了成都女孩与古希腊女孩米尔蒂斯之间的故事。由执仁英文剧团带来的戏剧演出《九色鹿》，是由师生共同创作的，以"中国故事，世界表达"为出发点的原创英文戏剧。这部剧以神话故事《九色鹿》为原型，从一年级学生的学情出发，探讨了人与人之间，尤其是同伴之间诚信的重要性。

（3）戏剧嘉年华

第二届戏剧节中的戏剧嘉年华，是全新的，也是最具亮点的。这一次戏剧嘉年华由学生自主组队、自主创作、自主申报、自主演出，完全交给他们自己，真正实现了以学生为主体，让戏剧节真正成为学生的戏剧节。首先，戏剧嘉年华向全校所有学生开放，成为所有学生的艺术狂欢。在最开始，戏剧节组委会向全校发布戏剧嘉年华剧目征集，每个学生都可以提交自己创作的作品，组委会充分尊重学生的意愿，让每个学生都能够展现自己的创意。入围作品由学生提供，现场的工作人员同样由学生担任，这样就实现了演员、观众、工作人员全部是学生。

那么，教师去哪儿了呢？戏剧嘉年华其实解放了教师。在过去的校园艺术活动中，教师要负责组织学生的创作和排练，到演出的时候还要跑前跑后，往往十分疲惫。但在戏剧嘉年华中，教师都当了"甩手掌柜"，前期不参与学生自己的创作和准备，在嘉年华期间也只需要守在安全岗上，不参与也不干涉学生的演出。

本次戏剧嘉年华的观众也得到了极大的自由。在过去的校园活动中，由于担心秩序、安全等，往往是安排学生列队有序地参加活动。但是，在戏剧嘉年华期间，所有学生在走出教室的那一刻就自由了。他们可以自由选择，去校园的不同角落观看不同的演出，可以选择喜欢或不喜欢哪些节目，可以选择与哪些节目的演员进行互动，甚至可以选择在一块空地上摆出自己的"摊位"。看似无序，实则有序。

图 2-10　戏剧嘉年华期间学生在校园各处自主演出

所以，我们要相信我们的学生。他们有创意，他们的想象力比我们大人的更丰富，因此他们可以自己去创作、去展示；他们有责任心，他们可以担负起原本由我们大人肩负的重担，组织和维护一场活动的运行；他们有自我管理能力，他们可以在被给予充分自由的情况下做出合适的行为，不需要我们过多担心。

而要实现这些，也并不容易。在第一届戏剧节时，我们已有了这样的想法，但却没有勇气推行。经过了一年多时间，在我们的戏剧课程里，学生积淀了深厚的艺术素养，他们知道什么可以做，知道如何去做。当家长询问孩子在学校里究竟有哪些成长时，这便是一个明显的例子。所以我们才有底气说，戏剧嘉年华是所有学生的艺术狂欢，戏剧课程是所有学生的宝藏。

（4）社会公演

在最初的蓝图里，执仁有戏戏剧节就有一个愿景——与社会连接，与生活联系。执仁有戏戏剧节作为一个学校的戏剧节，从未被局限在校园里，它旨在为学生提供与社会连接的桥梁。生活即课程，社会即学校。因此第一届戏剧节我们与麓湖 A4 美术馆合作举办了"有戏"儿童戏剧专场，第二届戏剧节我们与广汇美术馆合作举办社会公演，并借此机会正式建立馆校合作，为未来的艺术教育合作打通通道。社会公演同样不限于单一舞台，它充分利用美术馆里不同的空间，设计流畅且复杂的观演动线，让观众在不同的戏剧空间中穿梭。实际上，这样的安排大大增加了组织和调度的难度，但这又非常值得，学生在这段经历中的所学所感是极为珍贵的。

学校和美术馆多次联合工作，双方基于美术馆丰富多样的空间进行公演的流程

图 2-11　在层高 11 米的展览空间里的戏剧演出

设计，最终选定了学术报告厅、LAB 西厅和 G11 厅作为公演场地，让不同的剧目有不同的空间环境。正如一名观众在参加了社会公演后所说："沉浸在戏剧中的孩子是可爱的，是自由的，是灿烂的。"八十多名学生演员，近两百名观众，三个演出空间，六个剧目，两个小时的演出，一间美术馆，一所学校。

从第一届到第二届，我们不断突破自己。虽然是校园戏剧节，但却没有"传统校园味"，而是对标国内外一流的戏剧节，学习其丰富多样的艺术形式、先锋前卫的艺术观念、多元有趣的演出场地等，为学生带来高品质的艺术体验。

2.0 到 3.0

从第一届 1.0 版的环境戏剧、文脉传承、先锋戏剧和未来世界，迭代到第二届 2.0 版的戏剧大游行、有戏剧精彩、戏剧嘉年华、美术创意展、社会公演，那第三届 3.0 版的戏剧节会是怎样的呢？第三届戏剧节最大的特点是继续扩大校外部分的占比，让更多的资源加入进来。

（1）有戏剧精彩

儿童创作的戏剧也可以很专业。

经过近三年的发展，天府七中的儿童剧团逐步成长为专业剧团，赢得了戏剧界的好评。2023 年，执仁实验剧团的《精卫填海》、执仁艺术剧团的《蜉蝣》和天七戏剧社的《安提戈涅》入围大凉山戏剧节，并得到观众的高度赞誉。除此之外，在中国儿童戏剧节、麓镇环境戏剧游戏嘉年华等专业戏剧舞台上，都有天府七中儿童剧团的身影。在 2023 学年，儿童剧团进行了重组，小学部重组为形剧团、偶剧团和喜剧团，中学部重组为马鞍剧团和墨池剧团。这一学年，五个剧团各完成了一个剧目，五个剧目在有戏剧精彩板块首演。

陈刚校长对戏剧节给予了全力支持，他与学生一起拍摄了视频，化身为拥有魔法之水的园丁，用戏剧浇灌校园，让这里的一草一木生机勃勃、健康成长。当他走上舞台问学生："你们喜欢戏剧吗？"所有学生异口同声地回答："喜欢！"

这是戏剧节第一次在学校里进行集中的戏剧剧目展演，五部原创戏剧作品总时长两个小时，天府七中小学部近千名师生齐聚音乐厅观看。对于一至三年级的学生来说，要坐下来静心观看两个小时的演出是个巨大的挑战，但是，对于从一年级起就有戏剧必修课的学生来说，培养良好的观众素养也是必修的课程内容。在这次两个小时的剧目展演中，学生观看得非常认真，就如平时戏剧课上观看其他小组展示

图 2-12　陈刚校长问学生是否喜欢戏剧

的时候一样。在剧目换场时，我带观众席上所有的学生一起玩起戏剧课上的游戏，比如请一个学生到舞台上来，与全场所有学生一起"照镜子"，他们都那么专注、投入，让人不禁感叹他们的戏剧素养之高。

在《大禹治水》演出时，我在侧幕看到好多学生边看边抹眼泪，演出结束后我问一个三年级的女生为什么会哭，她说这个剧很打动她，让她想起了自己的爸爸。每一个剧目，都是从儿童的视角去进行创作，并且都是儿童共同参与的成果，解

图 2-13　演员与观众合影

读、台词等都来自孩子自己，所以才能打动孩子。

这五个剧目后来又被邀请到成都儿童舞台艺术精品展和成都市儿童戏剧季演出，作品专业度和学生的舞台表现都获得了很多好评。

（2）戏剧嘉年华

想象一下，如果整个校园都充满了戏剧活动，那会是一番怎样的情景？想象一下，学校里的艺术活动都由学生自己创作而无需教师介入。想象一下，在三个小时里所有学生都在校园里自由玩耍且无人干涉。这些，在执仁有戏戏剧节，都真实地发生了！

我认为戏剧嘉年华是整个戏剧节的重中之重。在戏剧的世界里，孩子才是主角！所以，在我们的戏剧嘉年华板块，学生可以自主组队、自主申报、自主创作、自主演出，观众也都会穿上"奇装异服"。当走出教室的那一刻，学生就可以在校园里自由"流动"，可以选择自己喜欢的剧目去观看，也可以与他人即兴地进行戏剧活动。本届嘉年华，除了有学生的自主演出，我们还在校园内各楼层设置了"木偶剧场""即兴剧场""我和戏剧的故事"等区域，所有学生都可以自由地在这些区域进行戏剧游戏。戏剧嘉年华鼓励全校学生在校园多样化的自然空间和建筑空间里各展其长、各秀其趣，实现全体学生的艺术狂欢。

图 2-14　学校一楼大厅是戏剧嘉年华的主阵地之一

第三届戏剧节的戏剧嘉年华单元不仅面向全校所有学生征集剧目，让每个学生都可以报名提交自己的创作，还让每个学生都有机会获得一块场地作为舞台，这个场地可能位于校园内的任何一个位置，需要学生发挥想象力去适应场地所在的环境。剧目征集通知通过公众号发布，学生可以根据自己的兴趣和喜好，创编一个适合在开放场地演出的戏剧节目，并自行准备道具和服装。报名之后，组委会将会认真观看和评议每一个提交的作品，从中选出适合在嘉年华演出的剧目。第三届戏剧节的戏剧嘉年华共收到 60 个报名作品，最终 28 个作品入选。组委会会根据每个作品的内容分配场地，然后学生可以根据场地条件进行舞美的布置。

除了自主演出剧目，第三届戏剧嘉年华还特设木偶剧场。在戏剧节开始前，组委会会向学生募集废旧材料，并在收集整理后布置在相应的点位。嘉年华期间，学生可以到木偶剧场自行制作木偶，制作完成后还可以拿着木偶进行角色扮演，与遇到的其他"木偶"进行即兴戏剧演绎，让校园里处处都有戏剧发生。木偶剧场很受欢迎，在嘉年华当天，七个木偶剧场的材料全部被学生用完，家长志愿者都惊叹于他们的热情和创造力。另外，组委会还设置了两个即兴剧场区域，观众可以选择进入某一个即兴剧场，根据剧场内的提示进行即兴戏剧活动。

前面提到，戏剧节也是戏剧课程的一部分，所以评价同样重要。在嘉年华期间，观众将会以贴贴纸的方式对演出剧目进行评价。如果他们喜欢某场演出，就会

图 2-15　由一年级学生创作的演出受到观众的欢迎

在剧目的展板上贴上贴纸。演员须全程高质量地完成演出，因为最终他们可以用获得的贴纸兑换戏剧卡。观众可以自由选择自己感兴趣的剧目进行观看，这无疑给演员带来了挑战。当没有观众或者观众较少时，作为演员的学生可能会感到失落和难过；而当观众逐渐聚集并鼓掌叫好时，他们又会受到鼓舞。这个过程对于他们来说是宝贵的，他们在小小的舞台上增强了心理韧性，学会了乐观，这些经历也将会是他们在未来更大的人生舞台上勇敢的底气。

我们在戏剧课程中非常重视对观众素养的培育，所以嘉年华不仅评价演员，还会评价观众。观众认真观看剧目演出后，演员就会在观众的戏剧嘉年华地图上盖上印章；如果观众在观看过程中有吵闹、干扰演出等不文明行为，那么他们就无法获得印章。

在戏剧嘉年华里大家分别扮演着不同的身份。

演员：自主申报和创作戏剧作品的学生，他们在自己的舞台进行演出。演员将在观众聚集之后开始自己的演出，每一轮演出后休息 10—15 分钟，然后继续下一轮演出。

观众：不参加表演、自主玩耍的学生，他们可以自由选择观看 28 个剧目，并为喜欢的演出用贴纸投票；可以选择在木偶剧场制作木偶，然后拿着自己的木偶与其他的木偶进行即兴的木偶剧互动演出；可以去即兴剧场，体验即兴戏剧的魅力，与其他同伴一起玩戏剧；可以在云剧场找到"我和戏剧的故事"大展板，在贴纸上写下自己与戏剧发生过的有趣故事，然后将贴纸贴在展板上；还有其他玩法由他们自己解锁。

志愿者：学生的家长，为学生开心玩戏剧保驾护航。

安全卫士：在校园中守护学生安全的教师。重点关注楼梯口、拐角等容易发生碰撞、摔跤的位置，当发生学生摔跤，或有学生打起来等情况时才可以干涉，否则教师只能在固定点位进行安全监管，不得对学生的演出和活动进行干涉。这既解放了教师，也解放了学生。在做这种大型活动时，很多学校和教师最担心的就是安全问题，所以他们往往会对学生严格管束，几乎不给他们自由的空间。实际上，在两届戏剧节的戏剧嘉年华中，没有出现任何一起安全事故，也没有出现打架争吵，相反，学生在三个小时里把自己照顾得很好，也玩得很好。

有人说，这样的模式看起来很简单，其他学校很容易复制。的确如此，模式一点都不复杂，但是成功的关键在于学生。在举办第二届戏剧节的戏剧嘉年华时，我的内心也很忐忑，不知道是否能顺利完成。我跟校长说，如果嘉年华圆满完成了，那么我们的戏剧节在短期内就无法被超越了。因为要完成嘉年华，关键在于学生自己是否会玩戏剧，是否懂得怎样去玩戏剧。这样的戏剧嘉年华之所以最终能实现，关键在于学生在平时的戏剧课上学会了玩！这样的戏剧嘉年华之所以有意义，在于真正彻底地实现了儿童自主！如果学生不够自主自律，或者不会玩，又怎么能在这样高度自由的戏剧嘉年华里自得其乐、如鱼得水呢？所以说到底，嘉年华的成功重在平时戏剧课程的积累。

（3）艺术课程展评

在天府七中小学部，戏剧不仅是一门独立的学科，它还以教育戏剧为基础，作为载体融入各艺术课程中，从而构建了包含丰富戏剧元素的综合艺术课程。戏剧渗透入各个学科之中，也正因为戏剧的融入，艺术课程才拥有了创新的理念，让学生更自主，在空间上让场域有了更多可能性，让课堂的边界延伸得更远。

因此在戏剧节中，有一个重要单元是对所有艺术选修课程的展评，比如音乐学科的童声合唱、奥尔夫打击乐、管弦乐等，舞蹈学科的古典舞、汉唐舞等，戏剧学科的即兴戏剧、经典剧目创排、英文戏剧、音乐剧、京剧等。学生都是出于兴趣而选修这些课程，没有经过选拔，不过在一年的学习之后，他们展现出了卓越的成果。他们在舞台上的专注和认真值得称赞。

图 2-16　戏剧选修课"经典剧目创排"展评

（4）师生美术展

我对学校艺术课程的理念是，要将原汁原味的高质量艺术带给学生。学校里的艺术教育不能闭门造车，不能与社会上的艺术发展脱节割裂。所以在与广汇美术馆建立馆校合作关系之后，我们连续两年在该美术馆举办师生美术展。我们的美术教师化身为策展人，将学生在课堂上创作的作品带到美术馆，以高标准呈现一场具有专业水平的展览。第三届戏剧节美术展的展品均源自 2023 年秋季学期开设的"向大师学习"系列选修课程中的学生作品，包括《创意国画》《没骨花鸟画》《黑白装饰画》等。

图 2-17　学生在欣赏同龄人展出的作品

选择这个主题，是因为大师也曾努力学习如何像孩子一样去画画，一幅幅充满童趣的画作，是经历了复杂之后的返璞归真。从大师的作品中，学生可以学到理解的境界和前行的动力，可以逐渐明白艺术是什么，理解为什么那些看起来稀疏的线条、奇怪的形状、个性的色彩、随意的点线面，却能爆炸出一个个充满想象和生命力的小宇宙。学生通过向艺术大师学习，获得创作的力量；通过在美术馆里办美术展，获得比在教室里要多得多的艺术体验。

有戏剧精彩来自发展学生戏剧艺术专长的专修课程，艺术课程展评来自学生按照兴趣进行选择性学习的选修课程，而戏剧嘉年华则来自面向全体学生开设的必修课程。除此之外，第三届戏剧节还有舞蹈专场、戏剧教育论坛等活动，活动时间也延长至一个月。第四届4.0版本的戏剧节又会是什么样的呢？

（五）综合艺术

教育戏剧的潜力当然不限于开设戏剧课程。在实践中，我们还发现可以以教育戏剧为基础构建综合艺术课程，从而融合音乐、美术、舞蹈等各艺术学科。这种融合绝不是生硬的拼凑。很多人一提到以戏剧来建设综合艺术，第一反应就是让音乐学科来为戏剧做演出音乐，让美术学科做道具和舞美，让舞蹈学科设计动作。由音乐教师教其中的音乐，美术教师教制作道具和舞美，舞蹈教师教其中的舞蹈，戏剧教师就来教表演，最后合作完成一个剧的表演。但是，我们真的要这样教学生表演吗？真的是要将所有学生都培养成演员吗？所有学生都适合学表演艺术吗？答案显而易见，是否定的。这是比较狭隘的一种理解，会让音乐、美术、舞蹈等学科失去其原本的教育功能。尽管戏剧是一门综合艺术，其本身也包括了音乐、美术和舞蹈的部分，在进行戏剧创作时也常常需要相应的艺术创作者参与进来，但是综合艺术并不等于戏剧。综合艺术是由多个艺术学科共同构成、相互融合，区别于过去的分科教学。所以，建设综合艺术的最大难题，是如何"综合""融合"各个艺术学科。

我们的实践结论是以教育戏剧作为综合艺术的基础。以教育戏剧为基础建设综合艺术，就是要将教育戏剧的理念和方法应用于艺术课程，音乐、美术、舞蹈和戏剧课程在进行教学设计时，均须融入教育戏剧的理念和方法，跳出单科教学的限制，体现综合艺术全面育人的目标。学生不一定都会成为艺术家，但通过综合艺术教育，培养他们对美的感受，对生活的热爱，让他们成为更好的人，这就是艺术教育的意义。我们不以教学生艺术技能、技巧为教学目的，而是让他们在艺术学习中习得创意表达方式，用艺术教育来塑造人格、陶冶情操、净化心灵。

这里以《卖报歌》为例，分享如何以音乐、美术和戏剧来共同构建综合艺术课《卖报歌》。

课例：《卖报歌》

《卖报歌》是一首家喻户晓的歌曲，但其背后隐藏着的革命故事却鲜为人知。

通过一节教育戏剧课，以"如果有一天我们再回到革命时期衣食无着的境况，你会怎么做"为核心问题，进行语文、历史、音乐与戏剧的融合教学设计。

课堂从朗朗上口的《卖报歌》入手，通过探寻不同情境下叫卖报纸的场景，观看 1933 年淞沪会战和当时老上海的纪录片，让学生慢慢走进抗战时期的中国。在观看视频的过程中，学生需要思考卖报的小毛头要把报纸卖给谁？接着进行角色建构与扮演，进一步想象和探索她在卖报过程中会遇到什么情况？是被拒绝，被质疑，还是得到尊重和欢迎？她会放弃还是坚持？又或是选择更快的"捷径"？电车到站，蜂拥而下的乘客把小毛头撞倒在地，报纸撒了一地，此刻小毛头是什么心情？在非常具体的语境中，通过一段虚拟的行动，学生能感悟到小毛头此刻复杂的心情：伤心、难过、崩溃，甚至还有些委屈。为什么她会一个人在街头卖报？她的家人呢？她的生活环境如何？为什么会这样？这些都是《卖报歌》歌曲里没有的信息。

通过教师入戏，让学生以新闻记者的身份采访卖报纸的小毛头。最终，学生集体绘制出了他们对小毛头的印象——一位善良、努力、勇敢、懂得尊重别人的贫苦姑娘。一段看似简单的歌曲文本，在学生的想象构建中，变得丰满和真实起来。

在小毛头焦头烂额之际，教师入戏成聂耳，帮助小毛头把报纸捡起来，并把弄脏的报纸都买走了。这个行动深深吸引了学生，于是教师顺势邀请学生猜测，这个人到底是谁？他是做什么的？学生再次展开了丰富的想象，有人认为他是医生，也有人认为他是军人，还有人认为他是毛爷爷。当答案揭晓之后，教师继续追问：如果你是聂耳，你还会怎么帮助小毛头？在一个个开放性的问题中，学生揭开了歌曲背后的故事。

然后，学生通过一次即兴戏剧，将他们想象中的《卖报歌》故事呈现了出来。这场即兴戏剧没有台词和剧本，全部依靠他们的即兴发挥。最后，在总结反馈中，教师向学生提出以下问题：小毛头在那个年代是如何做出这些决定的？世界瞬息万变，如果有一天我们再回到革命时期衣食无着的境况，你会怎么做？逃避还是面对？这些问题引发了学生的思考，哪怕他们才二年级，哪怕这些问题可能本来就没有所谓的正确答案。

故事是戏剧的核心，而戏剧的目的是制造意义。故事可以让学生身心愉悦，让他们逃离生活的不易，甚至去他们无法到达的世界遨游。在保护入戏的教育戏剧课堂中，学生可以轻松地进入另一个人的头脑，被引领着经历他们的人生旅程，通过角色的视角观察世界，体验他们的情绪。故事能够极大地帮助学生共情，激发学生的想象力、创造力以及自我表达能力，使他们能从他人的角度想象这个世界，甚至为自己描绘一个更好的世界。

在接下来的美术课堂里，学生制作木偶，以偶戏的方式演绎《卖报歌》，通过动手实践和即兴演绎，创造出属于他们自己的《卖报歌》故事。"如何用偶戏再现《卖报歌》故事呢？"这是这堂美术课要解决的核心问题。学生将欣赏到作为民间美术作品的几种木偶戏类型，如常见的皮影戏、铁枝木偶、提线木偶、手掌木偶等。学生通过观察，发现袜子、手套、A4 纸都非常适合做手掌木偶。

学生通过观察人物的照片，对《卖报歌》中的小毛头、聂耳、周伯勋等人物的外形特征进行分析。接着学生和教师讨论如何用不同的材料制作角色，例如如何用袜子表现小毛头，如何用手套表现小毛头。在此基础上，学生发挥自己的想象力，他们发现如果没有手套和袜子，还能用纸来做一个简易的纸质手偶。

了解小组分工任务后，学生组成小组并推选出导演。导演需要负责选定情节、分配角色、安排出场顺序、分配台词、统筹制偶等工作。如何解决组内矛盾？如何分配材料？这些不仅需要导演的统筹协调能力，还需要组员的配合适应能力。如果导演分配给演员不喜欢的角色怎么办？如果组内有两个学生都想做一样的工作怎么办？在合作过程中，学生将面临尝试解决许多问题。制偶结束后，各小组开始创作自己的《卖报歌》的故事，并利用木偶舞台进行展示与分享。用木偶剧来创作《卖报歌》，这是一堂戏剧和美术的融合。

二、学段分层

从什么学段开始开设戏剧课程比较好？我曾对这个问题进行过深入思考和分析。诚然，教育戏剧适合所有人，适合所有学段，从幼儿园到大学都可以开设教育戏剧课。但是，我觉得小学阶段是最需要戏剧教育的，也是教育戏剧效果最好的一个阶段。当初我选择到小学当戏剧教师，就是考虑到 6 到 12 岁的儿童正处于身心成长的关键期，这六年里孩子的身心变化非常大，教育戏剧可以帮助他们去应对各个年龄段里遇到的不同问题。小学阶段里，一年级又是最重要的。在一年级的时候让孩子打好基础，养成良好的学习习惯至关重要。更重要的是，一年级是儿童想象力的巅峰时期，保护孩子的想象力，让他们对这个世界充满好奇心，而好奇心正是学习的重要动力。从一年级到六年级，从小学到中学，戏剧课程的设置逐层递进。

高中：以戏剧打开艺术视野

通过开设丰富的戏剧课程，如音乐剧、舞剧、木偶剧、读者剧场、跨文化戏剧等，丰富审美体验，开阔人文视野，引导正确的审美观、人生观、文化观。

初中：教育戏剧基础上的艺术素养

广泛开设多种类的戏剧课程，包括与语文、英语、历史等学科融合的学科戏剧课，以教育戏剧为基础，推动戏剧素养和学科能力的提升。

小学：综合艺术下的教育戏剧

以教育戏剧为基础，打破传统音乐、美术、舞蹈等分科教学的壁垒，以戏剧为载体，统整各艺术学科，同时将艺术学科与其他学科相融合，促进学生核心素养的全面发展。

图 2-18　天府七中十二年一贯制戏剧课程目标

（一）小学低段

小学一年级，孩子刚刚离开幼儿园，进入一个非常不同的环境。在这里，他们需要每天认真学习文化课，要按课程表的时间安排行事，不能随意活动。同时，他们还要更自主地管理和满足自己的生活需求。班上大多是陌生的同学，需要学会跟他们相处。教师更强调规则意识和集体意识，而且一下子多了很多教师。一年级孩子面对的问题，远比我们想象的要多得多。他们这个时候会焦虑和有不安全感，有些会哭着想爸爸妈妈，想回家不想来上学；有些会跟其他同学起矛盾冲突；有些疲于应付那么多学科的学习……

所以很多学校会很重视幼小衔接，但如何衔接呢？又衔接什么呢？如果仅仅是提前学一些语数英等文化课的内容，那肯定远远不够。实际上，孩子面对的很多问题，是无法提前适应的，因为必须得到了那个环境里，才能真正去应对那些问题。

小学低段的孩子有很明显的特征：精力旺盛，喜欢动来动去，好奇心强，但在小组合作中尚不具备成熟的社会交际能力；想象力丰富，但在区分虚构和现实方面存在一定困难。语数英等学科的教师希望学生好奇心强，但是却不喜欢他们动来动去，注意力不集中，而更希望他们能够安静地坐好听讲，但这对于小学低段的学生却又是那么难。体育教师希望学生精力旺盛，但却又不希望他们太自由，需要他们能够听从指令、动作到位。学生社会交际能力的不成熟又会让班主任头疼，以至于每天都需要处理各种各样的矛盾，严重起来还需要找家长。

图2-19　天府七中小学部一年级戏剧必修课堂

那么戏剧课程对小学低段的学生有什么用呢？我们对小学低段的戏剧课程定位是戏剧基本能力发展，让学生通过参与戏剧活动来了解戏剧，并培养他们戏剧的基本能力。那么戏剧的基本能力有哪些呢？一是肢体，我们非常重视儿童肢体的发展，主要通过戏剧游戏来发展肢体表达能力。二是声音，包括语言和音乐，主要通过即兴创编来发展声音表达能力。三是情感，通过戏剧赏析帮学生建立规则意识，培养专注力，保护想象力，帮助他们用戏剧联系生活，培养共情力和同理心。在戏剧课堂上，学生会逐步提高对肢体的掌控力和表达力，减少小动作。特别明显的是，学生在戏剧课堂上会逐渐建立规则意识，这种规则意识是在戏剧游戏中形成的。不同于成年人指令式或命令式的规则教导，学生更愿意接受和遵守这种在游戏中形成的规则意识。我们还观察到，在戏剧课上，学生的专注力会越来越强，这种专注力也不是通过"小眼睛""小耳朵"之类的口令形成，而是得益于课堂内容的趣味性和在戏剧游戏中培养的良好习惯。因此在戏剧课上，注意力不集中就不再是问题。

（二）小学中段

进入小学三年级，孩子似乎变得特别"讨人厌"。他们会开始顶嘴，故意说反话、搞破坏，跟别人闹矛盾、起冲突。其实，这是因为这个年龄的孩子开始觉醒自我意识，他们开始认识到自我的重要性，但是还不能清楚地认识自己以及自己和他人的关系，所以常常容易做出干扰或者伤害别人的举动。因为自我意识的觉醒，孩子会由于生活中的各种因素而需要寻找安全感，这些因素包括父母的陪伴、老师的误解、学习的困难等。

这个年龄的孩子身体发育明显，个头一下子就蹿上来了。他们对于肢体的掌控能力更强，所以能够做更多有难度的肢体动作。与身体发育相反的是，想象力有一定的衰退，尽管他们仍然保持想象的热情，但是可能会认为戏剧是假的，是愚蠢的，会变得害羞，会因为担心自己的行为很可笑而不愿意参与戏剧活动。

图 2-20　天府七中小学部三年级戏剧必修课堂

在了解儿童在小学中段的身心发展特点后，我们再来看看戏剧课程在这个阶段应该如何开设。我们对小学中段戏剧课程的定位是通过戏剧认识自我。我们会选择跟自我认知相关的，尤其是跟孩子生活中遇到的问题相关的素材来设计戏剧课程。这里要特别强调的是，不同地区不同学校的学生群体特征差异大，所以对素材的选择必须个性化。可以采取木偶剧、过程戏剧等方式将故事戏剧化，让学生在团队合作中进行戏剧创编。通过戏剧课堂，让孩子对现阶段的自己有更清楚的认识，能够感受自己与他人的关系，能够更自如地参与到小组合作中。戏剧课需要以孩子所需要的真实和深度来探讨他们的感受，为他们带来更大的安全感。在此阶段，戏剧课堂有以下方面的作用：

（1）帮助儿童理解并控制自己的行为。

（2）帮助儿童在与他人交往时更自信。

（3）以切实可行的方式培养儿童对自身独特性的认识，进而增强自信心。

（4）能够更有效地评估儿童的能力。

（5）在非常实际的层面，理解和正视儿童所处环境带来的任何不利因素。

（6）帮助儿童认识情绪的积极和消极方面，及其在生活中的重要性。

（7）帮助儿童了解在其成长中积极有利的因素。

（三）小学高段

五六年级的孩子逐渐变得成熟，教师会明显感觉到与他们的交流已不再像是与小朋友对话，而更像是在跟同龄人交流。他们会更关注外面的世界和社会议题，不再满足于"幼稚"的内容。他们在性别上会开始有比较明显的区分，男生女生之间会出现一定的"分隔"。在课堂上可以有效利用小组合作，让男生和女生习惯合作，这种交流在迈向青春期的过程中至关重要。

这一时期，同伴压力和欺凌也可能会出现，教师要善于观察，及时发现这些问题，并通过戏剧，以非评判的方式处理，营造健康的氛围，帮助学生与班级中更多人建立开放关系，这本身也是戏剧教育成果的体现。

与小学低中段时期的孩子相比，这个年龄段的孩子个性意识更强，会更有意识地去塑造自己想象中的角色，这对于探索人际关系、发展使用不同语言和使用非语言手段来表达意义，是特别有帮助的。

在小学高段，我们对戏剧课程的定位是通过戏剧探讨议题（learning through drama），即通过戏剧探讨社会上受到关注的或者学生自己感兴趣的议题，从而帮助他们认识周围的世界，并将戏剧运用于其他学科的学习中。学习的主要内容包括社会议题、国际理解和跨学科学习，而学习方法包括论坛剧场、社会戏剧和戏剧创作等。在此阶段，戏剧课堂有以下方面的作用：

（1）让学生信任、尊重和支持团队中的其他成员，为更好的合作奠定基础。

（2）让学生懂得尊重和珍惜人与人之间的差异，增强同理心。

（3）体验和创造一种能够让想法、思想和情感得以表达的氛围，让学生能开诚布公地讨论生活中的问题，能够积极地处理冲突。

（4）体验与班级所有同学开放、健康的关系。

（5）增强学生的责任心，使他们愿意承担责任。

（四）初中

初中的孩子开始进入青春期，身体的变化不仅会引起他们对生理现象的疑惑和紧张，还可能会带来情感上的变化。孩子的情绪会容易受自身和周围环境的影响，也会影响他们与周围人的关系，如父母、教师等。所以在这一阶段的戏剧学习，我们会重点关注身体变化、情绪变化和人际关系。

图 2-21　我与天府七中初中学生

对于初中段的戏剧课程，我们的定位是通过戏剧着眼心理健康发展，即通过戏剧来探索青春期个人的生理和心理变化，为孩子的健康成长提供支持。因此在内容选择方面，我们会重点关注孩子在当前生活中经常遇到的问题及相关的心理议题，通过教育剧场的形式开展教学，引导他们进行戏剧作品的创作与演出。初中段戏剧课程旨在增强初中生对青春期遇到的问题的认识，让他们知道可以寻求哪些支持，掌握应对青春期变化的知识和能力。比如在教育剧场《安提戈涅》中，通过对经典剧目的校园版本改编创作，学生可以探讨在学校里可能会遇到的各种问题，还可以学习如何处理与父母和老师的关系。

（五）高中

高中语文教材中有戏剧单元，高中英语课堂也会更重视语言的运用，同时这个学段的学生已具备较强的文本阅读能力，因此可以将剧本作为戏剧的前置文本之一。当然，这并不意味着要直接表演剧本，而是让学生有机会利用剧本中的人物和情境，通过他们自己富有想象力的戏剧行动来重新诠释这些人物和情境的发展。

图2-22 天府七中高一年级学生在戏剧节中演出《雷雨》

在将简短的剧本制作成戏剧文本供全班表演的情况下，学生应利用他们制作戏剧文本的知识，自己充当"导演"。这将有利于激发他们的阅读兴趣，提高阅读能力，帮助其深层次理解文学作品。同时，这样还能更好地激发学生进行思考和讨论，深入探索个人自身处境及社会意义。

所以在高中阶段，我们对戏剧课程的定位是通过戏剧进行跨学科学习，结合语文戏剧单元和英语戏剧节，以及其他学科的内容，以戏剧活动提高各学科的学习效果。

第三章 戏剧游戏与习式

一、戏剧游戏

萧伯纳:"我们不是因为年老而停止游戏,而是因为停止游戏才会变老。"

游戏是人类的本能,也是人类进行社交互动和自我表达的一种方式。最早关于游戏的论述,或许可以追溯到柏拉图在《理想国》中的表述,他借苏格拉底之口提出:"请不要强迫孩子们学习,要用做游戏的方式。"游戏是儿童的学习,也是儿童的权利。游戏不仅是学习的基础,也是创造新事物的基础。古今中外无论是在科技领域还是艺术领域,许多创新都是在游戏中产生。所有的孩子对游戏都不陌生,在幼儿园阶段,孩子开始形成游戏规则意识,他们会认识到游戏是有规则的,须在参与者共同遵守的前提下共同完成。同时,他们还会在游戏里意识到每个人都是平等的,任何人都可以参与其中,并且应在规则的基础上表达自己的想法,发挥创意。

戏剧游戏是在戏剧和剧场中逐渐形成的游戏,其目的在于让参与者在游戏中感受和体验戏剧艺术,而不需要有戏剧经验或者剧场演出经历。该活动还可以帮助孩子在戏剧游戏中提高各方面的能力,比如自信心、语言沟通能力等。戏剧游戏不仅有利于孩子的身心健康,而且能让他们在轻松有趣的环境中学会全神贯注地倾听、观看和反馈,培养认知能力和情感能力,学会承担风险,提高语言表达和解决问题的能力。而在自主选择的游戏环境中,孩子也习得了平等、尊重和责任,促进了自信心、想象力、独立性和创造力的发展。所以,戏剧游戏可以帮助孩子在身体和心理上做好学习准备。实际上,在专业剧场领域,演员也常常会通过戏剧游戏进行训练和排练，而非仅仅依靠枯燥的肢体练习或台词练习。戏剧游戏可以帮助演员保持活力和想象力，让剧场成为一个生动有趣的地方。

维奥拉·斯波林（Viola Spolin）在《教室里的戏剧游戏》一书中介绍了戏剧游戏的作用。将戏剧游戏引入教室，可以让师生成为游戏伙伴，从而互相沟通、互相影响、互相回应，一起实践和创造。在这个过程中，教师也可以变得非常有活力，而不是仅采用刻板无趣的教学方式。此外，戏剧游戏进入教室，可以增强课程和课堂的活力，帮助学生更好地提高专注力、解决问题的能力和团队合作能力等。她强调，孩子只有在完全自由开放的氛围中玩游戏，才会有让人振奋的表现；要在自由的前提下发展规则意识，建立与他人的关系，探索游戏的方法。

戏剧游戏是一种经验式学习，教师不会对游戏的内容或者意义做过多解释，而是让学生参与其中，让肢体活动起来，让头脑思考起来，让经验丰富起来。当这些经验积累到一定程度，就会进入斯波林所提到的"转化"——当参与游戏的人专注于游戏中时，他们也就具备了创造事物的力量。这种转化就是"创造"。斯波林提到，转化正是大多数戏剧游戏的本质，即戏剧游戏的本质是创造，同时她也强调，创造不是重新排列组合，而是要转化。我们常常会认为将一个事物改头换面或者拆解后重新排列组合就是在创造。如果只是拆解一个已有的游戏的过程或者环节，改变顺序，或者换一些道具，就认为我们创造了新的游戏，这是不对的。这里顺便提一句，我在戏剧课堂里常常提到即兴，即兴其实就是转化。

斯波林也给出了戏剧游戏的三要素：要点、引导和讨论。所谓要点就是参与者在戏剧游戏中要解决的问题或难题，专注于要点，可以帮助他们全身心投入其中，极大地提高注意力，使他们可以不自觉地展现真实的自我。在此过程中，教师要注意引导，以使学生不偏离要点，并激发行动、转化和相互的协作。在戏剧课堂上，教师的引导语非常重要，可以提前做准备，但是不能使用逐字稿，以免使自己陷于其中而丧失灵活性。教师可以在实践中逐渐发展出适合自己的引导语，特别要注意的是，要针对游戏的不同节点和参与者所表现出来的不同反应随时调整引导语，关注参与者的情绪状态，对课堂节奏保持敏感。引导语要简单、明确、易懂，而且要让参与者理解教师的引导语是游戏过程的一部分，所以他们不需要停下来听教师说。当然，在必要的环节，教师可以让参与者停下来，让他们在听清楚游戏规则之后再继续进行。引导时不要去"教"学生怎么玩，而是放手让学生自己在游戏里探索。与戏剧教育的大原则一致，不能直接给学生标准答案或者强迫他们接受结论，要让学生在做的过程中产生自己的"转化"。讨论既是对要点的回应，也是对要点的延伸。游戏结束时，首先要讨论要点里的问题或难题是否已解决，然后要询问参与者或者观察者的看法和意见，必须确保讨论是开放的、平等的，不能只是赞扬，也不能演变成攻击。戏剧游戏无所谓对错，只是探索对难题的解决。

戏剧游戏需要满足三个目标：参与、解决问题、创造。要让学生参与游戏，游戏就要设计得有趣，没有人会喜欢玩无趣的游戏。我们曾经看过一些教师带领学生玩游戏，但是游戏真的很无聊，或者不适合这群学生，结果参与度很低，场面很尴尬。所以游戏的设计需要考虑到参与者的年龄、兴趣等特征，以及活动进行的场所等因素。正如斯波林所提到的要点，戏剧游戏需要有要解决的问题或难题，要让学生参与戏剧游戏的时候有目标。此外，戏剧游戏不只是为了让学生重复地玩游戏，还要让学生在游戏的过程中激发各方面的能力，从而能够创造。

有时候教师会担心学生是否没有听懂怎么玩，想要解释得面面俱到，甚至要举例或者示范。有时候可能大部分学生已经听懂，还有个别学生没有懂。那需要等吗？答案是不要等，直接带学生开始玩吧，在玩的过程中他们自然就清楚了。也不要举例或者示范，除非你希望学生都跟你做的一样。

戏剧游戏的价值毋庸置疑，作为戏剧课程里不可缺少的组成部分，我希望从事戏剧教育的教师花心思去研究和实践它。但是，戏剧游戏不完全等同于戏剧课程，我们也见过不少教师的戏剧课上只有戏剧游戏，没有其他进一步延伸的内容。这样的课堂看起来精彩纷呈、热热闹闹，但实际上是达不到戏剧课程的目标的。

本小节会介绍一些平时我们戏剧课堂上经常玩的戏剧游戏。通过网络或者书籍，我们可以找到很多戏剧游戏，会有一些眼花缭乱之感。但我在实践中发现，并不是所有的戏剧游戏都适合所有课堂，或适合所有学生，有些游戏有的教师用起来有效果，但可能自己使用起来却不如预期。所以对戏剧游戏的选择，需要综合考虑课程内容的需要、学生的情况、自己的喜好和能力、场地空间的限制等因素。这里再分享一些戏剧游戏小贴士。

（1）游戏和戏剧游戏的前提都是自愿，因此如果有学生因为害羞或者其他各种原因不想参与，教师应该尊重学生的个人意愿。如果这个游戏足够有趣，哪怕再害羞或者调皮的学生，在观看一段时间后都会情不自禁地想加入。

（2）正如一个没有规则的游戏很快会被孩子遗弃一样，一个没有清晰规则的戏剧游戏也会让教师和学生大失所望。设立规则的目的是帮助游戏推进，而不是限制。因此清晰明了的游戏规则是保障戏剧游戏高质量进行的重要条件之一。

（3）戏剧游戏的种类纷繁多样，但如何根据学生的真实需求选择合适且具有内在逻辑联系的游戏是对教师的一大考验。因此建议教师在选择游戏时，务必综合考虑学生的实际需求和课堂教学目标，但最重要的是，这个戏剧游戏必须让教师和学生都觉得轻松愉快。

（4）有些没怎么玩过戏剧游戏的学生有可能出于个人原因会有耍小聪明的行为，教师要及时提醒并想办法让学生全身心专注于游戏的要点。要做到这点，需要教师能在游戏的过程中适时围绕游戏要点给予学生语言提示，确保他们不偏离要点，专注其中，并激发他们的行动和彼此间的互动。在这个过程中，教师也是游戏的一员，简单直接的指示可以让游戏更顺畅和深入地进行下去。

（5）要尽量给学生营造一个安全和信任的游戏氛围。游戏是不分胜负与好坏的，通过事后的讨论，可以让学生明白游戏的益处。留意游戏过程中赞成或反对的声音是否围绕游戏要点展开，而非针对个人，这既保护了不同学生的个性，也确保学生能坦然接受游戏中所扮演的角色。

（6）用传统方式上课的教师都害怕控制不了学生，因此在刚刚接触戏剧游戏时他们总会担心课堂混乱场面的出现。但戏剧游戏的自由不等于放纵，戏剧是一种高度自律的艺术形式。实践证明，当学生完全投入戏剧活动时，他们会自我规范。但当纪律来自权威时，学生往往会畏缩或抗拒。

（7）为了避免小团队的产生，同时提高学生的社交能力，在需要分组进行的戏剧游戏中应尽量随机分组，可以采用报数等随机分组方式。

（8）原则上建议所有的戏剧游戏都在空旷的空间进行，条件许可时也非常鼓励在室外或者大自然中进行。当然不管在哪里，和学生约定一些通用的规则是确保游戏愉快进行下去的必要条件。

（一）介绍游戏

1. 名字动作
游戏玩法：所有人站成圆圈，每个人按照顺时针或逆时针的顺序大声说出自己的名字,并设计一个标志性的动作。这个动作不一定跟名字有联系,想到什么就做什么,但不能重复,动作幅度尽量大。介绍完后,所有人一起呼应,重复对方的名字并做动作。

游戏意义:激发学生想象力,通过肢体表达进行自我介绍是一个不错的破冰活动,既可以活跃氛围,也可以让其他人通过动作快速认识对方。

注意事项:有些学生可能会觉得现场临时想一个动作比较困难,因此可以先从大声说出自己的名字开始,然后请学生一边大声说名字一边走到圆中央。接着再请学生做一个动作,最后才是边说名字边做动作。通过逐步拆解可以更容易地让所有学生参与。

2. 声音动作

游戏玩法:所有学生围成一个圆站立,然后依次让一人上前一步,创作一个声音和动作。当这名学生退回圆圈后,其他人模仿他刚才展示的声音和动作。每个人创作的声音和动作不能一样。

游戏意义:提高即兴创作能力、想象力。

注意事项:这个游戏对于初学者来说可能有点摸不着头绪,尤其是第一次参与的人。因此这个练习比较适合团队之间已经有了一些互动后,希望进一步增进彼此之间的了解和认识时开展。为降低游戏难度,并提高游戏可玩性,教师可以设定一个主题,如动物、植物等,用于复习或者热身。

3. 名字特色

游戏玩法:所有人围成一个圆圈站立,每个人介绍自己的名字,并附加一句话描述自己的特色或者喜好,依次介绍完之后,每个人移动至自己对角线位置的那位伙伴身旁并介绍对方:"你是……"

游戏意义:通过游戏方式快速增进彼此了解,活跃氛围。

注意事项:这个游戏比较适合给肢体还不太放得开,但比较擅长言语表达的团队进行破冰练习。

(二)放松游戏

1. 平躺放松

游戏玩法:请学生找到一块可以平躺下来伸展四肢且不触碰到其他人或者物品

的地方。请他们全身放松，轻轻闭眼，跟随音乐和教师指示依次收缩身体的不同部位，先绷到最紧，然后再调整回最轻松的状态。可以先从脚开始，然后依次是小腿、大腿、臀部、腹部、胸、手指、手臂、头部。

游戏意义：放松肢体。

注意事项：可以作为课堂最后反馈总结前的肢体活动，帮助学生更好地将注意力集中到自己身上。音乐的选择也非常重要，建议选择一些舒缓的音乐。

2. 唤醒练习

游戏玩法：请学生通过语言指示和音乐想象自己正身处温暖阳光照射下的草地上。阳光慢慢洒落在头、肩膀、肚子、手臂、大腿、小腿，身体各部位慢慢感受到阳光轻柔的抚摸。教师根据学生情况进行即兴语言引导，可以设定一些状况，比如太阳被云遮住了、阳光太强烈等，询问学生此时身体的感受。还可以加入其他情境，如草地上吹来清新的空气，轻轻吸一口，体验一下空气进入身体的感觉，感受空气随着血液的流动到达身体各部位。游戏过程中，学生须保持缓慢且有规律的呼吸。结束的时候，让学生慢慢睁开眼睛，慢慢坐起来，不用急着起身。

游戏意义：放松肢体，培养想象力。

注意事项：整个过程中教师需要根据学生的实际反应进行即兴引导，如有学生没进入想象，可以通过描述其他进入想象的学生的表现激励他们。教师要随时关注学生的呼吸，保证学生呼吸均匀且缓慢。

（三）规则游戏：节奏步行

游戏玩法：学生根据教师喊出的数字在教室里自由走动，步行速度被设定为0—5 挡，0 挡代表定格，定格意为突然停止正在进行的动作，除了呼吸和眨眼，全身都保持静止，犹如一尊雕像。1 挡代表速度最慢的步行速度，3 挡代表正常行走速度，5 挡代表最快的步行速度。行走过程要流畅，哪怕是最慢的 1 挡。在整个行走过程中，学生根据教师喊出的数字改变步行速度，不触碰别人，不触碰周围物品，全体学生尽量平均分布在空间里。

游戏意义：培养专注力、空间意识，树立规则意识，促进肢体开发。

注意事项：这个游戏是建立课堂规则的有趣方式。在游戏过程中学生不仅要学会倾听，同时也要能控制自己的肢体，这对于他们来说是一件充满挑战和乐趣的事情。教师可以根据学生情况适时喊出 0，让学生体验定格，并及时向大家反馈游戏过程中的问题和发现。1 挡和 2 挡要求学生用缓慢且夸张的肢体动作行走，这将更有助于他们体悟不同节奏步行之间的区别，也能很好地锻炼他们的协调性和肢体控制力。在这个游戏中建立的数字规则可被迁移运用至其他游戏中，作为停止和慢动作的提示。

（四）观察游戏

1. 镜子游戏

游戏玩法：两人一组，面对面站立，保持安静。一人当照镜人，一人当镜中的影子。假设甲正在照镜子，乙则是甲在镜中的影子。乙必须从头到脚地模仿甲的所有动作，包括面部表情。全程所有人动作缓慢，两个人要几乎完全同步。甲慢慢地移动（包括手臂、腿脚、嘴、眉毛等），乙作为甲的镜像同步移动，尽量保持一致。先由简单和缓慢的动作开始，等熟悉之后可以逐步增加复杂的动作。

游戏意义：培养专注力、观察力。

注意事项：游戏的目标是使旁观者无法看出谁是引领者，谁是跟随者。一段时间后两人可以角色互换。教师应选择舒缓的音乐，引导学生全过程做慢动作，并注意学生对动作细节的完全跟随和反应。

2. 谁是镜子

游戏玩法：镜子游戏的变形。两人一组，其他人当观众。开始前由学生自行决定谁当镜子，谁当照镜子的人。观众在过程中猜测谁是照镜人，体会引导与被引导。教师在过程中询问谁是镜子。喊其中一人名字，让觉得他是镜子的观众举手；再喊另一人的名字，看看有没有观众觉得这一位才是镜子。这个过程将持续进行，直到观众达成一致意见为止。

3. 集体照镜子

游戏玩法：镜子游戏的变形。所有人围成一个圆圈站立，任意一人当照镜人，其他人当镜中人。依旧强调慢动作，所有人的动作要尽量保持同步。该升级版玩法是要让学生感觉每个人既是镜中的影子又是照镜人。

（五）专注游戏

专注力或许是小学阶段教师和家长最关心的也最头疼的问题，尤其是对年幼的孩子来说，他们的专注力往往比较弱，集中注意力的时间在十分钟到十五分钟左右，之后很容易被其他事物所吸引。戏剧游戏可以在有趣的情境中，引导孩子学会如何主动地集中注意力，并为自己的专注而振奋。在戏剧游戏中，教师可以构建起虚构的场景，鼓励学生尽可能充分地进入他们所创造的虚构中，并随着虚构场景的发展保持对焦点的关注。

1. 神圣律动 [①]

游戏玩法：所有人围成一个圆或者排成方形队列，确保每个学生都能看到教师。教师带领学生举起左手，跟随拍子往上举拳一次，收回到肩膀处，再往下伸拳一次，收回到肩膀处，以此为一个来回。做三到四个来回让学生熟悉左手律动后换右手做动作。右手举拳到肩膀处，同样跟随拍子往上举拳一次，收回到肩膀处，再往身体侧面伸拳一次，收回到肩膀处，最后往下伸拳一次，收回到肩膀处，以此为一个来回。重复三到四个来回，让学生熟悉右手律动。最后，左右手同时律动，教师喊拍子（六拍）。

游戏意义：培养专注力、感受力、反应力和韵律感。

注意事项：这个练习最后的左右手同时律动对于第一次接触的学生来说比较困难，可以先让学生自行感受，这时往往会有很多学生会去看着其他人怎么做，但这样很容易出错。在学生自行感受一段时间之后，跟学生说一个小窍门——闭上眼睛只专注自己，然后再次尝试。这一轮会有更多人能够完成。在游戏结束后，可以跟学生讨论为什么看起来简单的游戏却很难完成，探讨提升专注力的方法。

2. 青蛙手

游戏玩法：所有人围成一个圆圈站立，任意一人举起右手，这个人须让眼睛看向自己的右手，然后右手四指并拢，大拇指搭在其余四指下模仿青蛙头的形状，接着用"青蛙手"看向圆内任意一人。被"青蛙手"看到或看向的人立即举手。

游戏意义：培养专注力和感受力。

---

① 注：本游戏来自优人神鼓的训练。

注意事项：扮演青蛙的学生必须时刻专注于"青蛙手"上，这样才能让其余学生专注于"青蛙手"的指向。扮演青蛙的学生操控"青蛙手"时动作要干净利索，让其他人感觉到青蛙手偶在思考的模样。

3. 沉睡的狮子

游戏玩法：所有人躺在地上模仿沉睡的狮子，除了正常呼吸以外没有其他任何动静。教师如果发现有"狮子"动了就请他醒来并站起来成为观察员。观察员须安静地巡视，如果发现动了的"狮子"后就轻轻拍拍他的肩膀，然后这只"狮子"也转变为观察员。一直持续，直到只剩最后一只沉睡的"狮子"。

游戏意义：培养专注力、观察力和感受力。

注意事项：观察员越多，"狮子"的坚持就会越难。尽量维持绝对的安静，轻拍肩膀提醒那些发出声音或触碰沉睡的"狮子"的观察员，让学生体验绝对安静的状态。提醒观察员必须公正，才能让游戏有趣有意义。该游戏对于低龄段的学生尤其适用，可以让其感受到几乎绝对安静的课堂。

4. 鱼偶

游戏玩法：在空间里任意找一个位置，确保不触碰别人。伸出右手到腰前，四指并拢，拇指微微向上，手掌放松，想象右手变成了一条鱼偶。眼睛看向右手鱼偶中心处（掌中心的位置），让鱼偶围绕中心在想象的鱼池中自由游动，从而带动身体缓慢移动。过程中不碰到其他人，尽量使自己的鱼偶与其他人的鱼偶在空间位置上有所区别。

游戏意义：培养专注力、空间意识和观察力。

注意事项：注意是由右手鱼偶引发带动身体移动而非身体带着鱼偶动，提醒学生不要一直移动双脚，要将注意力放在鱼偶上，当鱼偶移动到身体够不到的地方时，身体才能移动。鱼偶不要不停地甩动尾巴，应干净利索地调头改变方向游走。还可以让学生想象自己和其他人的身体为海草，只能通过鱼偶看到四周。整个过程中提醒学生通过腹式呼吸让鱼偶游动或调转方向。如果大多数学生是左撇子，则可以用左手来做鱼偶游戏。

5. 多人鱼偶

游戏玩法：同样是鱼偶的玩法，但不再是一个人，可以两人一组（一人在前，另一人在前面一人的右后方），也可以四人一组（一人在前，两人在两侧，一人在后，呈菱形），或多人一组（组员尽量偶数，呈菱形队列以便让大家能互相看到）。站在最前面的鱼偶为带领者，其余的鱼偶要跟着带领者游动。游戏的要点是不断更换带领者，学生须关注自己的鱼偶，紧跟带领者，只有当带领者转换方向时才能相应地改变方向，不能主动偏离带领者。

游戏意义：培养团队的集体意识，锻炼引导与跟随能力。

注意事项：带领者的动作要大且清晰，以便让其他鱼偶迅速看到并跟随。

6. 数 7 游戏

游戏玩法：所有人围成一个圆圈，由任意一名学生从 1 开始，大家依次报数，当数到 7 或者 7 的倍数时应用拍手代替说数字。如果在规定时间内做出正确反应则游戏重新开始。

游戏意义：培养集体专注力和反应力。

注意事项：这个游戏可以有多个变形，例如可以将目标数字改为 5 或者其他任意数字，同时也可以改变在报到任意规定数字时要做的动作。

7. 数字连环炮

游戏玩法：数 7 游戏的变形。所有学生围成半圆，依次报数。游戏开始时，先由第一个报数的学生随意喊出一个 1 以外的数字。该数字对应的学生必须立刻再喊另外一个学生对应的数字，以此类推。如果被叫的学生在别人叫到他对应的数字后还没有反应，就必须到队伍的最后面，其余人依次向前补上空位，这样每个人所代表的数字也因此改变。然后再由 1 对应的学生喊一个数字，重新开始游戏。

游戏意义：培养专注力，进行数感启蒙。

注意事项：在报数前提醒学生记住自己的号码。如果面对的是低龄段的学生，可以将他们分成两组，一组玩游戏，一组观看。

8. 走跳停

游戏玩法：所有人在空间中散开，按教师指示行动，说走就走，说停就停。在学生熟悉玩法后可以加入不同指示，如跳（跳一下继续走）、拍手（拍一下继续走）和摸地（双手摸地一次然后继续走）等。过程中不能触碰到别的同学，在教师喊出指示后要立即反应，尽量与集体保持一致。

游戏意义：培养专注力、反应力。

注意事项：教师的口令尽量不要重复，提醒学生在听到口令后要观察其他同学，尽量使集体在做某一个口令的动作时行动统一。

9. 正反口令

游戏玩法：走跳停的变形。延续走跳停的口令，但学生听到教师的口令后要做出相反的动作，如教师喊走，学生停；教师喊跳，学生摸地。

（六）肢体游戏

1. 动物爬行

游戏玩法：在一个空旷的空间，学生双脚双手撑地模仿动物爬行。爬行过程中膝盖不能着地，不能碰撞他人，同时也要注意避免同手同脚。

游戏意义：促进肢体开发、核心力量发展和身体平衡。

注意事项：户外室内都可以进行，在户外进行时除了可以进行肢体开发，还可以增进学生与大自然的接触。有些长期在城市里生活的学生对泥土或者小虫子有畏惧心理，通过这个游戏可以很好地增进他们与大自然的关系。这个游戏的关键在于对核心的控制，因此教师可以通过简单的示范提醒学生屁股不能翘起来，让他们用核心的力量让自己像原始动物一样行走起来。游戏可以搭配一段以非洲草原为背景或者具有原始氛围的音乐，增强学生的沉浸感。

2. 身体写名字

游戏玩法：所有人围成圆，根据教师的指示分别用自己身体的某个部位，如头、肩膀、胯、屁股、膝盖、小腿、脚等写出自己的名字。

游戏意义：促进肢体开发、身体平衡。

注意事项：在用身体写名字的过程中要提醒学生使用慢动作，尽量把名字写清楚，让所有人能看明白。也可以先让一个学生用身体写，其余学生猜。这个游戏还可以有很多变形，可以让学生用身体写数字 8 或者英文字母，还可以让两名学生为一组，一人用身体比画，另一人猜。这些变形既可以开发学生的肢体表达能力，也可以结合学科进行字母、数字或笔画的启蒙教学。通过身体感知，低龄段学生会更容易理解抽象的字符。

3. 掌中镜

游戏玩法：两人为一组，甲举掌为镜，乙用脸照镜，与"掌中镜"保持 10 厘米左右的距离，仿佛在照镜子。当甲的手掌移动时，乙的脸和身体跟着匀速移动，这时很多有趣的、意想不到的、高难度的形体动作会随着甲的手掌的移动而产生。甲的手掌的移动速度一定要慢，越慢越好，让乙可以跟得上手掌的移动。此外乙要发挥想象力和肢体创造力，非必要不移动双脚。

游戏意义：促进肢体开发，培养专注力、观察力。

注意事项：教师要提醒扮演掌中镜的同学用慢动作进行移动，确保与照镜人之间的距离保持不变。当发现扮演照镜子的同学跟不上时，扮演掌中镜的同学要在保持动作不停的基础上放慢速度，但动作不能停滞。教师须引导扮演掌中镜的同学变换不同的动作，在上、中、下等不同的空间位置移动，以激发照镜子同学的肢体表达潜力。

4. 纸片游戏

游戏玩法：给每位学生发一张 A4 纸，并要求他们伸出一只手，手掌张开掌心朝上，将 A4 纸放在自己的手掌上。学生须保持手掌张开，并尝试托着这张纸在空间里向任意方向移动，在此过程中纸不能掉下来。学生以手引导纸张移动时，整个身体也随之移动，舒展身体，最终达到与纸共舞的效果。

游戏意义：肢体即兴，培养对力的感受，进行微观体验。

注意事项：手掌必须一直保持张开，不能抓或者夹这张纸；动作要慢，不能移动得太快，引导学生寻找纸快要掉而不掉的临界点。刚开始玩的时候如果纸不慎掉落也没有关系，捡起来重新开始就可以了；在移动的过程中注意不能碰撞到其他人。

5. 口香糖游戏

游戏玩法：学生在空间里自由行走，当听到教师喊"口香糖"时，学生须问"粘在哪儿"，教师回答"耳朵贴在膝盖上"。这时所有学生要立即将自己的一只耳朵贴到一个膝盖上，并定格。当教师说"走走走"，学生便继续在空间自由行走，再次等待教师的口令。教师的口令可以有很多组合和变化。口令从易到难，可以让学生逐渐感受对肢体的挑战。

游戏意义：开发肢体，提高想象力和反应力，培养合作意识。

注意事项：教师可以播放轻松的音乐营造氛围，鼓励学生尝试不同且有创意的肢体组合，让学生在有趣的环境中逐渐放松肢体，体验更多肢体的可能性。

6. 布偶练习

游戏玩法：学生平躺在地上，放松身体，闭上眼睛，想象自己是一个布娃娃，自己的一只手被一根无形的线缓慢地拎起来，然后全身都被这根线缓慢地拎起来。等完全站起后继续想象被往上拎的感觉，脚缓缓踮起，被拎起来的手和身体向上，保持定格。等待数秒后，教师可以发出指令，请学生想象那根无形的线突然被剪断后的身体形态。

游戏意义：开发肢体，提高感受力、核心力量和想象力。

注意事项：提醒学生在整个过程中动作要慢，并且不能使用另一只手撑地面。整个过程应该是由被拎起来的那只手作为引带，而非头或者其他身体部位。这样可以更好地锻炼核心力量，提高对整个肢体的控制力。

7. 提线木偶

游戏玩法：两人一组，甲扮演提线木偶，乙扮演操纵提线木偶的人。甲平躺在地上放松身体，乙可以操纵木偶身体的任何部位。比如乙在甲右手附近做一个握住手心拉绳子的动作，甲则应随着乙的手的动作缓慢挪动。如果乙摊开手，则表示松开绳子，甲的手也要回到原位。

游戏意义：开发肢体，培养想象力，建立合作与信任意识。

注意事项：乙可以试着让甲从一个位置移到另一个位置，或者做一些动作。如果甲动了不该动的部位，操纵木偶的乙可以及时提醒甲"我没有拉你的手""哦，请放松你身体的其他部位"。乙要注意，所有的牵引动作必须让躺在地上的甲能清楚看见。

8. 棍子双人偶

游戏玩法：提线木偶的变形。两人一组，甲扮演木偶，双手握住小短棍的前端。乙扮演操纵木偶的人，站在甲身后，双手握住小短棍的后端。乙通过操纵短棍让甲行走或者做动作，甲和其他扮演木偶的学生可以通过操纵木偶的学生做出一些打招呼的动作。扮演木偶的学生要闭上眼睛，体验完全被操纵的感觉。

9. 长杆

游戏玩法：两人一组，分别用舒展开的手心顶住长杆两端，根据音乐开始肢体即兴。两人在过程中通过互相推的力量保持稳定，确保在手指不抓长杆的情况下，长杆不掉落。如果长杆掉落，两人恢复到开始状态重新开始即可。

游戏意义：开发肢体，培养想象力和合作意识。

注意事项：此游戏可以很好地开发学生的肢体表达能力，过程中须提醒学生用慢动作进行，并尽量确保手掌舒展开，避免长杆掉落。学生熟练后，可以要求学生挑战更多肢体动作的可能性，如让两人在不同的空间位置：一人在高层空间，另一人在中层空间或者低层空间。这个游戏还可以拓展到三人、多人以及集体。如果没有长杆，这个游戏也可以用一张卷起来的 A4 纸作为替代，简单的道具常常能带给学生莫大的欢喜。

10. 套环

游戏玩法：两人一组，甲站立不动，乙在不触碰甲的前提下用四肢环绕甲。甲要在不碰到乙的前提下脱身，然后同样用四肢环绕乙。乙再想办法脱身，循环往复。

游戏意义：开发肢体，培养想象力和合作意识。

注意事项：此游戏非常考验学生的想象力和肢体表达能力，尽量要求学生每一次的套环动作都不一样。这个游戏还可以增加到三人一组甚至更多人一组，进行环中环挑战。在游戏过程中应提示学生做套环时动作要轻柔，保护其他学生。结束后可以引导学生思考套环是如何解开的，合作时应怎么做。

11. 连环套

游戏玩法：套环的变形。学生围成圆或者站成一列，通过四肢去套住旁边的伙伴，并且保持定格不动，被套住的学生须尝试在不触碰对方的情况下脱身，然后去套下一个人，由此形成连环套。

12. 身体刻度表

游戏玩法：所有人围成一个圆，放松身体平躺在地上，将身体蜷缩至最小或舒展至最大。然后随着教师"1、2、3……"的口令，有节奏地数十个节拍，让身体一点点地反向舒展至最大或缩至最小。

游戏意义：开发肢体，锻炼核心力量，培养感受力。

注意事项：做这个练习时教师数拍子的节奏要慢，让学生尽可能地体会身体一点点舒展或者蜷缩的感觉。当学生熟练后，可以将 1—10 作为不同的舒展或蜷缩刻度，要求学生在不同的刻度间随意切换，这将更具有挑战和可玩性。

13. 最慢运动会

游戏玩法：五至十人为一组，在空旷教室里设定起跑线和终点线。教师当裁判。开始后，学生以最慢的动作跑向终点。在游戏中学生不仅脚步要慢，身体每一个部位的动作也都要慢，但不能停止不动。符合要求并且最后到达终点的学生将成为这个游戏的赢家。

游戏意义：开发肢体，培养感受力和专注力。

注意事项：注意控制呼吸。有些学生为了赢得比赛，会尽可能用最小的动作或者接近静止的动作，教师可以就此进一步提出要求：要求学生用慢且夸张的方式行走，或要求学生让其他人能看出来其在不断调动身体的每一个部位行走。

14. 由大到小

游戏玩法：让学生平躺在地面上，全身放松。吸气，让身体和四肢伸展到最大，然后呼气，同时把身体和四肢蜷缩向一侧至最小。吸气，让身体和四肢再次伸展到最大，然后呼气，同时把身体和四肢蜷缩向另一侧至最小。

游戏意义：开发肢体，锻炼核心力量。

注意事项：学生熟练后，教师可以通过增加不同空间层次的动作来提高游戏难度。如在低空间吸气，将肢体伸展至最大，呼气的同时将肢体蜷缩至最小，然后吸气，在中空间将肢体舒展至最大，呼气的同时将肢体蜷缩至最小，在高空间同样如此。最后在任意空间将肢体伸展至最大，保持数秒，然后蜷缩至最小，甚至可以尝试缩小五官。

15. 呼吸的轨迹

游戏玩法：让学生在地面低空间找到一个舒服的姿势。吸气时，让身体跟随呼吸的节奏旋转并站起，定格。呼气时，再次让身体跟随呼吸的节奏旋转并落回地面，定格。学生熟练后，可以跟随呼吸进行不同的运动，在不同的方向和空间感受由呼吸带动的身体移动。最后可以让所有人一起吸气，让身体随着吸气的力量穿过彼此之间的空间，呼气时，则穿过彼此的另一侧空间。

游戏意义：开发肢体，感受呼吸，培养空间意识。

注意事项：强调是由呼吸带动身体移动，而非由大脑指挥身体移动，想象通过身体展现呼吸的轨迹。

16. 双人推手

游戏玩法：两人一组，面对面站立。一人的掌心与另一人的手背接触，互相用力，保持接触。手掌在上者为引领者，另一人跟随引领者手掌的移动而移动自己的身体，确保手掌在整个练习过程中不分离。注意动作的流畅性和张力。

游戏意义：开发肢体，培养合作意识和感受力。

注意事项：两人均闭上双眼，做同样的练习。不要想对方要去往何处，专注在手掌的接触上。

17. 哑剧

游戏玩法：教师提供旁白，学生用哑剧方式进行表演。可以先从简单的哑剧指令开始，如喝水、穿衣服、起床、唱歌、跳舞、肚子饿、背书包等。须强调，在哑剧过程中，动作应是缓慢的，注意动作的细节。学生熟练后，教师可以进行一些复杂的指令，如速度很快地喝水、笨拙地穿衣服、慌张地收书包、快乐地唱歌、悲伤地唱歌、边唱歌边跳舞等。

游戏意义：开发肢体，培养创造力、观察力和即兴表演能力。

注意事项：低龄段的学生非常喜欢这个游戏，因为在哑剧的游戏世界里他们拥有掌控权，可以使用他们最喜欢的肢体，自行决定如何去演绎。哪怕是平常再害羞的学生，也能在哑剧游戏里找到自己的一片天地。教师要引导学生关注哑剧练习的质量，可以通过一部分学生展示、一部分学生作为观众的方式，让学生们互相点评并展开讨论，然后再进行集体即兴哑剧练习。

18. 落叶之舞

游戏玩法：让学生找寻一个舒适的空间，想象自己是一片落叶。当音乐响起，学生须根据音乐即兴舞动身体。

游戏意义：肢体即兴，培养想象力、观察力。

注意事项：教师可以选择用舒缓或者轻快的音乐营造氛围，同时也可以通过一些语言提示引导学生，如让学生想象自己是一片秋日的落叶，迎着微风，在斑驳的光影中缓慢落下。

19. 鬼抓人

游戏玩法：任意选择一人为鬼，在一个空间范围内玩"鬼捉人"的游戏。任何人不可以越界。当被鬼捉到时，被捉者要通过肢体表达"爆发"。至于如何表现"爆发"，则由学生即兴发挥。

游戏意义：开发肢体表达能力，活跃课堂氛围。

注意事项：这个游戏对于不少学生来说并不陌生，可以通过语言指示如"用不同的方式爆发""爆发可以持续一阵"等引导学生做出不同的"爆发"表达，从而引导学生用肢体进行表达。

（七）声音游戏

1. 腹式呼吸

游戏玩法：两脚分开与肩同宽，目视前方站立，下巴微收，全身放松，双脚像树根一样牢牢抓在地上。请学生想象自己的肚子是一个气球，根据指令缓缓吸气，仿佛将全世界最美妙和有趣的能量都吸到了肚子里。屏气 3 至 4 秒，然后缓缓呼气，想象将体内不舒服、不开心的能量一点点吐出去。如此吸气、屏气、呼气循环往复。要注意强调鼻吸口呼，正确的腹式呼吸应该只能感受到腰部的起伏，胸口或者肩膀不会有起伏。如果有学生找不到腹式呼吸的感觉，可以请他往前弯曲上半身，双手叉腰，感受吸气和呼气时腹部的起伏，然后逐渐抬起上半身，找到腹式呼吸的感觉。

游戏意义：学会腹式呼吸和正确的发声技巧，培养专注力。

注意事项：呼吸是人类生命的根本，腹式呼吸则是所有戏剧练习的基础。腹式呼吸是人类与生俱来的本领，但由于生活的压力和一些日常的不良行为习惯，不少人变成了胸式呼吸，慢慢丢失了这个与天地自然连接的方法。这个练习可以很好地帮助学生缓解日常生活的压力，渐渐让外散的注意力回到内在。此外，这个练习也可以帮助学生更好地找到自己内在的声音，通过循序渐进的练习不仅可以增强心肺功能，还可以使得自己在公共场合的声音变得洪亮有张力。该游戏还有以下变形。

腹式呼吸＋三连呼：深吸气，然后用腹部力量连续三次短促呼气，强调用腹部发力。

腹式呼吸＋连呼：深吸气，然后用腹部力量连续呼气，并发出 Si 的声音，直到气吐尽。

腹式呼吸＋连呼＋发元音：深吸气，用腹部力量连续吐气，同时发元音。

2. 胡言乱语

（1）胡言乱语自我介绍

游戏玩法：所有学生围坐一圈，教师先向学生展示如何用胡言乱语进行介绍，然后让他们以两人一组，用胡言乱语进行自我介绍。两人尽量用不同的声音和语调，可以通过夸张的嘴形改变音调和面部表情；尽量保持平常讲话的节奏，让胡言乱语流畅起来。最后可以请一位学生站在圆圈中间用胡言乱语向大家进行自我介绍。

游戏意义：培养创造力，提高语言表达能力。

注意事项：这个游戏能很好地打破学生的语言表达障碍，提高他们的表达能力，增强表达自信。这与传统课堂上要求学生必须字正腔圆地表达不同，学生需要发挥他们的想象力与创造力去营造对话的感觉。

（2）胡言乱语的切换

游戏玩法：三人一组，一人为提示官，另外两人先用汉语进行正常对话，当听到提示官提示"胡言乱语"时，另外两人要立即开始用胡言乱语进行对话，直到听到提示官提示"汉语"，两人才能切换成汉语正常对话。最好在两人没有防备的时候更换提示词。这里的汉语可以变成任意其他语言，用于对语言表达能力的开发。

（3）胡言乱语卖东西

游戏玩法：请几名学生担任摊主，向其他同学卖东西。摊主必须看着顾客，用胡言乱语大声地与顾客进行交流。结束后可以引导学生思考，如果没有共同语言如何交流，怎样的交流最有效。

（4）胡言乱语翻译官

游戏玩法：两人一组，其中一人用胡言乱语对观众演讲，另一人进行翻译。演讲者说一段话后暂停，翻译员进行即兴翻译。结束后教师向演讲者提问："翻译员是否传达了你的意思？"还可以变成三人一组，两人对话，一人翻译。翻译员须通过观察，尽可能了解双方交流的内容，帮助双方并进行翻译。在游戏开始前可以先约定一个地点、人物关系或者事件。

3. 外星语演讲

游戏玩法：教师需要提前准备一些演讲的题目，如"我最爱的颜色""我最喜欢的运动""我最喜欢的动物"等，请学生上台随机抽签，然后让学生围绕抽到的演讲题目用外星语演讲。观众通过演讲者的动作、语言和表情，猜测他的演讲主题。学生要牢记演讲主题，比如，学生在最后一定要用动作让大家理解他最爱的颜色是什么，才算完成演讲。

游戏意义：开发肢体，锻炼语言表达能力。

注意事项：在这个游戏结束后可以引导学生根据看到和听到的，将演讲者的演讲内容写下来，也可以请演讲者将自己的演讲内容写下来，作为语言表达的拓展练习。

4. 对韵歌

游戏玩法：所有学生分成两组并站成两列，每列学生保持 30 厘米左右的距离，齐诵《对韵歌》，然后逐渐拉开距离，感受声音从强到弱的变化。

游戏意义：提高感受力和语言表达能力。

注意事项：这个游戏的关键在于不管距离有多远，都要让对方队列听清楚诵读的声音，但声音的大小要根据空间距离进行调整，不能一直都是大喊大叫的状态，只有这样学生才能感受到声音和空间的关系。

（八）空间游戏：进入空间

戏剧对于空间的重视再怎么强调都不过分，这与其他学科相比有着很大的差别。戏剧的空间往往是空旷的，没有摆放课桌椅、讲台等物品，这既让学生的活动更自由，但也让学生在空间里的移动失去了参考物，他们容易聚集在空间的一角，又或者过于分散，无法充分有效地利用空间。在戏剧舞台上，空间也是戏剧演员时刻关注的，延伸到课堂，就演变成了学生对空间的感知。戏剧活动随着空间的变化而发展，而空间（现实的或想象的）也会随着戏剧活动的发展而变化，因此需要通过戏剧游戏培养儿童对空间的感知能力以及对空间的利用能力，须让学生充分发挥灵活的想象力，利用戏剧空间及其所包含的有限物品来扩展和深化戏剧的现实性。

游戏玩法：所有人站成一排，在听到教师的击掌声后，在不经过沟通的情况下做到只出列一人，该学生须用有创意的方式走出来，并找到一个空间，在那儿定格成一个特别的形象。当第一个学生定格好就意味着下一个学生要开始行动，依此类推，直到所有站成一排的学生都走进空间并定格好为止。

游戏意义：开发肢体，提高观察力，增强空间意识和合作意识。

注意事项：这个游戏的难度在于如何不经过讨论，让每一个学生通过用心的观察形成集体的默契，以实现游戏的节奏和流畅性。在学生熟练后，教师可以让正在行走的学生在途中变换一次方向，但中途不能停顿。一旦找到合适的地方定格后（不遮挡其他学生），下一个学生便开始行动，最终所有学生要较为平均地分散在空间里。

（九）想象游戏

1. 生长即兴

游戏玩法：学生平躺在地上，闭上眼睛全身放松，先聆听音乐、感受音乐，然后以自己的方式模仿一颗种子从土里努力发芽生长的模样，从地面开始缓慢生长，音乐结束时完成生长即兴，须生长成自己想象中的模样并保持定格。

游戏意义：培养想象力，开发肢体，提高即兴表演的能力。

注意事项：音乐的选择对于整体氛围的营造非常重要，建议选择舒缓或者轻柔的音乐，并通过语言引导、激发学生的想象力和即兴表演能力。鼓励多元化的表达，而非统一模式化的扮演。最后定格时教师可以进行思绪追踪，轻拍定格的学生，请被拍到的学生描述自己最终长成的模样。

2. 一块抹布

游戏玩法：所有学生趴在地板上，全身放松，想象自己是一块什么样子的抹布。是有花纹的还是纯色的？是粗糙的还是丝质光滑的？是大的还是小的？音乐响起时，学生根据教师的指示语进行即兴表演。如想象自己是一块抹布，被扔进了水里，在水里泡开了。然后想象教师洗抹布，但没洗干净，于是又搓一搓，再仔细地洗，用劲地搓。再想象教师使劲儿地拧干抹布。最后想象教师用抹布擦地，但这块地板特别脏，于是教师用力地擦，但地板还不干净，教师又更使劲儿地擦。

游戏意义：培养想象力，开发肢体。

注意事项：通过具体生动的语言指示引导学生，帮助学生进行即兴表演。在这个游戏里，不管是被扔进水里的抹布，被清洗的抹布，还是用于擦地的抹布，对应的表演都没有固定的样式，可鼓励学生通过肢体和想象力展现个性化且具有特色的不同状态下的抹布。

3. 报纸传递

游戏玩法：所有人围坐成一圈，教师将一张报纸随意做成一个物品，然后传递给旁边的学生，并说"我送给你一个……"。该学生接过报纸，并根据想象把报纸捏成另外一个物品递给下一位学生，并说"我送给你一个……"，以此类推。要求用报纸做成的物品要有创意，且不能重复。

游戏意义：培养想象力、即兴表演能力和观察力。

注意事项：低龄段的学生特别喜欢这个游戏，因为它契合他们天马行空的想象力，并且即刻的表演会让他们很有成就感和沉浸感。但也有一些学生会觉得困难，这时候教师可以引导他们，让他们相信自己的想象力，并通过观察周围的事物或者想象自己常用的物品，用报纸做出来。

4. 物件传递

游戏玩法：学生围坐成一圈，教师给任意学生一个物品（可以是课堂上的随意一个物品，如马克笔、书、水壶等），拿到物品的学生须发挥想象力，根据物品的外形，为它赋予一个新身份，并且将这个新身份所具备的新功能表演出来。只有当其他学生猜出这个东西的新身份后，表演的学生才可以将物品传递给下一位学生，下一位再通过表演展示该物品的新身份，以此类推。

游戏意义：培养想象力、即兴表演能力和观察力。

注意事项：每一个学生展示的新身份不能重复，并且想象的新身份要与该物品本身的形状相似或者有关联，如筷子—指挥棒—面条—金箍棒—画笔—吸管。

5. 定格连接

游戏玩法：所有人站成一排，一个人走到中间并定格成某个大家熟悉的角色或者物品。下一个学生在看明白这是什么角色或者物品后走出来，将身体的某一部位接近但不接触第一个人，并定格成与第一个学生相关的角色或者物品，以此类推。

游戏意义：培养想象力、观察力和团队合作能力。

注意事项：为了确保这个游戏能更有效地进行下去，教师可以时不时通过拍打定格学生的肩膀，请他们说出自己的身份，以确保走到中间定格的学生知道彼此的身份。也可以由教师设定一个与教学计划相关的主题，请学生围绕该主题进行定格连接，以此来对教学内容进行学习。

（十）创造游戏

1. 我是一棵树

游戏玩法：学生围成一个圆圈，任意一位学生走进圆心并说"我是一棵……树"，同时做出这棵树的定格画面，保持不动。下一位学生走进圆心，说出自己的角色，该角色须与上一位学生的角色相关，比如"我是树旁的一只蝴蝶"，并做出这个角色的定格。其余学生依次进入圆心，说出自己的角色，并以这个角色保持定格。最终所有人形成一幅立体的图画。

游戏意义：开发肢体，培养想象力、即兴表演能力和语言表达能力。

注意事项：这个游戏不仅有助于学生进行肢体开发，还能提高他们的语言表达能力，特别是使用英语或者第二外语进行游戏时。教师须提示进入圆心的学生，他们不仅要扮演与圆心角色相关的角色，还要尽量使整体画面变得优美动人。

2. 我是一棵树（三个角色）

游戏玩法：我是一棵树游戏的变形。甲走进圆心，说"我是一棵……树"，同时做出这棵树的定格姿势。乙和丙依次走入圆心并摆出定格姿势，由丙决定留下圆心的哪一个角色，并说"我决定请……留下"。被选中的人留在圆心，其余两人退回圆圈，之后再由丙接替甲的位置，走进圆心重复这一过程。要确保每次圆心内的角色不超过三个。

注意事项：刚开始时，可以多给学生一些时间来思考和创造，然后逐步缩短思考时间，最终要求每一个到圆中心的学生在三秒内完成构建。学生除了扮演实物，还可以扮演抽象概念。这个游戏也适合在户外进行，在户外时，可以先引导学生进行自然观察，然后根据自然观察进行游戏。

3. 报纸小镇

游戏玩法：假设所在空间为一个报纸小镇，每个学生为自己设定一个在这个报纸小镇生活的角色。教师给每个学生发一张旧报纸，让学生用旧报纸动手制作自己角色的服装和道具。当音乐响起时，学生开始即兴表演。

游戏意义：培养想象力、动手能力和即兴表演能力。

注意事项：这个游戏既可以在室内进行也可以在户外进行。教师可以通过更换音乐营造不同的氛围，引导学生根据音乐进行即兴表演。

4. 主题即兴

游戏玩法：教师设定一个主题，如作业、考试、慌忙的早晨时光等，所有学生根据主题和音乐开始1—2分钟的即兴表演。建议学生通过故事性创编让主题即兴变得个性化和更具可看性。

游戏意义：培养想象力和即兴表演能力。

注意事项：主题可以根据课程目标进行选择，建议先从贴近学生实际生活的主题入手，熟练后可以选择一些抽象概念的主题进行主题即兴。

5. 照片人物即兴

游戏玩法：选择一些照片，并将它们塑封好，以背面朝上的形式将它们散落在教室的地板上。选择五至八个学生，教师随机选择一张照片，让这些学生通过观察照片独自思考——照片中的人物是谁？他在想什么？他是什么心情？他在做什么？他正面临怎样的境遇？……然后按照各自的理解开始即兴演出。要求展现的故事合理性，人物形象鲜明。其余学生作为观众在一旁观看，然后根据照片和演出进行点评。

游戏意义：培养想象力、即兴表演能力和角色扮演能力。

注意事项：可以根据课程主题来选择照片，尽量选择故事性强且理解差异性大的照片。

6. 幻灯片

游戏玩法：五个学生进入表演区域，其他学生作为观众。五个学生中的一个学生想象自己正在放映幻灯片，幻灯片主题由教师指定，例如暑假、最难过的一件事等。该学生将向观众讲解每一张幻灯片，但这些幻灯片不是通过投影仪展示，而是由其他四个学生通过扮演幻灯片中的角色并定格成画面来表现。每当负责讲解的学生说"这一张是我在……"，其他四个学生必须迅速创造并定格成一张与描述相符的照片。

游戏意义：培养想象力、团队合作能力和角色扮演能力。

注意事项：可以根据课程目标或者学生实际需求选择幻灯片主题。

（十一）合作游戏

团队合作对于具有社会属性的人类来说，其重要性不言而喻。无论在学校、企业，还是社会机构，都在强调团队合作的重要性。但是为什么成年人之间仍然存在很多合作问题？为什么很多关于团队合作的培训效果欠佳？在学校里，什么样的团队合作才是学生所需要的？这都是我们在设计课程时需要花时间思考的。戏剧是一种集体合作性活动，提供了与他人合作以实现特定目标的宝贵经验。戏剧情境为学生提供了尝试合作所需的安全环境，为冲突的产生留足了空间。戏剧课程中的合作包括两个层面：一是在角色之外，二是在角色之内。在角色之外，合作的机会无处不在，在课堂上，学生与学生之间，学生与教师之间，一直都存在着合作（如果戏剧课堂变成了教师发指令而学生遵守，那课堂就变成了灾难）。师生合作决定学习内容，建立戏剧的情境，利用和调整戏剧空间，双方还通过协商和讨论培养沟通合作技巧。在这个过程中，学生才是主要角色，是合作者和决定者。角色内的合作效果取决于学生对角色的投入程度，即他们的信念感。学生能否认真对待自己的角色以及其他的角色，对于他们是否能够顺利合作有重要影响。他们会站在角色的角度交流思想和情感，丰富交流的方式和技巧，这不仅能为他们提供角色生活的体验，还能帮助他们获得新的视角和感悟。

1. 盲人游戏

游戏玩法：两人一组，甲蒙眼，乙站在甲的侧面。乙的两只手一前一后护着甲的前胸和后背，两人一起在空间里自由走动。乙须保护甲的安全，并且不能发出声音作为提示，不能碰到其他人。先从速度 1（最慢速）开始，根据现场情况和场地条件调整速度快慢。游戏进行一段时间后，参与者可以互换角色。

游戏意义：培养合作与信任能力、感受力和空间意识。

注意事项：一定要先从最慢的速度开始，注意安全。教师可以先做一个简单的示范，如通过用手掌推动后背前进或者转弯，通过手掌在前胸轻轻用力代表暂停。

2. 盲人带领盲人

游戏玩法：两人一组，面对面站立，互相向对方伸出双手，让各自的十根手指尖互相接触。两人的身体唯一有接触的地方就是他们的指尖。然后甲闭上双眼，乙带领甲在教室里缓慢移动，在行进过程中两人也始终保持所有指尖相连。另一个要求是，乙不可以朝前走，只能带领甲向后走。乙的双眼是睁开的，可以看到自己身体两侧，但是不能向身后看。两人应该慢慢行动，同时需要对周围的空间保持警觉。甲乙双方角色可以互换。

游戏意义：培养合作与信任能力、空间意识和专注力，开发肢体。

注意事项：在这个游戏中，两人必须保持同步。在不依靠视觉或者只依靠有限视觉的情况下在教室里行动本身就是一个挑战。而且他们必须保持指尖相连，这意味着他们必须通过指尖全身心地感知另一个人，去倾听、感受并做出反应，这只有建立在绝对信任的基础上才能做到。

3. 双人平衡

游戏玩法一：两人一组，面对面站立，保持两臂距离。用右手握住对方右手手腕，互相拉对方以感受彼此的力量。然后尽可能慢慢地一起下蹲，直到两人膝盖弯曲呈 90 度。过程中两人须保持腰背挺直和身体平衡。

游戏玩法二：两人一组，右手拉对方的右手，左手拉对方的左手，然后一起下蹲，就像坐在一张隐形的椅子上一样。过程中要求腰背挺直。

游戏玩法三：两人一组，背靠背站立，双手自然下垂。两人保持上述姿势，通过移动双腿慢慢一起下蹲，直到两人膝盖弯曲呈 90 度，就像两人一起坐在一张椅子上一样。

游戏玩法四：两人一组，背靠背站立，一人弯腰，另一人保持背部贴着对方背部的状态，放松身体，缓缓向后倾斜直到完全躺在对方背上，同时双脚逐渐离地。

游戏意义：培养合作信任能力和身体平衡能力。

注意事项：这些游戏有利于培养同伴间的信任。教师应提醒学生注意安全，避免因用力不当让搭档不舒服。

4. 谁是领袖

游戏玩法：由任意一个学生扮演侦探，先离开教室，教室里的其他学生围成圆形站立，自行选出或者由教师指定一个"领袖"。游戏开始，侦探回到教室。领袖潜伏在学生中，带领大家做动作，努力避免被侦探发现，而且领袖需要每 30 秒悄悄换一个动作。其他学生的任务是在领袖做了动作之后立即模仿，以此掩护领袖。侦探的目标是找到真正的领袖。当侦探认为他找到时，须说："停！我知道谁是领袖了！"如果侦探猜对了，被猜中的领袖则变换角色成为新的侦探；如果侦探猜错了，所有人保持停止前的最后一个动作并继续游戏。侦探有三次机会，如果机会用完还没有找到，那么侦探就需要接受惩罚。

游戏意义：培养团队合作能力、观察力和模仿能力。

注意事项：这个游戏适用于热身及活跃课堂氛围。为了让领袖更好地带领大家做动作而不被侦探发现，可以先请领袖带大家进行练习，等领袖准备好后再请侦探进入教室。

5. 缠绕的毛线球

游戏玩法：所有人手牵手围成一个圆圈，由教师或者任意一人领着其他人穿过圆圈的另一面，像穿隧道一样来回穿梭。只有当手感受到拉力时学生才能跟着走动。这个过程持续进行，直到所有人形成一个难以解开的结为止。所有人在整个过程中都要保持牵手的状态，如果有人松手了则表明挑战失败。结形成后，参与者需要尝试解开这个结，直到彼此不再相互缠绕，恢复成一个完整的圆为止。

游戏意义：培养团队合作能力和感受力。

注意事项：在游戏开始前和游戏过程中，教师都要向学生强调不能随意拉扯同伴的手，并提醒他们牵好手后不能轻易松开，同时引导学生通过感受彼此之间的力量形成结或者解开结。

6. 拍电报

游戏玩法：所有人围坐一圈，手牵手，闭上眼睛。教师开始轻轻捏一下坐在自己右边的学生的手，当这名学生感觉到教师的动作后就要以同样的方式轻轻捏一下坐在自己右边的同伴的手。如此传递下去，直到传回教师为止。

游戏意义：培养团队合作能力、倾听能力和反应力。

注意事项："捏一捏"这个电报内容可以由教师或者学生设计，如变成捏两下，或拍肩膀。也可以提高游戏难度，如由一个学生发起自编"电报"，依次传递。当最后一个学生接收后，所有学生睁眼并请他展示收到的电报内容，若与第一名学生发送的电报一致则代表电报传递成功。

7. 连锁座位

游戏玩法：所有人站成一个圆，面朝圆心，彼此靠近，几乎肩并肩。请每个人稍微向外转身，这样彼此就会靠得更近了。然后请所有人慢慢坐下，距离够近的话，每个人都会坐在身后一个人的膝盖上。整个结构会自我支撑，如果任何一个人离身边的人不够近，那这个结构就会垮掉。过程中学生的动作可以很慢，但大家必须一起做。

游戏意义：培养团队合作能力，开发肢体。

注意事项：这个游戏难度较大，适合高年龄段且彼此之间已经建立了一些信任的群体。

8. 核心圈子

游戏玩法：所有学生围成一个紧密的圆。一名学生站在圈外，他的任务是进入圈子内，但不能强行进入。他可以通过说服、乘人不备或挠他人痒痒等方式进入，一旦成功，被挤出圈外的学生则成为新的圈外人，须重新尝试进入圈内，但不能用之前学生用过的方法。

游戏意义：培养团队合作能力、专注力、创造力和观察力。

注意事项：这个游戏需要教师在一旁作为观察者，确保游戏公平进行。

9. 默组图形

游戏玩法：通过报数将学生分成若干组，每组占据一个区域。教师喊出一个形状的名称后，各组用身体在地板上摆出该形状并保持。第一个完成的组得一分。游戏节奏要快，尽可能给学生带来挑战。几轮之后，可以提高游戏难度，教师可以喊出各种物体的名字，如虫子、大象、电脑、椅子、汽车等，依旧是最快摆对形状的组得分。

游戏意义：培养团队合作能力、创造力、观察力、感受力和倾听能力。

注意事项：这个游戏调动了学生的听觉、触觉和其他感官。学生须全身心投入并尝试团队合作才能最快地完成挑战。

10. 引领与跟随

游戏玩法：所有人站成菱形队列，确保每个人都能互相看到。音乐开始时，菱形队列最前面的学生跟随音乐舞动身体，其余人模仿他的动作并尽量保持。当领头的学生转向另一个方向时，新方向最前面的学生随即成为新的领头人，继续带领大家舞动身体。游戏过程中可以先从慢速动作开始，学生对动作熟悉后逐渐加快节奏。教师可以通过语言提示引导领头学生做出不同的身体即兴，如走、跑、跳、转圈、发出声音、躺下、拥抱、翻滚或者大笑。

游戏意义：培养团队合作能力、反应力、创造力和专注力。

注意事项：教师作为观察员，可以通过音乐和语言引导领头学生先从慢动作开始。随着游戏的进行，教师可以通过变换音乐风格激发学生探索更多动作的可能性。

11. 自由引领与跟随

游戏玩法：是引领与跟随游戏的变形。所有人放松站立。当音乐开始时，学生可以在教室内自由走动，但要避免触碰他人，同时保持对整个空间的关注。当有人开始做出不同的动作或表情时，其他人要在最短时间内模仿并同步。当所有人都开始做新动作后，另一人可以带领一个新动作，其他人继续迅速模仿。当有人率先停止动作时，所有人都应立即停止。

（十二）反应游戏

1. Hi Ha Ho

游戏玩法：所有人站成一圈，教师先示范 Hi、Ha、Ho 对应的三个动作。一个学生一边喊"Hi"，一边将双手合十并举过头顶，形成一把剑并指向另一个学生。然后被指中的学生喊"Ha"，手掌朝上，双手伸向肩膀上方，模仿被刺到的样子。随后，这个学生左右两侧的两个学生各自双手合十呈剑状喊"Ho"，并从前往后侧身砍向喊"Ha"的学生。然后由喊"Ha"的学生选择一个学生，让他做"Hi"对应的动作。如此循环往复，直到有人出错，出错者出局。随着人数减少，游戏继续，直至最后两人胜出。

游戏意义：培养反应力、团队合作能力和活跃氛围的能力。

注意事项：学生喊"Hi""Ha""Ho"时声音要洪亮，可以提醒他们使用腹式呼吸。学生的动作幅度要大且明显，目标要准确。随着游戏的进行，可逐渐加快速度，并提高难度。

2. 身体组合

游戏玩法：请学生在空间里自由走动，避免碰到其他同学，保持安静。教师给出以下任意指令：两个肩膀；四个膝盖；五只脚；四个头；六个胳膊……要求学生在三秒内完成指令并保持姿势。

游戏意义：提高反应力，开发肢体。

注意事项：如果学生较多，可以将他们分成两组，一组做游戏，一组观看，并在游戏结束后请他们一起思考和讨论。教师可以播放不同风格的音乐，为学生营造多元的游戏氛围。

3. 松鼠与树

游戏玩法：所有人在空间中自由走动，当教师喊数字 3 时，所有人就近按三人组成一组。每组中，两人手对手举高形成树屋，另外一人扮演松鼠躲在树屋下。当教师说"猎人来了"，扮演松鼠的学生要跑开；当教师说"火来了"，树屋要重新组合；当教师说"地震"，所有学生都要跑起来，扮演树屋的学生可以变松鼠，松鼠可以变树屋。

游戏意义：培养反应力、专注力和活跃氛围的能力。

注意事项：这个游戏可以为学生营造自由玩耍的氛围，玩过几轮后，请学生站成一圈，思考如何才能玩好。

4. 水果沙拉

游戏玩法：所有人坐在椅子上围成一个圈。教师作为呼叫者，坐在圆中央的椅子上，依次告诉学生三种不同的水果名字，水果名字会循环使用。当教师叫到某一种水果时，被叫到的学生要立刻站起来，与旁边的学生交换位置。坐在中央的教师也要趁机抢位置。每轮结束后都会有一个人没有椅子，这个人将坐在中间成为呼叫者。如果有呼叫者喊"水果沙拉"，则所有人一起交换位置。注意，左右相邻的学生不可以交换位置。

游戏意义：培养反应力、语言表达能力和活跃氛围的能力。

注意事项：这个游戏可以帮助学生进行语言学习，教师可结合学生近期所学的英语或其他第二外语的单词主题进行改编。

5. 鲨鱼游戏

游戏玩法：在教室空间中任意摆放四把椅子，并告诉学生这是礁石。所有学生扮演海里的小鱼，教师扮演鲨鱼。当听到教师喊"鲨鱼来了"时，所有小鱼都要躲闪鲨鱼以避免被捉。小鱼身体的任意部位接触椅子都代表小鱼躲进了礁石，暂时安全。每个礁石躲避的小鱼不能超过五条。被抓到的小鱼可以选择变成鲨鱼或作为观察员在一旁观看游戏。

游戏意义：培养团队合作能力、反应力和活跃氛围的能力。

注意事项：熟练后可以直接请学生扮演鲨鱼，也可以减少礁石数量。这个游戏比较激烈，建议选择在空间大一些的地方进行。

6. 是的，而且（Yes, and）

游戏玩法：所有人围成一个圈，从任意一人开始说一句话。这句话可以是刚发生的事情，也可以是脑海中想象出来的情景。下一位学生必须以"是的，而且……"接话，以此类推。通过这种方式集体创编出一个有趣的故事。

游戏意义：培养团队合作能力、倾听能力、反应力。

注意事项：这是一个即兴戏剧的经典游戏，可以体现即兴戏剧精神最重要的一点：是的，而且……它要求学生放下对所有人的成见和看法，以一种积极的方式接纳并且延续他人想法。在游戏过程中，学生应保证接话内容的文明，并考虑后面接龙的同学。相信最后创编的故事一定会给大家带来欣喜。

二、戏剧习式

戏剧习式，也可以称为范式、程式，是戏剧中常用的技巧，在戏剧艺术中是指演员、编剧或导演为创造理想的戏剧效果或风格而采用的特定动作和技巧，当其被反复使用时，观众就会赋予其特定的意义，比如慢动作、旁白、分角色、空间分隔等。戏剧习式也会应用到教育戏剧中，是教学活动中使用戏剧的元素、手段和完成意义建构的方式，帮助加深对经验和戏剧本身的理解。戏剧不是教出来的，而是儿童在戏剧活动中通过体验和探索自行完善和发展的。而戏剧习式在其中扮演的角色就是一座桥梁，它将儿童的自发探究与戏剧艺术联系起来。

在《建构戏剧：戏剧教学策略70式》[①]这本书中，强纳森·尼兰德斯（Jonathan Neelands）详细地列出了70个戏剧习式，并将这些习式分成了四大类，分别为建立情境动作（Context-building action）、叙事性动作（Narrative action）、诗意动作（Poetic action）和反思性动作（Reflective action），它们分别辅助戏剧情境的建立、故事的推进、戏剧象征性的建立、戏剧情境中的内心思考和回顾。建立情境动作可以帮助我们在情境中对时间、地点、人物和其他背景信息提供更明确的认知；叙事性动作可以激发我们对故事情节的好奇心，让我们对接下来发生的事保持兴趣。戏剧提供了超越故事本身的象征和意义，通过诗意动作，我们可以认识并创造戏剧的象征意义。戏剧也是一面镜子，我们可以通过反思体验戏剧的意义，思考自身与他人的关系。

习式为戏剧课堂提供了很多行之有效的教学方法，教师也容易学习和掌握，可以很快应用于课堂。不仅在戏剧教育领域，在音乐教育等领域里也出现了一种模式，即习式（套路）培训模式。缺乏戏剧教育经验的教师迫切地希望能够进修戏剧教育，于是参加了为期几天的戏剧教育培训，在培训期间学习几个或者几十个戏剧习式，结业后，他们会将所学习式有模有样地用在自己的教学中。这看起来似

---

① （英）强纳森·尼兰德斯，东尼·古德.建构戏剧：戏剧教学策略70式［M］.舒志义，李慧心，译.台北：财团法人成长文教基金会，2005.

乎是非常有效且"短平快"的培训方式，戏剧教育被简化成几十个戏剧习式，变得似乎很简单、很好掌握，仿佛任何人都可以在经过短期培训后成为一名戏剧教师。对此，大卫·戴维斯做了提醒，他认为基于习式的戏剧教育提供的是一个快餐式的、简单的活动和结构，教师不再需要了解戏剧就可以去教戏剧。但在这其中，戏剧的元素被忽略了，戏剧的本质被遗漏了。他打了一个比方，他认为就像美术教师在不了解线条、色彩、材料等元素的情况下就进行美术教学一样，这样的培训会生产出一批不懂戏剧的戏剧教师，而这绝非对戏剧教育充满热情的教师所期望的。

但是，不能因噎废食。习式作为工具，本身并无好坏，工具的使用取决于使用者。我们不能滥用习式，要在对戏剧艺术的本质、元素等都进行了深入学习之后，再去灵活地使用习式。

在本节，我将列出一些课堂常用的戏剧习式供大家参考。在网络上或者其他的书籍中也可以查到很多关于戏剧习式的内容，本书不赘述。只提醒一点，戏剧课程的设计不能成为戏剧习式的简单堆砌。

（一）建立情境动作

1. 墙上的角色

习式内容：在墙上（或黑板、白板）简单勾勒故事中的重要角色的轮廓。在戏剧发生的过程中，教师引导学生对这个角色进行分析，可以让学生扮演该角色从而帮助他们获得更丰富的对角色的理解。我通常会在角色的轮廓内写这个角色对自己的认识，在轮廓外部写其他角色对这个角色的认识。可以根据课程需要进行调整，但重要的是记录所有学生的见解，使之成为一个集体活动和集体认知。

使用目的：加深学生对角色性格、行为等方面的理解，让角色的特征更立体、更丰富。

2. 静像

习式内容：静像，顾名思义就是静止的图像，或者可以理解为定格。学生可以通过将自己的身体定格，模仿一个物体、一个图画等。可以由一个人进行，呈现某一个雕塑或其他图像；也可以由一组人来进行，呈现某一个场景。

使用目的：静像可以帮助学生更好地关注细节，让动作慢下来。在戏剧课堂上，如果让学生直接表演某个场景，他可能会表现不佳，表演会丢失很多细节，让观众无法理解。通过静像就可以帮助学生找回这些细节。同时，要将丰富的内容浓缩在一个静像动作场景中，这就需要学生去思考什么动作才是关键的，并且去创造这个动作。静像还可以帮助学生分析和理解人物关系，解构关键的情节。

3. 建构空间

习式内容：这是一个很有趣的习式，有点像我们小时候过家家。利用手边现有的物品和材料，搭建某一戏剧场景，比如客厅、火车站等。这种搭建不必过于追求准确和真实，可以有一定的夸张和偏差，但要尽可能保持相对位置和比例的合理性。

使用目的：激发学生对空间的想象力以及对资源的利用能力。通过空间建立戏剧的情境，帮助学生更容易进入情境。同时，这个习式也可以让课堂变得很有趣。不过在使用这个习式的时候，需要注意物品和材料的准备和选择，须去除有一定危险性的物品。尤其在大班额的课堂上，如何引导学生"乱"中有序地合作搭建场景，对教师而言是个不小的考验。

图 3-1　成都文理学院小学教育系学生在教育戏剧专业课上建构空间
"飘浮在太空里的城市"

图 3-2　天府七中学生在小学戏剧必修课上建构空间"九色鹿的世界"

4. 集体绘画

习式内容：以班级或小组为单位创作一幅画。这幅画可以关于一个场景、一个人物或一个情节，可以在让学生讨论后再进行绘画。除了绘画之外，还要让学生说出其所绘的画希望表达的内容或感受。

使用目的：既能锻炼学生的分工合作，又能让集体想象在纸上体现出来。为想象的场景、人物或情节赋予具体的形象，从而建立起戏剧的情境。

（二）叙事性动作

1. 专家的外衣

习式内容：这或许是最有名的习式之一，由多萝西创造，意为学生披上专家的外衣，就可以扮演专家，就可以拥有解决专业问题的技能。专家的身份是由戏剧情境决定的，若是探讨环保问题的情境，那么可以是环保专家；若是探讨海洋生物的情境，那么就可以是生物专家。

使用目的：让学生去扮演专家，赋予其在真实生活中没有的技能和身份，使其在虚拟的情境中更深入地去处理遇到的问题，体验不同的职业。

图 3-3　在成都市益州社区世界环境日戏剧工作坊中"专家的外衣"环节

2. 教师入戏

习式内容：在戏剧课堂上，教师可以适当地扮演某个角色，亦即"入戏"，抛弃教师的身份，以角色的身份与学生进行对话。该习式尤其适用于学生在情境中出现了束手无策或踌躇不前的情况。

使用目的：可以推进戏剧情节的发展，帮助教师把控课堂的节奏，吸引学生的兴趣，增加与学生在情境中的交流，增强戏剧的张力和挑战。但该习式不宜过多，避免教师成为"戏精"跟学生"抢戏"，避免教师过足了表演的瘾，而学生沦为了观众。

3. 坐针毡

习式内容：这个习式的名称来自"如坐针毡"。这是因为在这个习式中，会由某一个学生扮演戏剧中的角色，他将以角色的身份回答扮演其他人物角色的学生从所演角色的角度出发提出的问题。这些提问均是即兴而为，可能会直接且尖锐，当面对大量的发问时，回答问题者会如坐针毡。

使用目的：在这样焦灼的问答中，很多个性且深刻的问题会被提出，而回答者也会越来越容易进入情境并说出角色真心话。这个过程有利于学生观察戏剧中人物的性格和行为，以及他们对某一事件的态度。

（三）诗意动作

1. 论坛剧场

习式内容：论坛剧场来自奥古斯都·波瓦（Augusto Boal），是针对某一个特定的问题，由一小群人在讨论设计之后演绎出来供其他人观看。在第二遍演出同样的内容时，如果有观众感觉自己对某一个角色的行为或者话语有不同意见，并且希望能够改变事件的走向或结局，就可以立即举手喊停，并替换该角色的演员。然后其他演员须配合该观众，与他一起继续演出，最终看结局是否会有变化。

使用目的：着眼真实的情境和问题，让学生去演绎、去质疑、去讨论、去辩论，把问题不断地暴露出来。学生须学会倾听不同的意见，并能表达不同的态度。

2. 默剧

习式内容：不通过语言，而通过身体动作去表达。很多戏剧都以语言为主，但实际上肢体动作才是最好的表达方式。当不使用语言后，如何仅通过动作就将剧情和对话表现清楚，这是默剧所聚焦的。

使用目的：太多的语言会让戏剧活动变得无聊，戏剧鼓励多以动作表达意思，少用语言描述行为。动作可以风格化和夸张化，以增强戏剧性和趣味性。

3. 蒙太奇

习式内容：蒙太奇是电影的一种手段，它颠覆了传统线性叙事的方式，采用剪贴的方式，将不同的片段进行重新排列组合，形成有趣的对比。

使用目的：通过把对比性强的内容放在一起，形成对比冲突，创造全新的形式与内容的关系。

（四）反思性动作

1. 思绪追踪

习式内容：在集体行走或集体静像时，教师通过某种形式，比如轻拍某个学生的肩膀，让该学生从自己的角色出发，将内心的一句或几句话说出来，把角色在某个时刻的思想公开。

使用目的：让学生通过将角色心里话说出来，深入理解角色行为背后的意义，并对其进行反思。

2. 良心巷

习式内容：将所有学生分成两列，面对面站着，中间空出一个仅容一人通过的巷道。安排一个学生扮演某个角色，以角色的情绪走过巷道。在走过巷道的过程中，两列的学生在该角色经过自己的时候，说出自己认为的该角色的真心话。这些真心话可能互相矛盾，但可以体现角色不同的选择和矛盾心理。

使用目的：让学生更具象地了解和体会角色的两难选择，并且能够在角色走过巷道的短暂时间里即时地说出角色的心里话，这个场景会非常具有戏剧性，同时也能帮学生对角色进行反思。

第四章　戏剧课程设计

在了解了很多关于戏剧教育的知识和方法之后，还是要通过戏剧课程设计让戏剧教育在学校里落地。不同于语文、数学等有完善的教材和教参的传统学科，戏剧课程的设计和建设需要从无到有的尝试和摸索。如果按其他学科的课程设计来进行，肯定会出现问题，毕竟戏剧与其他学科存在很大的差异。通过实践，我发现要做好戏剧课程设计，不仅要熟悉戏剧，尤其是系统地学习教育戏剧的理念和方法，还要熟悉教育学和心理学，只有这样才能设计出高质量的戏剧课程。如果对戏剧不了解，对教育戏剧一知半解，也没有学习过教育学和心理学，对于儿童和课堂陌生无知，是无法设计出真正有效的戏剧课程的。

一、课程设计的类型

戏剧课程的设计包括两种类型：一种是将戏剧运用于跨学科教学，这也是目前国内绝大多数学校比较现实的需求，对戏剧教育感兴趣的各学科教师，迫切地希望了解如何将戏剧融入学科教学；另一种是将戏剧作为单独学科开设，也就是开设戏剧必修课。

对于前者，在当前缺乏专业和专职戏剧教师的情况下，可以由语文、音乐等其他学科的教师来推动戏剧课程的开展，这样也可以满足其他学科课程改革的需求，促进其他学科的教学创新。比如戏剧与语文学科的融合要求教师要善于从课文中找到戏剧情境，运用教育戏剧的方法引导学生进入情境体验和探索，从而使学生对课文有更深刻的理解。

这里略提一下课本剧，因为这是语文课堂上最常见的与戏剧融合的领域。经过观察发现，在这类课上学生往往被要求根据课本的故事情节，通过模仿演绎故事角色。但是，这不正是李婴宁老师所说的"让孩子将大人们写就的故事背诵、模仿、表演出来"吗？结果就是学生会演得很尴尬，甚至很"假"，因为他们无法真正进入角色，无法感受共鸣，也就无法打动观众，这样的表演也与真正的戏剧相距甚远。越来越多的教师发现了这个问题，并且努力去寻求解决方法。

桐浦镇中心小学就是一个典型案例。该校多年来坚持共读一本书课程，在期末组织戏剧周，利用一周的时间让学生将书中的故事演出来。但是经过多年的尝试，课程效果很不好，所以学校在困境中寻求突破。应致朴公益基金会的邀请，我介入了这个项目，以教育戏剧来改变学校对课本剧的理解，以及教学和创作的方法，聚焦如何将一篇课文或文章发展成为戏剧。仅仅按专业剧团的做法是肯定不行的，即教师负责编剧或直接购买剧本，然后让学生分角色背台词。必须承认的现实就是，教师不具备专业编剧和导演的能力，学生也不具备专业演员的能力。更重要的是，学校不是专业剧团或剧场，是以教育而非演出为目标，直接给剧本背台词的模仿性表演，对学生的教育价值其实很有限。在桐浦镇中心小学的案例里，我为该校教师带去了我自己长期实践总结的戏剧编创的理念和方法，主要包括无剧本、教师和学生共创、重过程、重生活联系等。经过大半年的培训支持，教师的理念被更新，他们也在观课评课和教学实践中掌握了方法，课本剧的呈现焕然一新，教师和学生都脱胎换骨。这个案例可以在第七章"戏剧＋乡村"这一节中看到更多细节。无论是与哪一个学科结合，都必须明确戏剧的质量是首要的考虑因素，这一点至关重要。

而后者其实是戏剧课程最应当在学校里出现的样态。尽管在跨学科教学中戏剧可以发挥一定的作用，但相比于拥有独立系统的戏剧课程而言，其作用仍然微乎其微。所以在本章中，我们主要探讨如何将戏剧作为一门独立学科课程来开设，跨学科教学的相关内容将在第七章"戏剧＋"中提及。戏剧要作为独立课程进行设计，除了相关的理念和方法，还涉及素材的选择、结构的搭建等。正如烧菜，除了烹饪的理念和方法，还涉及食材的选择和搭配、火候的控制等。那么首先是"食材"的选择。

二、课程素材的选择

戏剧课程需要结合学情和教学目标（参见第二章），选择适合的素材。素材可以源于学生的日常生活，可以源于教师希望通过戏剧来探讨的社会议题、历史议题、文学议题等特定问题，可以源于学生的需求和关注的问题，可以源于其他学科课程的内容。

那么，如何选择合适的素材？选择素材时须考虑以下内容：

（1）学情，即学生所处的年龄段和学段。素材的选择要考虑学生的身心发展规律，如小学中段的学生处于自我意识增强的阶段，容易出现逆反等情况，因此此阶段的戏剧课程可以选择与自我认知相关的素材。

（2）戏剧性。不是所有素材都适合被设计成戏剧课程，比如科普类文章、故事性不强的绘本等。在选择素材前，须对素材进行戏剧元素分析，具有戏剧性的素材会让戏剧课程有趣、有价值。可以让学生在体验中思考这个素材里是否有戏剧冲突，即是否存在两难困境，避免说教和标准答案。

（3）空间。须思考已有的教室空间和教具是否能完成对该素材的展示。

（4）生活联系。须思考素材与学生的生活是否有联系，距离学生生活越远的素材，会越难让学生真正进入情境，也就越难让学生和素材产生共鸣。

（5）系统性。在学校教育中，戏剧课程需要成体系，不能零零散散。因此选择素材时须考虑学生的成长发展，素材之间不能毫无关联。这对当前的戏剧教育来说还有比较长的探索过程。

只要选择的素材能满足以上条件，一个故事、一个新闻、一篇文章还是一张图片都可以成为合格的戏剧课程素材。在选好素材之后，教师要先对素材进行分析和理解，思考通过这个素材设计的戏剧课要达到怎样的教学目标，这个课程的核心问题是什么，等等。优秀的戏剧课程素材应满足以下要求：

（1）帮助学生巩固已有的知识。

（2）帮助学生了解如何获取知识以及运用知识。

（3）鼓励学生思考，激励研究技能，展示探究对于获取知识的重要性。

（4）加深学生对生活主题的理解。

（5）帮助学生将知识与生活经验联系起来。

（6）通过肢体与情感的参与，促进学生全方面发展。

只有在完成这些工作后，我们才能最终确定这个素材是否适合戏剧课程的设计。

通过对这些戏剧内容的学习，我们可以引导特定发展阶段的学生探讨那些对他们来说非常重要的问题、话题和知识，扩大他们的知识面，继而帮助他们应对在家庭、学校等环境中遇到的问题，还可以发展他们的人际关系以及适应世界所需的技能。在不同的学段，教学内容将根据学生的个人需求和社会需求变化，通过逐层递进的主题和活动体现。到了小学高段，我们可以鼓励学生将自己从戏剧中获得的经验与真实世界联系，探索相关知识领域，尝试去解决个人和社会问题。

特别提示：戏剧所涉及的是故事的创作，而不是对现有故事的表演，因此教师选取的素材应当经过重新创作，以满足学生的需求和教师的教育目标。

三、课程结构的搭建

戏剧课程的结构发展到现在，已有些固定的结构模式，但我们在实践中发现，戏剧课程并不需要拘泥于固定的结构，其结构可以根据具体课程的情况进行设计和变化。以下简要介绍常见的戏剧课程结构，教师可以在此基础上自由探索。

（1）热身。戏剧课往往从热身开始，顾名思义，就是让身体热起来，因为当学生的身体处于这样的状态时，他们的注意力会高度集中，思考也会更积极。同时，我在戏剧教育中非常重视肢体，因此如果戏剧课缺失了热身环节，让学生像在其他课堂里一样端坐，导致肢体逐渐僵硬，那么戏剧课的效果将难以实现。热身的形式和内容没有特别的限制，大多情况下可以用戏剧游戏，如肢体游戏、声音游戏、想象游戏、团队游戏等完成热身。这样既可以培养学生戏剧的基本能力，又可以为接下来的戏剧课做好准备。特别需要强调的是，不能为了热身而热身，不能为了游戏而游戏，即热身环节不能与主体内容脱节。

（2）情境创设。研读各学科的课标，走进各学科的课堂，都会发现一个高频词——情境。不同于应试教育时期生硬地直入主题，将知识灌输给学生，如今的教育强调要让学生在情境中理解、掌握和运用知识。实际上，戏剧本身就有情境，难道有没有情境的戏剧吗？但是情境的创设却需要教师花心思下功夫，并不是说一句"我们现在来到了……"或者"让我们想象……"就能创设情境了。如何将学生带入情境，是戏剧课程成功的关键因素之一。创设情境的方法有很多，比如集体雕塑、画面建构等。正如戏剧演出成功的关键在于将观众带入情境（可以想象如果观众在看戏的过程中一直是出戏的，那观众的体验该是多么糟糕），戏剧课程成功的关键也在于将学生带入情境。

（3）体验探索。学生进入情境并不意味着戏剧课程的教学目标已经达到，还需要引导学生在情境中对遇到的问题和困境进行体验和探索，通过思考和寻找解决问题的办法，可以让学生将自己的生活经验代入情境中。这个环节的教学往往会用到戏剧习式。体验和探索的过程非常重要，它们是戏剧课程的精华所在，学生是否能够在过程中去想象和创造，取决于体验探索的效果。

（4）总结反馈。这个环节很容易被忽略，或者变成教师的总结报告。实际上，总结反馈的主体应该是学生，由学生在走出情境之后对自己在整堂课上的观察和感受发表看法。特别注意，总结反馈环节千万不能变成教师的一言堂，不能变成说教或提炼中心思想的环节，要让学生有机会去表达自我。

以上概述了戏剧课程的基本结构。基于这四个环节，教师可以根据实际情况进行调整。戏剧课程也需要创作思维，设计一堂戏剧课也是创作的过程。在戏剧课程的搭建中，要注意以下几点：

（1）戏剧活动是否适合这个年级或者这个班级的学生，须考虑学生的身心特点和戏剧经验。

（2）戏剧课程中的引导和策略是否清晰，能否让学生清楚了解。

（3）戏剧课程的设计是否能够层层递进，最终实现教学目标。

（4）戏剧课程的节奏是否合适，是否有足够多样的戏剧活动来维持学生的兴趣和专注力。

四、课程设计中的常见问题：戏剧语文化

在戏剧与语文的融合中，我们的目标是将语文课程进行戏剧化设计，让课堂教学变得更生动有趣。在教学实践中，我意外发现我们有些戏剧课程设计竟然出现了"语文化"的现象，具体表现在教师在课堂上说得特别多，过于重视语言表达。比如按照某一节二年级的戏剧课的课程设计，学生须设计自己梦想的早餐店并在纸上画下设计图，然后以小组为单位拿着设计图向其他小组介绍自己的早餐

店。这种做法有点类似于语文里的看图说话，对于提高学生的语言表达能力有一定的帮助。但是在对课堂的实地观察中我们发现，当一个小组的学生在介绍时，其他小组的学生往往坐不住，也不愿意倾听。毕竟这是二年级的学生，这种类似成年人对着 PPT 进行演讲的形式是很难让二年级的学生感兴趣的，听的时间长了他们就会感到疲惫。在语文课堂上，教师努力通过戏剧化教学让语文的学习环节变得更有趣，而与此同时，戏剧课堂上竟然出现了"戏剧语文化"，这不得不让我们警醒。

那么如何改变这个情况？其实很简单，就是通过动作和想象去表现文本。文本或者语言表达重不重要？当然重要。当学生在语言表达中融入动作表现时，就构成了戏剧，即"语文戏剧化"，这样的课堂是生动的，可以让学生产生兴趣，从而可以专注地参与到课堂里。所以在课程设计时，须注意避免"戏剧语文化"。

五、课程设计案例

本节将给出五个适合不同学段的戏剧课程案例，需要指出的是，这些案例只是提供了某种可行的戏剧课程设计，并非一定要努力模仿的示范课。在我们的戏剧教育教学实践中，所有教案都是会持续不断地修改的，它们不仅需要针对不同班级、不同学期进行迭代更新，而且随着教师个人的自我成长，教师也会发现教案中有很多需要改进的地方。在我的团队里，戏剧教师的教案设计好后都会拿来让我先修改，然后他们根据我的修改意见进行二次备课，再去上课。上了一两次课后，他们会继续修改原教案，将教学实践中发现的问题和心得增添进去。对于课程设计，我们需要认识到教案只是戏剧教学的出发点，即使有一份好的教案，也不能保证戏剧课的成功。教案是戏剧课程的基础，让教师可以做到胸有成竹地教学，但是在戏剧课上，学生会以自己的思考和行动来主导课堂的走向，教师要为学生的积极主动保驾护航。要做到这一点，要求教师能在课堂上随机应变，具备较强的即兴能力。戏剧课堂的成功，取决于教师的个性和专业知识，以及学生的知识储备、性格特征和戏剧经验。另外，教师也可以基于这些案例，根据实际需要改成着眼于其他目标的教案，并根据自己学生的情况设计同样有效但又截然不同的戏剧活动。

案例一：《迟到大王》

1. 适合学段：幼儿园至小学一年级。

2. 教学目标：当被误会的时候，自己可以做些什么，不做些什么？

图 4-1　幼儿园教育戏剧体验课《迟到大王》

3. 教学过程

（1）热身游戏

① 从小到大：请学生站成一个圆圈，并将自己的身体蜷缩至最小，然后伸展至最大。在这个过程中，学生可以活动身体并逐渐进入戏剧课的状态。

② 动物爬行：以慢动作模仿鳄鱼、狮子等动物的爬行姿态，也可以模仿水的流动。

（2）故事剧场

① 即兴表演

以下是小男孩在上学的路上遇到的奇怪事情，以慢动作对以下情节进行即兴表演：

> 遭遇到一条鳄鱼从下水道里爬出来，咬住他的书包。（丢手套）
> 遭遇到一头狮子从树丛里钻出来，咬破了他的裤子。（爬上树）

遭遇到一股巨浪，把他冲走。（抓紧桥上的栏杆）

一部分学生表演鳄鱼、狮子和水，一部分学生表演小男孩，进行一对一表演。在即兴表演完成后，向学生提问：你相信这个小男孩的经历吗？为什么？

② 故事讲述

约翰派克罗门麦肯席每天都迟到，因为他在上学的路上总是遇到奇怪的事情：遇到鳄鱼咬他的书包，狮子咬破他的裤子，小河里的巨浪将他冲走……老师认为他在说谎，罚他写几百遍的"我不可以说有……的谎，也不可以……"。直到有一天，老师自己也遭遇到不可思议的事。

提问：为什么老师不相信小男孩的话呢？如果老师不相信你的话，你该怎么办呢？请学生上台即兴表演出来，一名学生扮演小男孩，另一名学生扮演老师。

提问：为什么最后老师跟小男孩说他被一只毛茸茸的大猩猩抓到屋顶上去了，但小男孩不相信？

③ 故事解构

角色：约翰派克罗门麦肯席、老师。

态度：小男孩——努力不迟到，老师——不信任小男孩。

情节：约翰派克罗门麦肯席在上学路上遇到一条鳄鱼从下水道里爬出来，咬住他的书包；遇到一头狮子从树丛里钻出来，咬破了他的裤子；遇到一股巨浪，把他冲走。老师不信任他，惩罚他。但当老师跟小男孩分享经历的时候，小男孩也不相信老师。

动作：鳄鱼咬书包——小男孩一直拉，将手套抛向空中；狮子咬破裤子——小男孩爬到树上；巨浪冲——小男孩抓住栏杆；老师责骂——小男孩被罚抄写。

④ 探讨核心问题

和学生探讨这个故事想表达的内容，记录下学生的回答。可以通过以下问题引导学生思考：你有没有过被老师误会或者不相信的经历？当时你什么感受？又是怎么做的呢？

⑤ 即兴创编

根据你的经历，当你被别人误会的时候，你会怎么做呢？请两人一组，用肢体即兴表演出来。

你觉得学校是个什么样的地方？在这个地方你可以做什么？请用肢体即兴表演出来。

⑥ 总结反馈

经过这堂课，以后当你被误会的时候，你觉得自己可以做些什么，不做些什么？

4. 课后谈

在看完我的这堂课之后，我们团队的戏剧教师，同时也是我的徒弟罗玉雪，就观课中发现的问题跟我进行了以下的探讨：

L：在《迟到大王》的文本中，作者针对主人公约翰的三次上学困境给出了三个不同的解决办法，分别是：遇见鳄鱼，用"丢手套"的方式转移鳄鱼的注意力；遇见狮子，用"爬上树"的方式躲避狮子追赶；遇见巨浪袭来，用"抓紧桥上的栏杆"抵御巨浪的裹挟。但在真正的课堂之中，我们是否需要不断引导学生参照作者给出的标准答案，让他们提出"完美"的解决方法？或者说，在真实的课堂中，这个所谓的真正的标准答案到底是什么，它又是由什么来决定的？

M：教育戏剧的课堂是充满即兴的，我们永远需要面对课堂上不可控的未知。正如课堂上某学生认为约翰被狮子袭击时，他可以这样做——放一个屁，把狮子吓跑！又如同另一个学生认为约翰被巨浪袭击时，他可以这样做——从书包里拿出冲浪板，冲过这片巨浪！这些想法虽不同于作者给出的回答，但都充满了天真和想象的趣味，同时与绘本本身关于保护儿童想象力的主题也有了深度的联结。作为教师，我们可以选择保护学生的创意，开展一些新的即兴肢体创作。可见，在戏剧课堂上没有"标准答案"一说，"答案"是跟随授课对象的思考随时变化随时发展的。因此教育戏剧的教师在课堂上同时还承担了导演的角色，要不断带领学生在过程中思考，在思考中创造。

L：明白了，所以故事本身的结局其实并不重要。

M：是的。

L：不过您也提到了我的另一个困惑之处。人性是极为复杂的，现实生活中也含有灰色地带，并没有黑白分明的界线。我常常问自己，什么是对的，什么又是错的，我想也正是因为我认知中的这些混沌、不确定和暧昧之处，所以很难说服自己为了教学就轻易选择任意一种结论，尤其是轻易选择某种贴合社会意义中正确价值观的结论来引导学生进行思考和创造。

M：因此作为教师，你自己的智识和心智都必须更快速地成长起来。如同经典的莎翁戏剧、古希腊戏剧在历史上被数不清的名家编排，并最终呈现出多样化的情景一般，我们允许并包容不同的导演对相同的文本做出的不同注解。但是作为教师，我们还必须根据授课对象的具体情况对我们课程所指向的教学目标进行有选择性的调整。简单而言，针对儿童，《迟到大王》的课程落点为构建教师与学生的双向信任，课程的最终目的在于帮助学生解决他们已经或将会面对的误解，包括权威者对他们的误解。如果情形对调（指如同绘本结局所示，老师被大猩猩挟持，需要约翰的帮助），学生又将会以什么样的态度处理和解决类似的情况？如果这个课堂的授课对象是成年人，那么课程的落点将会调整为成年人对儿童想象力的禁锢与损害。不论是以上哪一种情况，戏剧课堂上的讨论和思考都将在学生未来遇到相似的生活体验时在他们的脑中闪现或回响。请记住，在戏剧课堂上我们尝试解决的永远都是现实的问题。

L：在课堂的最后，您用板书梳理了一个约翰面对两难困境时（即绘本结局，老师被大猩猩挟持）进行不同选择的逻辑模型——一个选择指向了救老师，另一个选择指向了不救老师。我好奇的地方在于，在大部分课堂实践中，学生最终都选择了不救老师这个选项（或许是将它看作一种有效的报复手段），但是这个结果是不是同时还表明老师搁置了矛盾，甚至可以说激化了矛盾的结果呢？

M：学生选择不救老师，很正常，毕竟这是基于人性的选择。你可以看到，绝大部分情况下，一个班里依然会有小部分学生是选择救老师的，他们给出的理由有可能是来自他们对现实的体谅——因为老师对约翰的误解来自他并没有亲眼所见约翰的困境，但是约翰亲眼所见老师的困境，因此他应该救老师。其实我在课堂的最后很想对他们说要"以德报怨"，但我克制住了。而在之后的学生讨论中，很多学生听了来自其他同学的不同意见后，开始有了新的思考，他们的想法也随之发生了一些转变。同龄人的发言往往具有比说教更有力的影响。而且我相信大部分选择"不救"的学生在亲眼见过老师的困境后依然会做出和他们此时判断相反的选择。当我们通过逻辑梳理出这两个不同的选择时，这两个选择其实都是有理有据有道理的，反而我认为让学生无条件信任老师和帮助老师才是不合理的。

L：您的教案在最后设置了问题——"你认为学校是个什么样的地方？在这个地方你可以做什么？"设置问题是出于什么样的用意呢？

M：其实我将它放在最后，既是考虑到它在课堂中出现的可能性比较小，也是出于一种或许可以向蕴意更深处探索的考量，当然这处延伸对针对低幼儿童的课堂就不合适了。我其实是想让学生回忆他们在这个空间中发生的事情，并思考一些类似于"这个空间是否能给他们带来安全感"的问题。

L：课堂这样发展的话就有一些艺术疗愈的意味了。

M：所以这个课程虽然面向的是幼儿园中班，但难度真不小，要完整地上完这个课程可能得花三节课的时间。因此绘本课也不能局限于讲述它表面的故事，在它的留白之中还有很多值得挖掘和思考的地方。

案例二：《狮子和老鼠》

1. 适合学段：小学一年级至小学二年级。

2. 素材分析：《狮子和老鼠》出自伊索寓言，讲述了狮子放过老鼠之后，老鼠在狮子陷入罗网时记得其恩情，于是将其解救，互相有救命之恩的狮子和老鼠成为一对超越物种竞争的朋友的故事。在原本的寓言中，这个故事告诉我们强弱是相对的，强大的人也需要帮助，弱小的人也可以帮助他人，强者和弱者也可以成为朋友。

3. 学情分析

（1）这个学段的学生对于强弱的观念还处于非强即弱的阶段，缺乏辩证思维能力，故事中强弱关系的变换可以培养学生的辩证思维。

（2）这个学段的学生处于想象力和行动力极为丰富的阶段，因此在基于故事的学习时，可以通过角色扮演的形式进行教学，但教学过程中须重视即兴，让学生去想象、去创编。

4. 生活联系：寓言故事原本就是通过故事来启发人类生活。学生在日常生活中会在很多地方有强弱对比的经验，最直观的例子就是小孩与大人之间的关系。通过对这个故事的学习，可以让学生明白小孩并不总是弱小的，也是可以帮助大人的，而大人也会需要小孩的帮助。

5. 教学目标

（1）能通过有创意的方式对比强大与弱小。

（2）能在故事讲述中有创意地编创对话和进行即兴表演。

（3）通过学习思考能够对强大与弱小有辩证的理解。

（4）能培养宽厚仁爱和互相帮助的观念。

6. 核心问题：强大者和弱小者能成为朋友吗？

7. 教学准备：写着"强大"和"弱小"的纸片、写着物品名称的纸片、PPT、绳子。

8. 教学过程

（1）导入活动：强大与弱小

准备好分别写着"强大"和"弱小"的纸片，以及写着各种物品名称的纸片，如鸡蛋、狮子、纸、拳击手、锤子、蚂蚁等。让学生在两堆纸片里各抽一张，组合在一起，给学生两分钟时间思考如何通过身体去表现抽到的物品的"强大"或"弱小"，然后向全班展示。

讨论：你觉得怎样才能创意地表现"强大"和"弱小"？

（2）静像对比：狮子和老鼠

拿着"强大"纸片的学生为一组，他们扮演狮子；拿着"弱小"纸片的学生为一组，他们扮演老鼠。所有学生站成两列，一列狮子，一列老鼠，通过静像呈现强大的狮子和弱小的老鼠。

讨论：狮子和老鼠谁更强大？他们各自有什么特征？

（3）集体角色：故事扮演

教师说故事旁白，学生进行即兴表演。两组学生分别扮演狮子和老鼠的角色。

注意：在刚开始时可容许同一组内有矛盾的观点和话语，但最终须判断角色语言和行动是否统一，能否表现出真实的反应，从而形成集体创作。

① 第一段：强者放过弱者

旁白：一个炎热的下午，狮子在睡觉，一只老鼠在躲避猫头鹰的时候跑到了它的身边，把它惊醒了。

狮子组和老鼠组随着旁白进行扮演，此时教师要注意学生的扮演是否"像"狮子和老鼠，要强调扮演须突出外形上的"强大"和"弱小"。

旁白：狮子很生气，大吼一声，正要用巨大的爪子把老鼠压死。

请狮子和老鼠以静像表现出"（狮子）要用巨大的爪子把老鼠压死"。

请狮子发出大吼的声音，再请老鼠发出害怕的声音，感受声音上的"强大"和"弱小"。（吼声——吱声）

旁白：老鼠此时会说什么呢？

请扮演老鼠的学生思考，并说出老鼠可能说的话。

老鼠喊道："如果您现在饶了我，也许有朝一日我能为您做点儿什么事。""如果保住性命，必将报恩！""求求你不要吃了我，我还有孩子要照顾。"（原文）

旁白：狮子会如何回应呢？

请扮演狮子的学生思考，并说出狮子可能说的话。

旁白：于是狮子哈哈大笑，把爪子抬了起来，老鼠跳出去跑到远处躲起来了。狮子笑着又睡着了。狮子轻蔑地笑了笑，并不相信老鼠的话，但还是把它放了。

同时请学生进行相应的扮演。

② 第二段：强弱关系的转换

旁白：不久，一群捕猎者来到了森林，他们布置了陷阱，那是一张结实的网。狮子悠闲自得地在林中觅食，其他动物见到它都躲得远远的。突然，它踩到了陷阱，掉进了罗网。

请扮演狮子的学生表演狮子悠闲地行走，即兴表演狮子落进罗网后的动作。

狮子又扭又滚，又抓又咬，但它越挣扎，那张网好像把它勒得越紧，不久就动弹不得了。狮子见逃脱无望，怒吼起来，巨大的吼声响彻森林的每个角落。（原文）

旁白：老鼠听到了狮子的叫声，快速跑了过来。

提问：狮子和老鼠之间会发生怎样的对话？

各请一名狮子和一名老鼠开展即兴对话，再请另一名狮子和另一名老鼠即兴对话。酌情停止。

请老鼠思考并分享：当你看到狮子陷入了罗网时，弱小的你会说什么？你的心情会是怎样的？

（原文）"先生，别着急，我很快就能让您出来。先生，请别动。"

请狮子思考并分享：当强大的你听到弱小的老鼠这么说时，你会怎么想？你相信吗？

旁白：老鼠开始拼命咬网，渐渐地网上的破洞越来越多。一会儿工夫，狮子的前爪自由了；随后，头部和鬃毛也解放了；接着，后腿也挣脱出来了；最后，尾巴也摆脱了罗网。

请老鼠表演"咬"破粗绳的行为，请猎人拉线并形成网格，请狮子展示他们身体的不同部位如何从网中挣脱出来。

讨论：当狮子被老鼠救出之后，他们之间会发生怎样的对话？请学生即兴发挥。

（原文）"你当时嘲笑我，不相信能得到我的报答，现在清楚了，老鼠也能报恩。"

（4）总结反馈

讨论：你觉得狮子更强大还是老鼠更强大？为什么？强大和弱小是绝对的吗？强大者和弱小者可以成为朋友吗？在生活中，如果你遇见了比你强大的人或者弱小的人，你会如何与他们相处？

9. 教学反思

（1）教学过程中的引导。不能让学生仅停留在故事讲述的层面，须由教师引导学生进行深层思考。

（2）教学的形式。本课程中，学生几乎一直处于动的状态，这对教师的课堂把控能力提出了挑战。

（3）教学的时长。七十分钟的授课需要一气呵成，这需要学生一直处于情境中，具有挑战性。

（4）生活联系。寓言故事与戏剧类似，讲述的其实是生活，因此用故事联系生活就很重要。在课堂上，一名女生认为另一名男生更强大，并进行了阐释，为课堂内容与实际生活建立了紧密的联系。

10. 课程设计解读

《狮子和老鼠》来自伊索寓言，对它的解读有很多种。我们这堂教育戏剧课的核心是探索"强大者和弱小者能成为朋友吗"这一问题，进而链接至学生的日常生活，重点关注学生之间的"强""弱"关系。

这堂课的设计难度较大，主要体现在以下方面：一是在教学过程中的引导。这样的题材特别容易只是讲述一个故事、演出一个故事，学生的理解只停留在故事层面。因而教师的引导就很重要，需要带学生进入深层思考。但课堂效果又很难把控，因为这既受限于学生的认知水平，又受课堂中突发状况的影响。比如在本次课的教学中，当学生展示狮子与老鼠第一次面对面冲突时，他们容易停留在我要打你、我要反抗的浅层表达上，难以体会老鼠此时的心情以及狮子与老鼠此时的关系。这时，教师就要跳出既定的教学设计，对当下的形势进行引导。二是教学形式。这堂课学生几乎从头到尾都在动，并且调动幅度较大，对教师的课堂把控能力提出挑战。学生的站立队形经历多次变化，从圆圈到两列，再回到圆圈，接着形成网状并散开成点，最后又回到圆圈。这个过程中很容易出现混乱。三是教学的时长。我们的戏剧课为长课时课，即七十分钟一节课。课程内容是一气呵成的，但这对一年级的学生而言具有挑战性，连续上课七十分钟可能会导致他们感到疲劳和焦躁，这是教师在授课过程中要特别关注的。

课程开始，依然是每堂戏剧课的常规动作，全班迅速站成一个圆圈。圆圈是戏剧课最常见的上课形式，它可以让所有人都集中注意力，并且每个人都可以看到其他所有人。因为这节课会有狮子和老鼠的角色扮演，所以我在热身环节安排了动物爬行。这是我们做过多次的练习，它对细节要求比较高，重点训练学生的肢体协调、核心力量、体能耐力等。

热身之后，学生再次迅速站成一个圆圈。我给每个学生发了一张纸片，纸片上是"强大"或"弱小"，然后再让一些学生从另一堆纸片中去抽，有的学生抽到"风"，她就到圆中央来，用身体表现"强大的风"；有的学生抽到"纸"，他就到圆中央来，表现"强大的纸"（学生自己的解读是，很多人来撕他这张纸，但是撕不动，所以强大）。思伊抽到的是"弱小的"和"婴儿"，于是我请她到圆中央来呈现，她很犹豫，说怕大家笑她。于是我和大家一起约定，无论她怎么做，我们都不笑，一起用行动来支持她。在我们的鼓励和支持中，她勇敢地、生动地演绎了弱小的婴儿。

在体验了各种强大的或弱小的事物之后，我问学生："狮子和老鼠哪个强大哪个弱小？"他们异口同声地说："狮子强大，老鼠弱小。"我让拿到"强大"和"弱小"纸片的学生面对面站成两列，用静像呈现"强大的狮子"和"弱小的老鼠"。

我开始了故事旁白，让学生进入集体角色，并根据我的旁白开始表演。炎热的下午，狮子在睡觉。老鼠在躲避猫头鹰的时候，惊醒了狮子。这时，老鼠会对狮子说什么呢？为了让学生能够保持角色的状态，我们约定了狮子和老鼠各自"举手回答"的动作。这个过程中，狮子和老鼠之间的火药味越来越浓，教师的引导难度也越来越大，教师须坚持并开始有技巧地控场。这个过程所用的时间超出了我预期的时长，但我没有着急，为了让故事与情绪能够流畅发展，这段我给了足够多的时间让学生进行表达和探索。

狮子放过了老鼠，回到一边安睡。这时我引入了戏剧中一人饰多角的方式，让一部分老鼠转变成了猎人。猎人来到森林，布置陷阱抓狮子。这个陷阱是一张网，课前我一直在思考如何在课堂上将这张网表现出来。它既要能模拟出网的形状，又要能够让多数学生参与，还要让学生觉得有趣味。最终我决定用一根线来实现。如下图所示，猎人分散站立，我拿着线团和他们配合"织"成这张网。在最开始，我让他们把网举高，如同故事里猎人把网挂在树上，这样狮子就不会发现了。

狮子出来悠闲地觅食并渐渐进入陷阱。当所有狮子进入陷阱后，猎人一起把网撒下，悬停在狮子的头顶上方。狮子落入了陷阱。这时，三只老鼠听到了狮子的呼救，来到这里。他们与狮子对话，其中一只老鼠提出，如果所有狮子都保证以后不再伤害他们，他们就会帮助狮子脱离罗网。狮子答应了。于是老鼠开始咬绳子。在课堂练习中，我对扮演狮子的学生的要求是，必须在不碰到绳子的情况下，让身体的各个部位从绳子中挣脱出来，直至完全离开陷阱区域。这个过程中，有些学生没

图 4-2　小学二年级教育戏剧必修课《狮子和老鼠》

有听清楚要求，有些学生发现很难符合要求，还有扮演猎人的学生故意把绳子放得很低，影响最终的课程。不过也有一些学生可以按要求做到。需要承认的是，这个练习的难度较大，对于学生的相互协作配合能力要求高。

最后，我们对本节课进行了回顾，重新回到了核心问题："强大者和弱小者可以成为朋友吗？"我让学生再次呈现了"强大的狮子和弱小的老鼠"，然后呈现了"弱小的狮子和强大的老鼠"，并讨论了故事里狮子和老鼠的强弱关系的转变。

延伸到学生的生活中，有的学生说父母很强大，因为父母会管他们；有的学生说哥哥或姐姐很强大，因为他们会抢自己的东西。有一个女生举手说，她觉得班上另一个男生比她强大，因为他力气大还会打她。这引起了我的注意，于是我带学生来探讨这个男生"强大的"行为，大家开始思考如果这个男生是把自己的力气用于保护女生，是不是才是真正的强大。女生说，她会在男生遇到不会做的作业题目时帮助他。我立即引导大家思考："这个时候的女生还'弱小'吗？"学生立即发现，原来女生在这个时候，就像故事里的老鼠能救狮子一样，也能够帮男生，她也是强大的！这个时候女生和男生的强弱关系转换了。通过这个讨论，我让学生继续思考，如果他们在生活中遇到了比自己"强大"或"弱小"的人，可以如何相处。

这堂教育戏剧课从一个简单的寓言故事出发，带学生体验了狮子和老鼠的经历，帮助他们掌握了在遇到冲突时的应对方法，并将这些感悟和知识迁移运用至自己的生活中，为自己在生活中遇到类似的问题时提供思考的方法。

案例三：《九色鹿》

1. 适合学段：小学二年级至小学三年级。

2. 素材分析：《九色鹿》的故事源自中国敦煌莫高窟壁画中家喻户晓的《鹿王本生》，描绘了一只居住在河边的神秘九色鹿王，救了一个将要淹死的采药人。采药人为了报答救命之恩，承诺绝不会将九色鹿的行踪透露出去。但后来他还是禁不住国王重金悬赏的诱惑，出卖了九色鹿，并最终遭到了报应。这则故事通过九色鹿舍己救人的行为，讲述了守信的重要性。

3. 学情分析

（1）二年级和三年级的学生已经初步认识到诚实的重要性，并能分辨自己是否说谎。因此可以通过故事棒、良心巷等活动让学生去感知和理解守信的重要性。

（2）二年级和三年级的学生以形象思维为主，并且他们的空间知觉逐步发展。他们对外界事物空间特性的知觉需要有具体事物的支持，同时他们也拥有丰富的想象力和行动力。因此在以故事为基础的学习中，我们可以通过角色扮演、教师入戏、墙壁的话等形式让学生站在角色的角度思考、分析和评价。同时，我们也重视即兴，让学生去想象、去创编。

4. 生活联系：随着交往范围的逐渐增大，二年级和三年级的学生渴望与同伴游戏并建立较为稳定的友谊关系，这往往会伴随许多同伴间的信任冲突。当然他们也可能有一些与成人，如家长之间的信任冲突。通过这则故事，学生可以明白人与人之间信任的重要性，思考如何获得别人的信任，以及失信于人的处理方法。

5. 教学目标

（1）能在故事讲述中有创意地编创对话和即兴表演。

（2）通过思考和分析，学会评价主要角色，培养批判性思维。

（3）培养建立守信的价值观。

6. 核心问题：人和人之间的信任重要吗？

7. 教学准备：一根树枝、"魔法棒"。

图 4-3　三年级教育戏剧必修课《九色鹿》

8. 教学过程

（1）热身活动：抱抱游戏

学生在空间里自由行走，保持安静，不断转换方向，尽量填满空间。当教师喊出一个数字时，学生须就近按照这个数字抱团。最后，当教师喊出数字 2 时，学生以两人为一组进行抱团。

设计意图：以抱抱游戏作为热身活动，让学生适应从普通教室到戏剧教室的空间转变，提高学生整体的注意力和专注力，同时也为后面的信任练习的分组做准备。

（2）信任练习：盲人游戏

两人一组，面对面站立。教师示范并讲述规则。

① 注意事项：须强调引带同学的手的位置，一只手放前胸，另外一只手放后背，轻轻给力，带领闭眼学生行动。闭眼学生必须在引带学生的带领下行走。教师示范走、停、转时的注意事项。行走过程中保持安全，不能碰撞到别人。可根据学生实际情况增加难度，从较慢的步行速度慢慢加速至正常的行走速度，最后加速至稍快的行走速度。

② 设计意图：通过盲人游戏进一步引入"信任"的概念。在这个游戏中，引

带学生和闭眼学生之间必须保持同步。在不依靠视觉的情况下在教室里行动本身就是一个挑战，而且因为必须保证引带学生的手掌和闭眼学生的身体保持接触，所以这意味着他们必须真正地感知另外一个人，交付自己的信任。

盲人游戏的规则讲解和示范很重要，可以通过设置不同的行走速度增加挑战难度。

游戏结束后全班围成圆圈，教师采访闭眼学生：你们害怕吗？为什么会害怕？你相信你的同伴吗？然后引入今天的主题——一个关于信任的故事。

（3）故事扮演：九色鹿救溺水采药人

① 戏剧活动：故事棒。

② 规则讲解：学生围坐成一个圆圈，圆中央就是舞台。教师在讲故事过程中挥动故事棒就代表需要一个学生站上舞台扮演某一角色。学生须用角色的声音和行走方式，即兴表演所听到的内容（具身参与）。任何一个学生都可以随时站在舞台上表演。当教师说"Whoosh"时，舞台上的所有人立刻停止表演，快速回到圆上。

③ 注意事项：由于该班级是第一次玩这个游戏，所以教师需要详细地介绍规则。本游戏中一个人可以扮演多个角色，一个角色也可以由多个人扮演。角色不变，演员可以变。扮演者须用角色的声音说台词、走路、做动作，尽量和平时的自己不一样。在讲解规则时，教师还可以通过问学生："如果两人同时进入怎么办？"引导学生说出"先到先得"和"谦让"。由于课程面向小学低段的学生，他们对于此类扮演活动都很感兴趣，因此如果实在无法做到同学之间相互谦让，可以由教师的魔法棒来选人，以保证流程的推进，同时也尽可能让不同学生参与。讲述故事时需要注意节奏，在细节处放慢节奏，给学生时间走进角色、体验角色。

④ 设计意图：让学生通过情境的建立感受和体验故事，尝试站在角色的角度，设身处地地看问题。同时通过角色对话的创编，培养学生的想象力和语言表达能力。角色之间的对话尽可能让学生自己根据情境即兴发挥。如果学生实在说不出来，教师可以适当引导。本案例中的对话仅供参考。

⑤ 游戏过程

· 第一段：九色鹿救采药者

很久很久以前，在茂密的森林深处，住着一头漂亮而神秘的九色鹿。（挥

棒，一只九色鹿进入）

它的毛色非常美丽，在阳光下可以发出九种色彩的光芒，双角洁白如雪。

寒冷的冬天到了，下起了鹅毛大雪，森林里的松鼠、小鸟和兔子都冻坏了。（松鼠、小鸟和兔子进入）

善良的九色鹿用身体给他们取暖（九色鹿进入），帮助他们度过了寒冷的冬天，并且带着他们来到了无忧无虑的世界，给他们寻找美味的食物。他们无忧无虑地嬉戏、游玩，欣赏大自然的美好景色。

一天，九色鹿正在河边悠闲地吃草。（九色鹿进入）突然，一阵急迫凄惨的呼救声从河里传来，原来是有一个人在水里快要淹死了（采药人进入，教师询问采药人会怎么说）。"救命啊，谁来救救我啊！快救救我吧！"河水湍急，时而将他淹没在水中，时而将他拥上浪巅，情况十分危急。九色鹿正要起身去营救，小鸟们赶紧飞过去（小鸟们进入，教师询问小鸟们会怎么说），劝说九色鹿："千万别去，人类很狡猾，小心把你的踪迹暴露了。"

故事在此处暂停，教师向学生提问：你如果是九色鹿，你会营救吗？为什么？小鸟为什么说人类狡猾？它曾经遇到过什么故事？

⑥ 设计意图：培养学生的思辨力和发散思维能力，激发学生对故事的好奇心和兴趣。

• 第二段：采药人感谢九色鹿救命之恩

（九色鹿进入）丝毫不顾恶浪可能吞噬自己的危险，纵身跳进河里向落水人（落水人进入）游去，将落水人救起。

九色鹿问落水人："你是谁？"

（4）故事扮演：采药人是谁

① 戏剧活动：教师入戏＋坐针毡。

② 教师通过拿一根树枝，入戏成为采药人。学生围成一个圆圈，对采药人的身份和故事进行提问，如采药人到底是谁？他多大？他住在哪里？为什么会掉入河中？

③ 设计意图：通过教师入戏扮演采药人和坐针毡游戏，让学生对采药人的身

份和其背后故事进行探寻与思索，从而进一步分析采药人的心理活动和行为动机，为后面的戏剧情节发展做铺垫。

（5）故事扮演：采药人的承诺

① 戏剧活动：故事棒（具身参与）。

② 游戏过程

惊魂未定的落水人一边磕头，一边回答（教师询问落水人会说什么）："我名叫调达，是一位采药人。谢谢您救了我。谢谢您啊，美丽的鹿。是您给了我第二次生命，我该如何报答您呢？"

（教师询问九色鹿会说什么）九色鹿："不要让任何人知道我的住处，为我保密，是你对我最好的报答了！"

（教师询问采药人会说什么）采药人回答："放心吧，我绝对不会把你的行踪泄露出去。"

③ 设计意图：引导学生根据剧情发展即兴创编对话。学生从思考如何对话，到将对话表达出来的过程，也是他们对情节和内容的消化吸收过程。

（6）故事扮演：国王猎杀九色鹿

① 戏剧活动：故事棒（具身参与）。

② 游戏过程

这天夜里，国王的王后（王后进入）做了一个梦，梦见一头美丽的九色鹿在森林中自由奔跑，头上还长着洁白如雪的角。梦醒后，王后看着自己身上的衣裳，想着夜晚梦到九色鹿绚烂无比的皮毛，她哭闹着对国王（国王进入）说（教师询问王后会说什么）："我想要九色鹿漂亮的皮毛做衣服，你快去帮我寻找。"国王看着哭哭啼啼的王后，心软了："啊！美丽的夫人，起来吧！我是一国的至尊，国中的一切都归我所有，我将把九色鹿献到你的脚下，用它装饰我娇美的王妃。"在雄伟的宫殿上，国王威严地坐上宝座，发布命令："若有人能猎来一只毛有九色、角如白雪的鹿，或报告鹿的行踪，我将赏他黄金万两。"

故事在此处暂停，教师向学生提问：采药人看到了这份告示后要不要告密？理由是什么？请几名学生回答。

③ 设计意图：通过故事棒，学生可以掌握戏剧发展的多种可能性，并探索学习的机会。

（7）故事扮演：采药人的内心挣扎

① 戏剧活动：良心巷。

② 游戏过程

全体学生面对面站成两排，形成一条"巷子"。其中一名学生扮演采药人，缓慢地从巷子通过。当他走过时，两侧的学生大声说出他内心的想法、感受或对他该如何做给出的建议。当他走远时，说话声渐渐停止。当采药人走到巷子另一头，活动结束。

教师采访采药人：你会做什么决定？为什么？引导学生探讨什么是承诺以及守信的重要性。最后教师总结"信"。

③ 设计意图：这是故事发展最具张力的一幕，因此选用良心巷游戏。请一位学生扮演采药人，其他学生说出其面临的两难抉择和犹豫不决时的内心想法、感受、做法，并在这里引出核心价值观"信"，教师可以进一步引申到日常生活中，让学生分享守信的故事。

（8）故事扮演：九色鹿被告发

① 戏剧活动：故事棒（具身参与）。

② 游戏过程

国王（国王进入）率领大批善射勇武的士兵随着调达出了宫城，向九色鹿所在的河边行进。杂乱而频急的马蹄声扰乱了河边上的宁静，小鸟（小鸟进入）在枝头惊醒了，看着逐渐走近的国王和军旅，高喊着："快醒醒吧！九色鹿，快醒醒吧！国王捉你来了。"但九色鹿（九色鹿进入）却仍然沉睡着。小鸟跳上九色鹿的头，又叫："醒来，醒来，国王已经……"士兵们一步一步地逼近。九色鹿突然惊醒，环顾四周，它已处于重重包围之中，士兵们张弓拔弩、引箭待发，扬剑挥斧、举刀欲下。

在这千钧一发的时刻，九色鹿猛然跳到国王面前说："请慢，我有话向您呈述。""停！"国王注视着沉着、安详的鹿并连忙制止士兵，内心暗自思忖：真是举世无双的美丽而又奇异的鹿，看它的神情那么泰然自若，说话那样从容不迫，莫不是天神转化的吧！然后说道："你有什么话，说吧！"

（9）故事扮演：国王追捕九色鹿

① 角色讨论：学生分为四组并沿着教室的四面墙坐下。每组分到一个角色（九色鹿、士兵、王后、采药人），思考这个角色想对国王说什么。每组用5分钟时间进行讨论。

② 墙壁的话：请一位学生扮演国王，其他学生围成方形（代表国王此刻复杂的心理活动和情绪）。

教师说旁白：国王看着优雅从容的九色鹿，又看了下慌张失色的采药人，脑海里浮现出不同的声音——王后的声音、九色鹿的声音、采药人的声音、士兵的声音（给出手势，请学生开始）。

③ 设计意图：通过角色讨论和墙壁的话进一步加深学生对于此刻国王面临两难抉择的理解。教师引导扮演国王的学生与不同的角色进行对话，从而凸显出国王内心的思想斗争。

④ 即兴戏剧：请学生扮演国王、九色鹿、士兵、王后和采药人，创编九色鹿故事的结局，进而加深学生对诚信的理解。

（10）总结反馈

全班围成一个圆圈，探讨思考以下问题：人和人之间的信任重要吗？如何让别人信任你？你有没有失信于人过？你现在后悔吗？下次如果还发生这种事情，怎样可以做得更好？

设计意图：最后的总结反馈极为重要，一方面给予学生时间反思他们在这节课的自我表现；另一方面在教师的引导下，联系生活实际，回到核心问题——人和人之间的信任重要吗？为什么？

9. 课程设计解读

本节课的教学重难点是通过故事戏剧模块，引导学生深入理解和分析不同角色在面临诚信与其他诱惑产生冲突时该如何抉择。这是一次关于"信任"的教育戏剧课，因此在一开始的戏剧活动热身中，我先选择了抱抱游戏，一方面可以通过好玩有趣的游戏提升学生的专注力和注意力，另一方面可以通过肢体动作初步建立学生之间的信任。与往常的规则不同的是，在这次游戏中没有成功组队的学生并不会被淘汰，因为这次游戏的目的是培养团队合作精神以及信任感。

接着我选择了一个经典的信任活动——盲人游戏。这是这堂课的学生第一次做这种戏剧游戏，因此难度比较大，要求教师在前期对规则的说明和游戏过程中的引导做到准确高效。当学生互相都配合得比较好时，我顺势加大了游戏难度，请学生用更快的步行速度，进而增加了游戏的刺激度，增强了体验感。游戏结束后，所有人围成圆圈，我通过提问，顺势将话题引导到"信任"这个核心问题上。

《九色鹿》作为经典传统故事，情节跌宕起伏，因此非常适合使用故事棒游戏让学生在情境中体验和感悟角色。学生参与故事棒的积极性也很高，但同时这也给教师提高了难度。如何以最快速度选出学生扮演的角色？如何保证中间的学生在表演时，周围的学生也能认真倾听？曾经有一位知名儿童艺术策展人说过，当你不知道该怎么办的时候，就向儿童请教。于是我向学生请教，果然他们给出了让我满意的答案。他们主动提出，当我挥动魔法棒后，如果上来的人太多时，同学之间要互相谦让。后来还有学生提出，为了更高效，教师可以挥动魔法棒点学生。

在整个故事棒的活动中，有几个关键的冲突点：第一个是当九色鹿听到有人溺水在喊救命时，它正准备去救人，小鸟出来劝阻；第二个是采药人被救上来后，答应了九色鹿不告诉任何人九色鹿的行踪，但看到国王张贴的追捕九色鹿的昭示后，想法有所动摇；第三个是国王带着士兵，跟随采药人顺利围捕九色鹿后，九色鹿告知了国王采药人违背诺言，国王作为一国之君该怎么处理。

因此在课堂教学设计上，我使用了不同的教育戏剧方式来带领学生进入情境思考。在整个故事棒活动中，与一般的讲故事不太一样的是，几乎所有角色的对话都是由学生根据剧情发展自己创编的，这也对教师的临场应变能力提出了较高的要求。在小鸟劝阻九色鹿后，我向学生提问：如果你是九色鹿，你会营救吗？为什么？小鸟为什么说人类狡猾？它曾经遇到过什么故事？有一个学生提出，可能小鸟曾经被人类伤害过；还有学生提出，可能小鸟担心九色鹿的行踪被泄露。通过引导学生对故事进行思考，既调动了学生的发散思维能力，又激发了学生对故事的好奇心和兴趣。

在九色鹿不顾劝阻仍救出了采药人后，我没有直接通过故事棒让采药人说出他的身份，而是采用教师入戏和坐针毡的游戏，将提问的主动权交给学生。提问可以让人获得新发现并自发地采取行动，还可以看出一个人思考的深度。学生对这个部分非常感兴趣，提出了各种各样可爱的问题，诸如你住哪里，你叫什么名字，你为什么会在这里，你还有多少钱，等等。

原故事中对采药人的背景描述不多，只说他是一个靠卖草药为生的人。在动画片《九色鹿》中，讲述了采药人的钱被官吏抢去。于是我在这个基础上，进一步丰富了采药人这个角色的背景故事。我希望通过展现采药人的身世，让学生在故事中看见人性，学会辩证地看待别人。其实，采药人可能并非如我们看上去这般视财如命，很可能他违背诺言、贪恋钱财的背后还有更深层的人性动机。鉴于这节课面向的是三年级的学生，我是通过教师入戏的方式，从教师的角度赋予采药人更多的人性。如果给年级稍微高一些的学生来上，完全可以让学生入戏，请学生成为采药人，进行更多关于采药人人性的探索，从而引导学生进一步思考当承诺和其他的诱惑相冲突时该如何选择。这样将更有挑战性和趣味性。

在了解了采药人的背景后，我选择通过良心巷的方式来进一步探究采药人看到国王追捕九色鹿、面对承诺与金钱诱惑时，该如何进行选择。当看到一位扮演采药人的学生小心翼翼地走过由其他学生组成的良心巷，而其他学生则激情澎湃地说出采药人的心理想法时，我感受到了教育戏剧的魅力。通过一个让全班参与的戏剧活动，让学生身临其境地体会到了采药人彼时彼刻犹豫不定的心理活动。

最后一个冲突点是关于国王的抉择，对于二年级和三年级的学生来说，要把国王的复杂想法说清楚，其实是一件非常困难的事情。于是我通过墙壁的话，将全班分为四组，每组扮演一个与国王相关的角色，分别是士兵、九色鹿、采药人和王后，讨论各自角色想对国王说的话。通过这个活动，学生可以像剥洋葱一样，把问题层层剥开，渐渐看到事件的本质。比如扮演采药人的学生会解释："因为我还要喂养家里的小宝宝，迫于无奈。"其他扮演采药人的学生说："是士兵抢了我的钱，不信你去问问士兵。"扮演士兵的学生则会思考：怎样的国王才是一位好国王？有扮演国王的学生说："如果国王把九色鹿杀了，放了采药人，那以后您或者其他臣民落入水中时谁来救？此外，以后所有的臣民都会效仿采药人，做一个不诚信的人。"

这些宝贵的思考火花都产生于想象的戏剧世界中。在戏剧里，孩子比原本的自己高出一头。没有了外在的束缚，他们可以更加自由地思索与前进。在戏剧的世界中没有标准答案，因此我在最后没有将故事的结果告诉学生，而是请他们通过即兴戏剧的方式创编结局。相比原结局，采药人的结局更温和，但这也正体现了学生的温恭直谅和正直勇敢。

课堂最后,我结合学生的生活实际,进一步探寻本节课的核心问题:人与人之间的信任重要吗?为什么?通过层层递进的问题串,我们谈到了学生身边发生的承诺故事。有一个学生提到,自己和弟弟玩耍时,答应要送给他一盒彩笔,但后来没送。我问他:"你觉得弟弟是什么心情?"他说很失望。如果再给他一次机会,他一定会遵守承诺。

案例四:《大禹治水》

1. 适合学段:小学三年级至小学四年级。

2. 核心问题:当父亲遇到两难困境时,我该如何去理解?

3. 教学目标

(1)能以静像和慢动作表现故事场景。

(2)能在戏剧环境中初步运用角色的语言和行动去发展角色。

(3)能进行即兴讨论,运用角色扮演来探究亲子议题。

(4)能通过论坛剧场提升批判性思维能力,进行生活联系,进而学会理解父母的两难困境。

图4-4 首届天府七中戏剧教育论坛教育戏剧公开课《大禹治水》

4. 教学过程

（1）热身导入：群像雕塑

"和爸爸在一起印象最深刻的一件事。"

所有学生围成圆圈，回忆与爸爸在一起时印象最深刻的一件事。当教师倒数十个数时，以定格的方式与"想象中的爸爸"一起呈现印象最深的一个场景。当教师轻拍某个学生时，请该学生用一句话说出他和爸爸正在做什么。教师适当予以点评和引导。

最后所有学生保持定格动作，一起说："我和爸爸在……"

（2）大禹治水：集体雕塑

所有学生原地坐下，阅读大禹治水的故事。请学生尝试提炼出故事中最关键的四个画面（如洪水泛滥、鲧治水失败、大禹治水、治水成功等），并在白板上板书。

将所有学生分成四个组，进行小组讨论，通过组合定格或集体雕塑呈现这四个画面。提醒学生在讨论中要注意人物关系，通过艺术性的表达和创作将复杂的情感和状态浓缩在一幅画面中，教师依次点评。

（3）过家门而不入：声音拼贴

① 一过家门而不入

第一次经过家门时，大禹听到他的妻子因分娩而在呻吟，还有婴儿的哇哇哭声。助手劝他进去看看，他怕耽误治水，只得向家中那茅屋行了一个大礼，眼里噙着泪水，骑马飞奔而走了。

四组保持定格画面，教师选出三个学生到中间，以慢动作即兴扮演第一次经过家门的大禹、妻子和产婆。其余学生小声模拟婴儿啼哭的声音。

② 二过家门而不入

第二次经过家门时，他的儿子正在他妻子的怀中向他招着手，这正是工程紧张的时候，他只是挥手打了下招呼，就走过去了。

四组保持定格画面，教师从中选出三个同学到中间，慢动作即兴扮演第二次经过家门的大禹、妻子和四五岁的儿子启。渐渐长大的启，看见了别人的爸爸，第一次问妈妈，自己的爸爸去哪里了。其余学生小声说："妈妈，爸爸去哪里了？"

（4）大禹和启的第一次见面：论坛剧场

> 第三次经过家门时，儿子已长到十二岁了，从来没见过爸爸，妈妈这一次告诉启，门口那位就是自己的爸爸。最后大禹深情地抚摸着儿子的头，告诉他，水未治平，没空回家，又匆忙离开，没进家门。

所有学生原地坐下，请一位学生扮演第三次经过家门，但仍忙于治理洪水的大禹。其余学生扮演妻子、儿子启、父亲鲧的灵魂和治水群众，以角色的身份与第三次来到家门口的大禹进行对话，在这个过程中发展出不同的观点。

其中的角色可以被替换，继续进行即兴表演。其他演员要配合新加入的学生，一起探索新的可能性。须注意，不同的做法须符合真实生活，不能脱离生活。

（5）总结反馈

① 大禹是一位怎样的父亲？引导学生理解大禹所面临的两难困境。

② 你的父亲是否也曾面临过这样的两难困境？你是如何理解父亲的两难困境的？你觉得自己可以如何帮助他？

5. 课程设计解读

在目前还没有统一的戏剧教材的情况下，如何针对不同年龄段的孩子选择合适的素材是一个挑战，但同时也是一个机遇。基于我们这些年与孩子一起工作的经历，我们设置了小学低段、中段和高段的教育戏剧教学目标。其中，小学中段学生的教学目标是通过戏剧发现自我、体认自我、实现自我。

确立这个目标的出发点是孩子的身心发展规律，正如孔子所言：因材施教。三年级和四年级的孩子的认知能力逐渐增强，而且具备了初步的评估和判断能力，开始理解更复杂的社会关系和道德问题。在这个阶段，孩子对自我身份的认知逐渐形成，同时对家庭关系尤其是父母的角色有了更多的关注和理解。情感上，他们仍然非常渴望父母的陪伴和认可。客观上，我们学校不少学生长期面临与父母分离两地，甚至有些是长期跟爷爷奶奶或者外公外婆生活的情况。在他们的小宇宙里，他们也在琢磨和思考父母因工作或社会责任而无法全程陪伴的现实，这无形中影响着他们对家庭和自我的认识与理解，也潜移默化地影响着他们在学校的表现以及和同伴之间的相处。

　　基于对学生的这些理解，我选择了《大禹治水》的故事。《大禹治水》是中国神话故事中家喻户晓的一个故事，也是语文部编版教材二年级上册的一篇课文。《大禹治水》讲述的是在上古大洪水时期，黄河泛滥，鲧、禹父子二人受命于尧、舜二帝，负责治水的故事。大禹率领民众与自然灾害中的洪水斗争，最终获得了胜利。面对滔滔洪水，大禹从鲧治水的失败中吸取教训，改变了"堵"的办法，对洪水进行疏导。大禹为了治理洪水，十三年在外与民众一起奋战，留下了"三过家门而不入"的故事。从大禹角度来看，他置个人利益于不顾，和民众一起走遍了整个中国，不畏艰难，亲力亲为，是毋庸置疑的治水大英雄。但从大禹孩子启的角度来看，他从出生到十三岁，一直没见过父亲，更别提感受父爱。对于一个孩子来说，他会如何理解这个传说中的治水大英雄和"隐形"的父亲？

　　当今社会父亲缺位的情况依旧严重，许多孩子的父亲因为各种原因长期在外工作，有些父亲哪怕难得在家，也只是在看手机和看电视，这种"隐形"爸爸对孩子的影响可想而知。作为孩子该如何理解父母的两难困境？一边是自己对于国家的责任，对事业的追求，一边是至亲的家庭。如何用中国最古老的意象演绎今天的社会问题？用教育戏剧课堂来探讨这个问题最合适不过。

　　不同于刻板印象中的治水英雄，这堂教育戏剧课以亲子关系中的父子关系为切入点，以"当父亲遇到两难困境时，我该如何去理解"为核心问题展开。为了让学生能在一种轻松有趣的氛围中进入故事，我选择了节奏步行0和1（定格和慢动作）作为热身活动。不管是初次接触戏剧课堂还是已经上过戏剧课的孩子都非常喜欢这个游戏，因为这个游戏不仅给予了他们行走的自由，还对他们的肢体控制提出了挑战。

　　当学生在行走游戏中已经逐渐建立规则意识，有了对课堂的初步兴趣后，我并没有直接进入故事，而是带着学生回忆与爸爸在一起印象最深刻的一件事。之所以这么做是因为如果直接进入大禹治水的故事，学生会比较容易陷入对这个故事的刻板印象中。大禹是治水英雄，启在等待爸爸，爸爸回来后启在妈妈的引导下和爸爸相认。可是如果我们认真想想，正处于青春期的启，会这么容易就叫一个十三年素未谋面的人为爸爸吗？

　　后来的历史大家应该都知道，大禹的儿子启成了夏朝的开国君主。他继承了父亲大禹的王位，成了中国第一个实行世袭制的君王。启在历史和传说中被描述为勇敢和有能力的人物，但同时也具有复杂性。作为大禹的儿子，启在很小的时候便经历了父亲"三过家门而不入"，这很可能对他的成长产生了影响。

每个人的爸爸都不一样，有严厉的爸爸，也有温柔的爸爸；有天天在一起的爸爸，也有常年在外的爸爸。在倒数 10 个数后，学生以慢动作展现了与"想象中的爸爸"一起印象最深的一个场景。数到 0 定格时，我轻拍学生的肩膀，请被拍到的学生用一句话说出他和爸爸正在做什么。有的学生说印象深刻的是和爸爸一起打游戏，有的学生说是自己趴在窗口等爸爸，还有的学生说是爸爸打自己的时刻。各种各样的回答在场上推动学生进行更深入的想象和思考。

我在这里并没有对学生的言论发表太多的看法，因为我们并不是要设计一节批判爸爸的课，而是希望通过共同体验这个千百年前的中国神话，从经典里汲取能量，激发思考，让学生意识到其实很多爸爸都面临着和自己爸爸一样的两难困境，哪怕是千百年前的治水大英雄。

接着我们通过一系列的戏剧活动如集体雕塑、声效陪衬、角色扮演、慢动作、坐针毡等让学生"亲历"大禹治水以及三过家门而不入的故事，并切身感受大禹同时作为治水战士和父亲的艰难抉择。这里很重要的一点是，如何将大禹在治水与家庭之间的两难抉择具象化。戏剧中的张力在一次又一次的戏剧活动中逐渐呈现，到最后大禹第三次经过家门时，请一个学生扮演大禹，其余学生作为集体角色扮演启，展开大禹和启之间的对话。这时候的学生既是他们自己，又是启，他们将他们平时对父亲缺位的思考和疑问都融入了启对父亲的发问中：为什么你这么久都不回来？为什么只能是你去，其他人不可以吗？你治水的工作到底是怎样的？如果没有能代替你的人，我能跟你一起去吗？

这个课我在不同的班级上过，每次上到最后我都能感受到学生内心泛起的涟漪和噙在眼眶里的泪水，尤其是那些父亲长期不在家的学生。这些隐藏在他们内心的话，通过扮演启的角色，终于在一个安全的环境中说了出来。作为教师，我们没有办法改变学生的家庭，但如果能让学生看见父母的两难困境并启发他们思考如何理解这种困境，他们一定能更好地理解自己的家庭，进而培养同理心与责任感，更深入地认识自我，从而更热爱生活。

案例五:《灰姑娘》

1. 适合学段: 小学四年级至小学五年级。

2. 教学目标

(1) 能运用肢体进行有效的表达, 并通过团队合作完成任务。

(2) 熟悉英语生词, 能用英语在戏剧环境中表达。

(3) 能以静像和慢动作表现故事场景。

(4) 能通过论坛剧场提升批判性思维能力, 将戏剧内容与生活联系。

(5) 通过本课的学习了解个人行为如何影响他人, 理解欺凌的危害以及如何可以做出更好的选择。

(6) 能够使用英文进行戏剧课程的学习。

3. 教学准备: 白板, 白板笔, 分别写着"Agree"和"Disagree"的立牌。

图 4-5　2023IDEAC 戏剧教育应用与合作大会教育戏剧公开课《灰姑娘》

4. 教学过程

(1) 热身: 故事物件

五人一组, 然后教师喊出故事里出现的物件, 每组有十秒的时间构建出这个物件。

物件：a fireplace, a pumpkin, a coach, a horse, a broom, a glass slipper。

（2）故事时刻

所有学生围成圆，任何一个学生都可以独自或邀请其他同伴一起走进圆中，表演故事中的某个片段，时长 5—10 秒，然后定格。请其他学生进行即时评价，判断是否能看出是故事中的哪个片段。若评价积极，则表演学生须保持定格留在圆中；若评价消极，则表演学生回到圆上。教师要持续邀请学生进入圆中进行表演，让故事在课堂上呈现多层次的构建。

（3）霸凌画面

灰姑娘的继姐是如何欺凌她的?（How did Cinderella's stepsisters bully her?）

与学生讨论灰姑娘的继姐究竟有哪些欺凌行为，将学生的回答写在白板上。进而请两个学生扮演继姐，以两种方式请灰姑娘洗衣服，让学生意识到欺凌不仅是行为上的，还是语言和动作上的。

让学生分小组，以静像的方式创作故事里那些霸凌场景，然后向全班分享。注意学生在表现时的身体动作和表情。让每一组以慢动作默剧进行即兴表演，呈现动作上的欺凌（没有身体接触）。

（4）论坛剧场

在前一环节中选择一个场景，请该组学生以慢动作呈现，可以加上语言表达。然后请其他学生思考，灰姑娘在这样的情况下是否可以有不同的做法，从而带来不同的结果。请学生发言讨论，并请其中观点明确的学生扮演灰姑娘，进行即兴表演。其他演员要配合新加入的学生一起探索新的可能性。须注意，不同的做法须符合真实生活，不能脱离生活。

（5）总结反馈：你怎么选择?

在教室前方竖起两个牌子，分别写着"Agree"和"Disagree"。教师进行陈述，学生自由选择牌子，然后站在对应位置。随机选择一些学生，询问他们为什么会站到这个位置。

（6）课后延伸

请学生以灰姑娘的视角写一篇英文日记，日记内容包括她被欺凌的某一时刻的感觉以及她认为的解决办法。

5. 课程设计解读

这堂课以《灰姑娘》的故事为素材，聚焦于霸凌，并且以全英文形式授课。在课堂上，我带学生通过即兴进入情境，运用各种戏剧元素引导他们体验灰姑娘的境遇，并通过论坛剧场探索改变灰姑娘命运的方法。这堂戏剧课并未给出标准答案，而是开放式地让学生去思考和选择，帮助他们联系自己的实际生活。

对于霸凌这个主题，很多学校讳莫如深，但是避免谈及并不会让霸凌现象消失。实际上，近些年对校园霸凌的报道越来越多，有些案例让人难以置信。为什么十岁左右的孩子会做出那样令人发指的行为？为什么那些霸凌问题存在了那么久却一直没有被处理？对这些问题的探索需要我们能够直面霸凌。在选择课程素材的时候，我并没有直接选择真实的霸凌案例，因为那些案例中的情境可能会让这个年龄段的孩子受到伤害。在教育戏剧中，我们要让孩子在受保护的前提下进入情境，提前预判可能会出现的障碍和伤害需要。因此，我选择了一篇孩子都很熟悉的童话故事，这样他们会感觉到安全。

对于《灰姑娘》这个经典童话的解读，我们聚焦在了继母和继姐们对灰姑娘的霸凌上。去读故事里的细节描写，会发现继母和继姐们的行为就是霸凌。在我的戏剧课堂上，当时就有学生提出过疑问：如果王子没有找到灰姑娘的话怎么办？毕竟相同大小的脚太多了，仅凭能穿上水晶鞋就断定是灰姑娘，这听起来有点不靠谱。当然这就是童话，我们的生活需要童话，童话能够给我们带来美好的期待。但是生活又不能只是等待童话，所以我们当时就开始假设王子没有找到灰姑娘，童话的美好结局没有发生时的灰姑娘生活。对，那就还是会像之前一样，灰姑娘会继续被继母和继姐们欺负和霸凌。于是，我们的课堂目标就变成了，如果王子没有找到灰姑娘，那么灰姑娘该如何改变自己的生活呢？我们要帮助灰姑娘去改变她的命运。这成了学生在这堂课上共同努力的目标，因此我们要深入地探索霸凌的源头、霸凌的表现，看灰姑娘的哪些行为可以被改变……

从灰姑娘的遭遇，我们再联系生活，当学生把自己在戏剧中获得的经验带回生活时，他们已经变得比先前更坚强了，他们对可能面对的问题有了更充分的准备。这堂课的设计也可以作为将童话故事戏剧化的参考。

第五章　戏剧课堂管理

　　戏剧课堂的自由让习惯于传统课堂的教师感觉到恐惧，没有了课桌椅的限制，没有了端坐的约束，学生可以在整个空间里自由移动，似乎与传统印象中有序的课堂背道而驰。实际上戏剧是高度自律的艺术，只有在自律的前提下，才能真正成为有创造力的自由人。经过这些年的课堂实践探索，我发现戏剧课是可以很有序的，但这种有序不是源自教师的口令或者指令，更不是源自教师的训斥或者吼叫，也不是牺牲自由平等的氛围。如果课堂内容很有趣，学生的注意力会分散吗？如果学生很专注，课堂还会失控混乱吗？所以，戏剧课堂管理的根本在于课堂内容的设计、学生专注力的培养、团队协作氛围的营造，还有教师对课堂的把控力（把控力不在于前面提到的口令指令或者严厉的态度，而是与所有学生的连接和信任）。在这些方面都做好的情况下，学生会自主地形成有序的课堂。课堂秩序或纪律不应来自权威，不应被强加于学生身上，这会让学生不愿意接受，甚至开始反抗。如果课堂秩序是学生出于对有趣的课堂内容顺利进行的考量而主动做出的选择时，那么学生就会发展出自律的行为。这样的课堂是持久的、高效的、让人欣喜的。自由与规则从来不是对立的，尼采给出的见解是：

　　　　规则是防止混乱的锁链，而不是自由的枷锁。

一、课堂规则

　　学生其实很容易理解规则意识的重要性，他们从小就知道玩游戏要遵守游戏规则，如果有人不遵守规则，他们通常会要求那个同伴退出游戏。所以在戏剧课堂，我也是采用这样的形式，学生可以逐步建立规则意识。

上次在给爱琴海大学戏剧系的研究生上课时，有个学生询问中国的孩子在课堂上是否会被管得很严。讨论之下，我们发现两国的中小学教育遇到了共性问题，即如何去找到严与松之间的平衡。我的博导斯皮罗斯·西罗普洛斯（Spyros Syropoulos）说："绝对的自由导向的是无序。"

我已经连续四年教小学一年级，这样安排的主要考虑是，一年级是打基础的阶段，如果这一年学生没能养成上戏剧课的良好习惯，往后会越来越难。我在一年级的戏剧课上跟孩子们开诚布公地讨论过这个问题。

孩子们一致认为，戏剧就是玩儿，这跟伊维萨·西米奇在首届天府七中戏剧教育论坛上的演讲主题不谋而合。于是我提问："玩需要规则吗？为什么？"孩子们思考后回答："需要！"有的孩子说："因为会受伤。如果玩的时候没有规则，那么很容易就有人受伤，以前发生过。"还有的孩子说："因为会不好玩。比如玩剪刀石头布时，如果没有规定石头比剪刀厉害，剪刀比布厉害，那玩起来就没意思。"这是孩子们给的两个理由。很简单，很直接，也很明了。本来我还想着用交通规则等来举例，但实际上孩子们很清楚。当然了，明白是一回事，做不做得到又是另一回事。

在普通教室里，由于有桌椅的限制以及平时教师的教导，学生大多会坐得端端正正。但是当到达戏剧教室之后，又会是另一番景象，因为空旷自由的空间会让他们"反弹"。所以，在一年级的戏剧课上，有个很重要的教学目标就是建立学生的规则意识。但是必须强调，建立规则意识并不是要求学生端坐，不是要求学生回应各种口令，不是要求学生听话服从。

我在一年级的第一节戏剧课上，一般只会跟学生约定一条规则：说话要举手。我会跟学生探讨为什么说话要举手，并以实际场景让他们理解几个人同时说话的结果就是什么都听不清听不到。当所有学生都理解后，规则意识才能建立起来。只此一条规则，其他的我就不会再说了。规则不能多，多了就会记不住。比如足球比赛，赛前一定要把所有规则都熟悉，这样才不容易犯规。但是戏剧课上，如果先列下一条条课堂规则，学生很难记得住。可是实际上，戏剧课的自由是由无数的规则辅助和保障的，即看似混乱实则有序。那这无数的规则是如何实现的呢？其实是通过课堂的戏剧游戏，在玩戏剧游戏的过程中逐渐形成相应的规则意识。这些规则不是教师命令学生遵守的，而是学生自己在玩的过程中自然而然形成的，因此也就更牢固。

在教育戏剧课堂上有一个常见的做法，就是请违反规则的学生暂时"退出"课堂，坐在教室的一边或者圆圈外面，观看其他学生上课。我们会跟学生说明：是因为你刚刚违反了我们约定的哪项规则，对课堂产生了怎样不好的影响，所以需要你坐在旁边观看其他同学上课，尽管你不能参与戏剧游戏或课堂内容，但是认真观看也同样是在上课（防止学生认为自己已经不在课堂，而脱离了上课的状态）。同时还要跟学生约定好：如果他能够保持三至五分钟安静的状态，认真观看其他同学上课，并且自己也准备好参与课堂，那么我就会邀请他回到课堂。这里面的逻辑是，如果学生不能认真上戏剧课，那么惩罚就是暂时不能参与戏剧课堂，只有准备好了能够认真上课，才能参与课堂。这就把上戏剧课变成了学生需要努力才能获得的，而不是被强制要求参与的。就像好的东西如果不珍惜那就会失去，只有珍惜才能拥有。这个做法的效果很不错，确实可以帮助学生逐步认真地参与课堂活动，建立规则意识。

区别于其他学科课堂的惩罚，这个做法比较温和且有效。但是在教师的实践过程中，又有新的问题产生。有些学生在被"退出"课堂后，并没有按预期一样变得更认真。这里面就涉及时机的把握。有时候尽管我们约定了五分钟，但很多时候我可能三分钟就让学生回到课堂了，因为我感觉到他已经准备好了。有时候我又会延长几分钟，因为我感觉他还没有准备好，还需要一些时间调整。学生的手上没有钟表，所以在时间的把握上就需要教师可以稍微灵活一点，须根据学生的状态进行缩短或延长。但是，我曾经遇到一个问题，那就是有时候教师因为能力有限，无法关注到全班所有学生，结果导致一个学生坐在旁边很长时间也没能重新回到课堂——他被"遗忘"了！这是一个极其糟糕的情况，往往这个时候学生就会自我放弃，可能随意走来走去，或者干脆躺在地上。而这时候如果教师恰好回头看，发现学生是这般模样，就会更生气了，会让这个学生继续待在旁边。这个学生以后或许就很难再认真上课了。这样下去你的课堂就永远都有这样的学生，而且他还会影响其他学生，最后导致课堂的秩序和效果不断恶化。

我们必须清楚，这个做法的最终目标，是让被"退出"课堂的学生越来越少，直至没有，而不是把不认真上课的学生排除在外。虽然看起来把不认真上课的学生排除在课堂之外，会让课堂显得更有序也更轻松，但是这是违背戏剧教育的理念和目标的。戏剧教育是面向全体学生的，不能漏掉任何一个学生，尤其是需要帮助的学生。那么要达到这个目标，最关键的是把握好邀请坐在旁边的学生回归课堂的时机：不能太早，他坐了没一会儿就被请回来了，会让他觉得这也没什么，下次还会这样；也不能太晚，否则容易出现上面说的自我放弃的情况。如果时机把握得好，同时还能鼓励几句，比如"你刚刚特别棒，能够安静地观看同学们上课，我觉得你已经准备好进入课堂了，现在我邀请你一起参与进来"，这名学生之后大概率就不会出现同样的问题了。而时机的把握，要求教师对学生的情绪和状态有很强的感受力，这在平时的戏剧教育学习和自我提升中可以特别关注。

二、师生关系

教师和学生是"协作者"，因为两者是一起学习和成长的。

如果我们能够有这样的观念，那么我们与学生的相处方式就会大不相同。我们会平等地对待学生，视他们为我们的朋友，甚至有时还会是我们的老师。我们不是在"管"学生，不是在"改变"学生，不是在让学生成为我们想让他们成为的人。我们不会对学生很严厉，但我们会很严格地要求他们，同时也必须严格地要求自己，以身作则。我们会帮助学生建立规则意识，这就需要我们必须说到做到，不能敷衍或失信于他们。

如果我们能够有这样的观念，那么我们帮助学生形成良好的行为习惯的方式也会大不相同。当课堂出现纪律问题甚至秩序混乱时，我们不应该第一时间责怪学生，而是应该怪自己。甚至，我觉得一堂课如果出现这样的问题，其主要责任往往在教师。但很多时候教师容易"甩锅"到学生身上，觉得是因为有些学生不守纪律破坏课堂，才导致了这样的情形。但想象一下，如果课程的内容和教师的教学方式都很有趣，学生肯定会很专注，而如果每一个学生都很专注，哪里还会有纪律问题？这个想象可能过于完美，毕竟没有完美的课堂。但我觉得教师得往这个方向努力，让自己的授课内容变得有趣，让自己的教学方式变得生动，让自己变得有魅力，那么学生都会喜欢你，继而都会信任你。教师和学生相互喜欢和信任了，就没有问题是不能解决的。

所以在我的课堂，我一直努力这样去做。我坚持不使用口令、不发奖品、不做竞争，让学生能主动地喜欢上我的课，能在课堂活动中自觉遵守规则，从而逐渐具有高度的规则意识。

这当然需要一个比较长的过程。在平时的聊天中，有些教师会比较沮丧，因为他们也一直在坚持这样的观念，但是现实却是残酷的。班级纪律松散，课堂秩序混乱，师生关系紧张，似乎我们追求的只是一个过于理想化的"乌托邦"。于是有些教师会变得焦急，迫切想改变现状，到处"寻医问药"，希望能有一剂猛药立马见效。实际上，这个时候他们已经开始过于追求方法，但是任何方法、习式都必须在合适的观念下才会起作用。我跟他们说，坚持自己的初心和观念，不要太过于依赖方法，最重要的是，给学生一些耐心，也给自己一些耐心。

作为一名戏剧教师，我从来不主动提供标准答案，也不灌输价值观，更多的时候，只是在提供思考的契机和逻辑的框架。一切认知，都在戏剧情境的保护下，让学生自己探索答案、寻找方向。正如陶行知先生所说，生活即教育。戏剧的意义，不在于把学生都培养成演员，而在于启发他们如何坚守纯真与兴致，演好人生这场永不落幕的戏。

在我的戏剧课堂上，我跟很多学生都成了好朋友。我坚持不对学生严厉，与学生平等相处、互相尊重，这样我们就可以互相建立信任。而如果师生之间互相信任，那还有什么问题是不能解决的？当然，我虽然不严厉，但却很严格，我对学生的要求很高，戏剧课的首要目的是育人，这也是教育戏剧的基本目标，要让学生更了解自己和周围的世界，让他们具有人性。

三、大班额

当我刚回到国内进入小学开始进行戏剧课程教学的时候，我惊讶地发现一个班竟然有五十到五十五个学生。有限的教室空间被塞得满满当当，特别是小学高年级的学生，他们能够活动的空间已非常有限。当时我就联系我在希腊的硕士研究生导师，向她求教解决方法。她当时说："你得把班级拆分开来上课，毕竟你不是在教马戏团。"在欧美，戏剧课很少面对这么大数量的学生进行群体授课，他们戏剧课的人数一般控制在十多人至二十多人，这样才能保证教师与每一个学生的有效互动。当人数达到四五十人时，这种有效互动肯定会打折扣，而戏剧课活跃跳动的课堂风格，又给课堂秩序提出了巨大的挑战。当时我跟校长探讨了这个问题，但客观情况不允许我拆分班级，毕竟一半的学生跟我上课，那另一半该怎么办呢？

其他学科在普通教室里上课会轻松些，因为学生都坐在摆得整整齐齐的座位上，甚至双手都整齐地叠放在课桌上，犹如军队列队一般，如有学生走神或者乱动，教师立马就能发现，并可以做出提醒。但是在艺术教室，尤其是戏剧教室和舞蹈教室，则是不同的。没有座位，学生的自由度大大增加。而低龄段孩子的生理特点就是喜欢做小动作，如果因此去苛责他们，实在有些反人性了。但这样的课堂，管理起来确实难度大很多。班上要是再多几个调皮的学生，那场面就可想而知了。

图 5-1　平时的戏剧必修课课堂

最初，我经历了痛苦的一段时期。就是从那个时候起，我意识到教育戏剧必须本土化，因为国内的情况和欧美大不相同，仅仅大班额就让戏剧课面临巨大挑战。经过几个月的探索，我终于可以在这样大班额的课堂上"控场"了，而且是在不用那些小口令的情况下。控场，是一个比较综合的能力，除了要对课程内容和流程进行设计，还要求教师具备敏锐的观察力，较强的同理心、共情能力、节奏把控能力和空间感等，需要在课堂上与每一个学生建立起联系。

关于建立联系，我在学习的时候发现了一个词：soft focus。这个词或许可以给我们提供一种方法。"soft focus"的意思是，我们不将视线紧盯在一两个东西上，而是放松眼睛从而看到更多的东西。当眼睛的压力减少，当眼睛不再是获得信息的唯一途径，我们的全身就会变得更灵敏，就可以"听"到更多的信息。我们很容易只专注于眼前的这一小片，而忽视了远处的一大片。或许可以尝试尝试"soft focus"，让自己与更多的学生建立联系。

四、暗号与规矩

口令和暗号，在我看来有着本质的区别。口令是一种从上而下的命令，是一种不容置疑的权威。而暗号则是大家约定俗成的游戏化用语，就像学生课间喜欢玩的游戏一样。在入学的第一天我就问学生："游戏好玩吧？那没有规则的游戏还好玩吗？"他们异口同声回答："不好玩。"于是，我选择和学生一起制定我们的游戏规则，而非从一个长辈的角度直接告诉他们必须如何做。我想，这或许就是暗号的魅力，因为它是全班共同认可的游戏规则。

在暗号的制定中，质疑与提问，是我非常看重的一点，不仅因为这是人区别于动物的特征，也因为我希望学生能成长为有独立思考的人。我不喜欢命令学生，在与学生约定暗号前，我都会做一件事——与他们一起探讨为什么要这样做。为什么要举手发言？为什么上课期间不能随意离开座位？为什么课堂上要认真听讲？我也告诉他们："有时候老师说的或者做的不一定都是对的。如果你不知道老师为什么要求你这么做，请一定勇敢提问；如果你觉得老师说的不在理，也欢迎你第一时间来质疑。"

比如在我们的戏剧课堂上，会玩游戏"节奏步行"，很多人只是把这个游戏当作热身破冰活动，但实际上这个游戏的作用特别大。尤其是其中的"0"，在游戏中"0"意为参与者定格不动，速度为0。在熟悉这个游戏之后，我发现这个"0"变成了我们的暗号，当我需要学生停住不动保持安静的时候，我只需要说出"0"，学生就可以马上停下并安静。这比在课堂上大声喊"安静""停下来"要有用得多。

五、奇怪的动作

孩子平时或多或少会有一些奇怪的动作，当然这种奇怪是从成年人的角度来看的。比如在课堂上，有些学生喜欢趴在桌子上或是地上"游来游去"。那么，看到学生这些奇怪的或者"不合适"的动作时，是否要制止呢？一般情况下，我们在戏剧课堂上不会制止，除非这个动作造成了危险。如果学生的奇怪动作只是在演或者玩，就不用刻意去制止，他们这么做一定有原因。所以我们可以去沟通，或者在事后去追踪，他是否有某些心理需要，他是否在模仿什么，我们要关注他们奇怪动作背后的原因。

我们常说关心学生的心理健康，但实际上心理是看不见的，甚至很多学生还会隐藏自己心里的想法。即使专门找他们谈话，大多时候他们也不一定会说出真正的心里话。尤其是在小学三年级后，学生的自我意识开始增强，教师和父母会发现跟孩子的沟通难度增加。所以在戏剧课堂上，我们鼓励学生的肢体表达，因为这样就可以更好地看见学生真实的心理。在良好的戏剧氛围里，学生也会更愿意表达自己。比如三年级戏剧课《杜甫》的核心问题是："你心中的草堂是什么？"学生在戏剧课上探究草堂对杜甫意味着什么，从而发现自己心中的"草堂"。在课程结束时，学生在纸条上写下自己的"草堂"，并选择公开或不公开。这张纸条上，学生写下了很多自己的秘密，这反映了他们对戏剧教师的信任。而通过这样的方式，戏剧教师可以对学生的心理状态有更清晰的了解，从而也可以更好地关注和引导学生。

六、安全性

戏剧活动具有潜在的安全风险，这是戏剧教师必须意识到的，同时戏剧教师也要让学生意识到。在课堂开始时，教师有必要进行风险提示，提醒学生要做到两点：一是保护好自己，二是保护好他人。在戏剧活动中，无论教室大小，学生之间都可能会发生碰撞和冲突，轻微的可能只是不小心撞了一下身体，严重的包括踩到别人的手，甚至是踢到了别人的脸，更严重的可能会出现受伤流血、牙齿松动等情况。这些在课堂上都可能会发生，因此，防范危险、确保安全一定是戏剧课堂上不可忽略的。

在中小学，安全教育也受到极大的重视，但有时候也会矫枉过正。有时候为了防止出现安全问题，学生会被限制活动，就连课间他们也不能像过去一样在校园里自由地奔跑。课堂上更加重视安全问题，杜绝任何可能存在危险的行为。但是这样的做法，也逐渐暴露出越来越多的问题，比如学生的身体素质降低、学生逐渐失去想象力和活力……如果戏剧课堂让学生都安安静静、毕恭毕敬地端坐，不能做任何可能有潜在风险的活动，那戏剧课也就没办法进行了。那么，如何实现两者的平衡，在大胆开展戏剧活动的同时，还能做好危险防范呢？

首先，要检查物理空间。戏剧教室，或者开展戏剧课的教室和其他空间，尽量不要有太多与上课无关的物品，比如桌椅、书架、清洁工具等。一般一间空的教室，再配备必要的教学器材，如显示屏、黑板等即可。有时候，戏剧课会在舞蹈教室上，舞蹈教室的墙壁上装有镜子，墙边装有把杆，而镜墙和把杆附近均存在着潜在的安全隐患。曾经就有学生在戏剧课上撞到了镜子，把镜子撞裂了，幸好当时镜子碎片没有脱落，否则可能会造成流血事故。学生也喜欢吊在把杆上，曾经有学生手没抓稳，从把杆上摔下来。

其次，要根据教室空间的大小认真规划课程内容。如果教室本身比较小，那在设计戏剧活动内容时就要确保在活动中不会出现拥挤踩踏的情况。戏剧课的教学空间要尽可能大一些，如果太小会对戏剧课程内容造成很多限制。戏剧课不一定只局限在教室里，也可以利用操场、空地等区域上课，尽量让学生有充足的活动空间。

再次，上课开始时，要跟学生约定好"游戏规则"。教师可以把上课比作玩游戏，要求所有学生遵守游戏规则，并强调破坏规则的行为可能会带来的潜在危险。比如在进行集体肢体建构的时候，不能趴在别人身上，因为几个人堆叠时，可能会对最下面的学生造成伤害。对于提醒之后仍然故意这样做的学生，一定要及时制止，必要时可以惩戒，否则可能会有更多的学生效仿。有些要求可能都算不上是"游戏规则"，比如让学生各自在教室里找一块空的地方躺下，当进行肢体即兴活动的时候，要提醒他们不要把自己的头放在别人的脚附近，因为一旦活动开始，很容易被别人踢到头。

最后，在戏剧游戏和课程内容中，要培养学生上课的习惯，帮助其适应与其他课堂不太一样的戏剧课堂，形成自由且有序的课堂氛围。在小组合作中，要让学生发展团队合作的意识和能力，了解在跟他人产生矛盾冲突的时候可以怎样处理，以及如何在彼此之间建立信任，这样也可以减少潜在危险发生的概率。

七、戏剧教室

戏剧课的上课地点也很自由，可能在教室里，可能在操场上，可能在剧场里，可能在大自然里，任何地方都有可能。最理想的状态是让学生在校园的每一处都能感受到戏剧元素。当然如果能有专门的戏剧教室，那对戏剧课程的长期开展肯定特别有帮助。

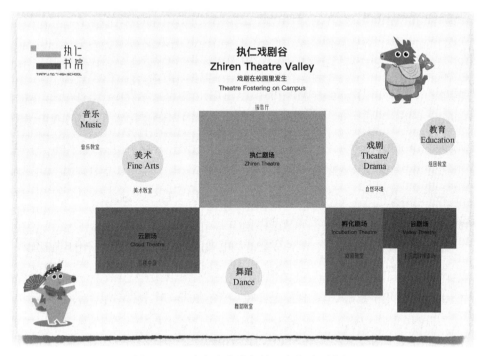

图 5-2　天府七中小学部校园内的戏剧空间

　　我们在学校的六楼有两间专门的戏剧教室，面积比普通教室要大一些，最开始里面什么也没有，后来我们逐步增加了一些必要的设施，比如柜子、架子等用于摆放教学用具，我们还特别安装了黑色窗帘，这样在需要的时候就可以将窗帘全部拉上，戏剧教室就成了一个"黑匣子"。我给戏剧教室取了个名字，叫"孵化剧场"，因为平时的戏剧课都在这里上，学生就像从这里孵化出来一样，慢慢长大。

图 5-3　戏剧教室需要有比较大的空间和比较少的物品

　　戏剧课堂存在潜在风险，这些风险不仅来自教师对活动内容的设计，还与戏剧教室的布置有关。戏剧教室应尽量保持空旷的状态，不摆放桌椅，给学生的自由活动留出足够的空间，同时也尽量减少摆放各种教具和其他物品，这样既可以集中学生的注意力，也可以降低这些物品可能带来的安全隐患。戏剧教室的地面也尽量使用地胶或木地板，可以参考舞蹈教室的地面，这样在活动过程中可以为学生提供有效的保护，防止磕碰和摔伤。一般戏剧教室中不需要安装镜子和把杆，除非有很多的肢体活动，或者需要与舞蹈学科共用教室。如果安装了镜子和把杆，就一定要提醒学生相关注意事项，比如不能倒挂在把杆上，防止摔下来磕掉门牙；不能用脚去踢镜子，防止把镜子踢碎被玻璃碎片刺到。

　　如果因为教室数量有限，无法安排专门的戏剧教室，那也可以利用其他比较大的空间，如体育馆、操场、户外空地、室内空地等，或利用普通教室来上戏剧课。我们虽然有专门的戏剧教室，但还是会经常带学生去户外上戏剧课，任何环境都可以成为戏剧空间。户外的戏剧课会对教师的课堂管理能力提出更高的要求。

图 5-4　戏剧课可以在校园各种各样的空间里进行

　　普通教室存在的主要问题是教室空间内摆放了课桌椅，在一定程度上限制了学生的活动，狭小的空间可能会让教师不得不减少学生的肢体活动内容，而让学生坐在自己的座位上。从我的经验看，这样的戏剧课堂效果可能会非常不好，要让学生感受到戏剧课的氛围，就需要为他们提供足够大的活动空间。尽管之前有很多建议是将普通教室的桌椅搬到四周靠墙摆放以腾出空间，但实际能够使用的空间仍然有限，同时还须避免学生在活动中磕碰到桌角；另外，下课时，还须花费一定的时间将桌椅复原。如果每堂课都需要做这么多工作，对于教师和学生来说会有一定的负担。所以，如果学校里要开设戏剧必修课，建议开辟一处专门的戏剧课空间，最好是教室，也可以是室内一处空地（户外空间会受天气影响）。

图 5-5　公园也可以成为戏剧教室

八、分组

在普通教室里，分组常常根据同桌和前后桌的布局进行，导致分组人员比较固定。很多学科，在分组之后还会指定组长，由组长来组织组员开展活动。但是在戏剧课堂上，为了优化合作和提高学习效果，往往会采取随机分组并且不指定组长的形式。

随机分组可以通过多种方法实现，比如报数。如果要将学生分成四组，可以让所有学生依次报一、二、三、四，然后相同数字的学生为一组；也可以在某一个戏剧活动后，趁学生随机分散在教室里，直接按区域划分，尽量保证每个区域内的人数差不多。我自己经常采取的方法是，按总人数将学生分成四组或五组，每组八至十人，我会非常随机地在教室里从一点到八或十以确定各组成员，在这个过程中我也会注意男女的比例，并对太调皮的和太安静的学生进行适当的调整，尽量让几个组的构成比较相似。随机分组可以避免总是和"好朋友"在一起或总是和"熟人"在一起，可以避免有学生因为没有任何组要他而难过或自卑，也可以更有效地锻炼学生的团队合作能力。

不指定组长是因为一旦有人被指定为组长，他就具有了一定的权威，会出现组长来安排一切，而其他人只是听从、服从的情况。在戏剧课堂上，我从来都不会指定组长，而是让学生自己在合作过程中遇到问题和解决问题。实际上，他们确实会遇到很多问题，常常刚开始进行小组合作活动就会有学生过来跟我说："老师，他们不带我玩。""老师，我不喜欢他，不要跟他一组。""老师，他们俩都想要这个角色，吵起来了。"……一般情况下，我都会回答："你们自己解决。"是的，这种情况下教师最好不要干涉，而是让学生自己去寻找解决方法。这些情况在我们成年人的世界里难道没有吗？但是很多时候我们也不知道如何解决，原因就是我们在小的时候没有经历和体验过这些，一旦遇到就束手无策了。而学生如果能从小在戏剧中去体验和经历，在被保护的状态下（当出现了打架或者其他有伤害性行为时教师会提供保护）探寻团队合作和人际交往问题的解决方法，那么他们在长大成年之后，将可以更好地应对和处理遇到的困难。

九、观众素养

在第三届执仁有戏戏剧节的"有戏剧精彩"板块，我们安排了小学部和中学部五个剧团在这一学年里创作的五个剧目的演出。五个剧目的演出加上换场，总时长在两个小时左右。观众是小学部一年级至三年级的约一千名学生，把中学部的音乐厅坐得满满当当。当时有人提出这些问题：这么多小朋友坐在音乐厅里观看戏剧演出，这么长时间他们坐得住吗？他们在观看过程中不会吵闹吗？现场纪律该怎么去维持？因为演员要更换耳麦，还要准备道具等，戏剧演出的换场时间比较长，换场的时候他们会不会就闹翻了？的确，一大堆问题。

应对这些问题的经验，主要来自平时上课和集会。每次学校里举办活动把学生集合到一起，班级导师就会收到提醒：要准时到位，看管好学生，提醒学生不要说话。现场又会有教师通过"训话""鼓励""比赛"等形式，让学生能够安静坐好不动。但是大多数时候情况并不理想。有一次在家长课堂，我们请了一位家长来给学生讲课，其实内容还是挺有意思的，但可能家长缺乏管理这么多小孩子的课堂经验，到了课程后半段很多学生开始说话，教师不得不出来维持秩序。

照这样看，戏剧节的演出似乎要糟糕了，到时候一千个学生乱糟糟的，那场面不敢想象。当时因为我是主持人，所以开场的时候，我跟他们说："今天的演出时间比较长，但是我想看看咱们学校的学生在上了这么长时间的戏剧课之后，是否都有了不错的观众素养。"同时我也明确跟他们说："今天你们不会听到我跟你们说'安静'或者'小嘴巴'等，我相信你们的观众素养。"出乎意料的，两个小时的演出，他们真的可以从头到尾都很认真且安静。但他们并不是一直端端正正、一动不动，在观看《大禹治水》的时候，很多学生盯着台上演员的表演，同时还不停地擦眼泪。他们看进去了！当他们沉浸在剧情里，被演员的表演感动时，他们又怎么会去交头接耳吵闹呢？当天演出的五个剧，每个剧的类型都不同，有先锋戏剧、音乐剧、肢体剧、木偶剧和喜剧，每个剧的演出水平都很不错，都能引起学生的共鸣，所以无怪乎他们看得都很认真。

而对于每个剧之间的转场，我当时的应对方式是在换场的间隙带所有的学生玩戏剧游戏。听起来很可怕，带一千个学生同时玩戏剧游戏！我们的学生在平时的戏剧课上积累了丰富的戏剧游戏经验，这对他们来说完全不是问题。甚至其中的镜子游戏，我请了一名一年级的男生到台上来，由他来引领，他无比镇定地带着所有学生一起玩起了游戏！那场面让人印象深刻，一千个学生同时专注地玩戏剧游戏，而引领者是一名一年级小朋友！

图 5-6　一千个学生一起玩戏剧游戏

所以，那一大堆问题实际上都没有出现，我为学生的观众素养点赞！在平时的戏剧课堂上，我非常重视对学生观众素养的培养。比如，当一个班分成四组，各自进行小组合作创编后，在展示环节，我会要求当一个组在展示的时候，另外三个组的学生必须有很好的观众素养，认真地欣赏，并且在展示结束后进行评价。有时候有些学生会忍不住要交头接耳或者对同学的展示哈哈大笑、指手画脚，那么我就会取消这个学生所在小组展示的机会。渐渐地，学生就会知道好的观众是什么样的，也会慢慢养成良好的观众素养。

图 5-7　平时戏剧必修课上小组展示时其余孩子的观众素养

十、教师的状态

以下是来自家长的信息：

缪老师好！昨晚孩子与我聊天，她突然说："妈妈，我给你提个建议，希望你做个严格又温柔的母亲！"我问："何为严格又温柔？"答曰："语言温柔，要求严格。这点我们缪老师就做得非常好，我最喜欢缪老师就是因为他总是很温和地说话，但是对我们的要求又很严格。你知道吗？做父母最基本的就需要做到这一点！希望你慢慢可以变更好！"昨天她突然主动聊到，我听完后很欣慰，能从她的话语里感受到老师和孩子之间温暖的互动。孩子的喜欢是纯粹的，谢谢缪老师给小朋友的温暖！"

戏剧教师的状态应该是松弛的，正如一名好的戏剧演员，能够放松才能够爆发。很多人以为戏剧教师应该像个"戏精"，其实这是有问题的，因为如果教师情绪高昂地在学生面前表演，反而会喧宾夺主，教师成了课堂的主角，学生则沦为观众。教师的情绪可以直接传递给学生，如果一个教师很紧张，或很消极，或很不开心，那么课堂上学生的状态也大概率会如此。我第一次去桐浦镇中心小学的时候，学校临时将一年级一个班的学生叫回学校，让我给学校教师上一堂戏剧公开课，毕竟亲眼看见才能有更直观的感受。这堂课后，周国平校长在他的公众号上记录下了他对课堂的观察，其中有几段他对我上课状态的观察还是挺有意思的，这也是我第一次从旁观者的视角看到我自己的课堂。

下午，缪老师带着一年级（1）班的学生，进行了一节戏剧体验课。一年级接班上课，是非常有难度的。抛开戏剧来看这节课，缪老师的很多地方都是可以让我们学习的。

一是缪老师的声音和语言是保持不变的。这与小学教师不一样，尤其是小学的女教师一进入一年级，就开始做戏。其实，未必需要这样的。我觉得自然讲话更好。

二是缪老师在课堂上很少管控学生，但是他始终用他的语言和戏剧游戏来提醒学生该如何做，允许学生放松地参与学习，但是我们不难发现，学生该安静的时候，自然会保持安静。比戏剧游戏更值得让大家关注的，是他的语言、语速和语调。我们很多教师喜欢用"小蜜蜂"扩音器，其实教师需要的不是响，而是轻。但是这种轻，是带有某种控制的轻。缪老师会用很轻很轻的声音跟学生说，而学生会越来越安静。

三是缪老师始终关注学生动态，及时去调整学生的行为。也就是我们前面说的，一定是在事发前为学生行为提供引导。所有的游戏开始之前，一定要有规则的讲解和提醒，而不是等全乱了，我们再来一通痛骂。比如缪老师会说："我会让会叫的小狗到旁边去，看我们的游戏哦。"我相信，这样的课长期上下来，缪老师和学生之间的关系会特别好。而且，缪老师的课堂秩序会越来越好。

这就是训练有素。

——摘自公众号"越读居"

（有删改）

（一）我对这堂课的回顾

当我走进教室的时候，学生已经到了。将近四十个一年级的学生走进教室站成了圆，我问他们上过戏剧课吗，他们大声回答没有。于是，我如平时一样，带他们从戏剧的基础开始，一步步进入戏剧的世界。尽管是第一次见面，但我很快跟他们建立了联系。在复盘的时候，有教师问我："这堂课的目标是什么？"我说："一年级学生的第一堂戏剧课，其目标主要是让他们习惯和适应戏剧课堂。"当然，今天为了让教师看到更多戏剧课的内容以及如何从故事入手发展戏剧，我加入了《小狗学叫》的内容。

因为主要内容是《小狗学叫》，所以在前面部分的戏剧游戏和即兴也都围绕小狗进行。给学生讲了这个没有固定结局的故事后，我让他们去想象和创编小狗被猎人开枪吓跑之后，还会发生什么。一条线索是，小狗遇见了农夫。我问学生："农夫带狗回去会做什么呢？"他们说："会让狗去赶麻雀，会让狗看家吓跑坏人。"当我问谁想试试时，很多学生摇头说不会。这是这些学生第一次上戏剧课，他们还缺乏戏剧经验，上了多次戏剧课之后，他们一定会踊跃地举手想要来尝试。

我没有急着去催他们，而是给他们多一些时间去思考。一个学生犹豫着举手，我问他想扮演什么角色，他说想扮演小狗。然后又有学生举手说想扮演农夫，还有学生要扮演麻雀、扮演坏人。四个学生第一次站到了"舞台"上，以他们的方式完成了小小的即兴表演。然后我请学生集体扮演不会叫的小狗和会叫的小狗，他们自己分成了两组。当会叫的小狗发出了响亮的"汪汪汪"，不会叫的小狗明显一愣。我问不会叫的小狗："你们为什么会愣在这里，而没有去跟会叫的小狗一起玩？"他们回答说："我害怕。"不会叫的小狗第一次听到真正的狗叫声，会感到害怕。

后来复盘的时候有教师问我："最后这部分是即兴的，还是事先计划好的？"我说："是即兴的，实际上，课堂上大部分时候都是即兴的。"戏剧课堂不会预设很多细节，教师要能应对未知，包容学生可能有的任何回答或是行动。

我在给这个班上课的时候，有个小女孩引起了我的关注。她在学生都扮演狗的时候说了不少话，我问她在说什么，她直起身跟我说了一通，但是我没听懂。当时我以为她说的是方言。后来几次听她说话，我发现她似乎说不清楚，或者无法正常去发声。后来在将这个故事联系学生生活的时候，一个学生就指向了这个女孩，但是被我岔开了。我跟教师复盘时说，当时我其实已经意识到这个女孩的情况，如果为了让这堂课效果看起来很好，那可以将这个女孩的情况作为案例，跟不会叫的小狗恰巧有些相似。但是当时我下意识地岔开了，我不想这样做，因为我想保护这个女孩。在这样规模比较大的课堂上，如果将她的情况作为案例，一定会伤害到她。而戏剧教育里，一定要为学生提供保护，尤其在这种故事情境跟真实生活非常接近的情况下。

在课上和课下，这个女孩都主动跟我说话，每次我也都蹲下来听她说。她用手环抱着我的肩膀，跟我说了很多。实际上我没听懂她说的，但我努力去理解并给她正向的回应。我很喜欢这个孩子。

（二）桐浦镇中心小学金洁老师的回顾

下午缪老师带着一年级学生上教育戏剧课。在这种完全开放式的环境里给一年级三十几个活泼好动的孩子上课会是怎样的画面呢？会不会全场失控？缪老师要怎样才能治住他们？我觉得我真是一位操心的老师。当然还有比我更操心的，那就是这个班的班主任张老师，她好几次想"出手"相助，最后都被劝回来了。慢慢地，孩子们被缪老师"控场"了。

一个小时的教育戏剧课，缪老师带着孩子们在游戏中体验了三年级一篇童话故事《小狗学叫》的戏剧创编。孩子们第一次上戏剧课，第一次自己创编，虽然在课堂结束的时候还没呈现出这个童话故事的完整剧情演绎，但我读到了教育戏剧对于孩子们来说的在场感。角色生成的在场感：后续故事的角色都是孩子们自己想象出来的，而不是教师给安排的。台词的在场感：角色的台词不是成人写给孩子让他们去背出来的，而是他们根据具体情境自己当场生成的。剧情的在场感：故事如何发展不是教师写出来的，而是孩子们共同编辑的。情绪的在场感：所有孩子演的角色心理都是他们自身真实情绪的反馈，而并非剧本里所描述的愤怒、高兴、忧伤……其中有个情节让我印象深刻：一部分孩子扮演不会叫的小狗，遇上会叫的小狗，当他们听到"汪汪汪"响亮的叫声时，他们愣住了。缪老师问他们为什么愣住了，有孩子说这种叫声让他感到害怕。多真实的表达啊！

关于戏剧课堂的管理，还有很多很多大大小小的方面，除了可以借鉴他人的经验外，更多的还是需要在日常教学实践中观察和总结。如果想要真正学会如何上戏剧课，最好的方式是走进好的戏剧课堂，长期持续观察和学习，然后再进行自己的教学，其实还是那个道理——做中学。

在我们开展戏剧课程的这些年里，我们很多次收到希望走进我们戏剧课堂的请求。的确，没有亲眼见到我们的课堂，只是看到一些视频片段、听我们在讲座报告中的只言片语，甚至只是读这本书，都很难真正了解或理解我们的戏剧课到底是什么样的。但是出于不干扰日常戏剧课程的考虑，除了与个别的公益基金会合作的一些项目，我们一直没有对外开放我们的戏剧课堂。如果只是来偶尔听一堂课，尽管会对戏剧课有个印象，但这种了解如同管中窥豹，谈不上真正的了解，甚至可能会导致理解的偏差。

所以，王珊来到我们学校在戏剧组跟岗实习一个学期，就显得尤为难得。她是第一个在较长时间内零距离观察我们的戏剧课堂的人，她沉浸式体验戏剧组的日常工作，和我们一起冲锋在戏剧论坛和戏剧演出的第一线。所以她是第一个对我们的戏剧课程有很深了解的人，同时因为她的毕业论文就与教育戏剧相关，所以她会以研究者的眼光和态度看待我们的日常教学。平时每次听完课，王珊都会跟我们讨论课堂上观察到的现象。能够感觉到，她对戏剧课的认识从最初到现在有了显著的变化。她说这种变化如果不经过长期的看课是不可能有的。最初她对戏剧教育的理解也只是停留在自己看过的一些书本和在网络上看到的关于我们的一些视频里。但是当看到学生在戏剧必修课上的持续改变，她受到了强烈的震撼，可以说颠覆了她对戏剧教育的印象，也让她对戏剧教育研究的热情更高涨。

对于我们来说，这种改变是这几年戏剧课程里一直在发生的，但这次是第一次被第三者观察到。我跟她说，除了我们戏剧教师自己，你是第一个观察到这个现象的人，因为很难有人能这样持续地听我们的课。

她还观察到，不仅是不同年级之间存在差异，即使是同样的课程内容，我在同年级的九个班都上一遍，教法和体验过程也各不相同。这是因为每个班的学生都不一样，学生在课堂上生成的内容也不一样，所以教育并不是简单地重复。下面，我们通过王珊撰写的课堂观察报告，透过第三者的视角来看戏剧课是什么样的。

课堂观察报告：在戏剧课中看见孩子

教育戏剧是什么？什么是戏剧教育？二者有什么区别？是不是很多人和我有一样的疑问？在学术上，关于这两个概念的争论喋喋不休。最近我正在做一项关于教育戏剧课程实践方面的研究。关于刚才提到的问题，在来到天府七中见到缪博士的第一天，我提出了同样的疑问。

我猜想着会得到一个关于二者之间站队的回答，但是缪博士的回答在我的意料之外。他说不管是教育戏剧还是戏剧教育，只要核心是戏剧，落脚点在教育，那就没问题。你越是去区分二者之间的关系，越不利于在中国去推动戏剧教育或教育戏剧的发展，这会成为一种阻碍，阻碍大众对戏剧教育工作的认识。这个回答给我的印象特别深。通过简短的交流，我感受到在缪博士眼里，他在意和专注的是戏剧教育在国内的普及和发展，而不仅是局限于天府七中。虽然天府七中的戏剧课程已经做得非常棒了，但是还有更多可能性，中国的戏剧教育工作的潜力非常大，我们目前只是在实践中跨出了小小的一步而已。戏剧的教育潜力远不止我们表面所看到的那样。通过近一个月的课堂观察，我在戏剧中"看见了孩子"。

通过戏剧课走进孩子内心

孩子喜欢玩，并天生喜欢游戏、喜欢创造，他们的思维具有形象性和泛灵性的特点。玩，是孩子的天性。但戏剧，真的就是玩吗？通过在不同年级的戏剧课上对孩子进行观察，我发现孩子确实在"玩"，大家眼中的"玩"对孩子来说却是一种独特的生命体验，我观察到他们十分享受戏剧游戏的过程。大家从小都玩过"过家家"的游戏，通过"过家家"的游戏我们可以体验到成为大人的乐趣，了解大人世界的各种事情。同样，在戏剧课中，孩子可以把自己的经验世界重新建构在他们想象的世界里，在即兴发挥中了解世界、幻想世界并逐渐形成认知，这种内在的演绎表达形式是孩子的天性。戏剧教育正是从天性的角度去启发孩子，让孩子能在更加自由、畅快的感悟中进行创造性学习，从而生成自己的经验。

小学三年级的戏剧课刚结束"我心中的草堂"这个主题。在这个主题下，袁媛老师以"杜甫的草堂"为背景，以杜甫著名的几首诗作（《春望》《堂成》《客至》《茅屋为秋风所破歌》《春夜喜雨》）为序，结合孩子的认知，带领他们在情境构建中去体验杜甫的心理变化过程，逐步认识到杜甫心中真实的那个"草堂"。在"通感"的作用下，孩子也思考起自己心中的那个"草堂"。一百个孩子，就有一百个世界。在课堂中，我听到孩子们口述出的各种千奇百怪的"草堂"。这其中，有一些孩子的回答深深地触动了我。

"我心中的草堂是爸爸妈妈的拥抱和安慰。"

"我心中的草堂是想要妈妈像关注姐姐那样多关注我。"

"我心中的草堂是体验一次姐姐的童年。"

"我心中的草堂是对着洋娃娃诉说。"

"我心中的草堂是平板、手机和游戏机。"

……

图 5-8　孩子心中的草堂

作为旁观者，我从这些"草堂"里看到了孩子最真实的心理状态。每个孩子心中都有一个"草堂"，这既是他们的"草堂"，也是他们心中最朴素的心理需求。这些需求可能在别处很难去倾诉出来，但是戏剧能够很好地满足孩子的表达需求，让孩子在戏剧课的沉浸体验中去与世界、与自己对话。每听一次戏剧课，都会让人产生一种新的思考，我觉这就是戏剧课的魅力吧。通过戏剧游戏的玩法可以深入到我们平常注意不到的场域里，帮助我们更好地去理解孩子、认识孩子，走进他们的内心。

在戏剧课中看见孩子的世界

在戏剧游戏中，戏剧教师需要用孩子的眼睛去观察，用孩子的耳朵去倾听，用孩子的大脑去思考，用孩子的兴趣去探寻，用孩子的情感去热爱。孩子的视角，正是我们教育的根本。

因此，戏剧教师必须是懂孩子的。这也是我十分欣赏缪博士和袁媛老师的一个很重要的原因。我觉得他们很懂孩子，并用心爱护着孩子。在他们的课上，我感觉每一个孩子都是一个神奇的盒子，盒子里藏着惊喜，而两位老师的手上仿佛都有一把开启这些盒子的钥匙，让我总能在课堂上有意外收获。

在我观察到的缪博士的戏剧课上，他从来不会先去定下这节课的教法，同样的主题，每个班的教法和体验过程完全不同。缪博士说："戏剧课是一种双向给予的学习过程，我不会先去预设课堂中的剧本，剧本是在课堂中由孩子自己生成的，创作的灵感来源也取决于孩子，取决于孩子能给到我什么，与其说我在教他们，不如说他们在教我。"在观摩的过程中，我时常被孩子出人意料的话语、天马行空的想象、超凡的创造力所震惊。我时常怀疑，怀疑他们还是这个年龄阶段的孩子吗？这些孩子的认知能力超出我对他们的认知，这和我观察到的他们在常规课上的表现截然不同。在戏剧课上，我看见的孩子是发着光的。

在小学一年级的一次课上，缪博士让孩子们想象一下九色鹿的世界里有什么。他们都不约而同地回答有树、有河流、有鲜花、有小草、有山坡，等等。但其中一个孩子语出惊人，他回答有沙漠，这个回答遭到了全班其他同学的质疑。但缪博士却没有立即否定这个孩子的答案，而是让他把自己的思路分享给全班同学听。这个孩子结合自己的认知认真地向大家分析了他的思路，虽然这个分析在逻辑上有点问题，但也不无道理，毕竟这是孩子心中九色鹿的世界。缪博士也在接下来的情境构建中大胆地鼓励孩子去把沙漠搭建出来。这个班也成了整个年级唯一在九色鹿的世界中搭建沙漠场景的班级，沙漠在九色鹿的世界里成了一道亮丽的风景，别具一格。戏剧成就了孩子的体验与想象。在戏剧中，我看见了孩子的世界。

戏剧课中的规则意识

旁人眼中看到的戏剧课可能是乱糟糟的、无序的、没有规则的。大家眼中看到的孩子像是一个个泼猴，有在地上打滚的，有随处乱跑的，还有大声吼叫的……这也是我刚开始观课的时候看到的景象。但这真的就是乱吗？戏剧课有规则吗？

当然是有的。经过多次观课，我发现孩子和教师有一种默契，这种默契能保证一堂课顺利地进行下去。教师会在课堂中和孩子一起建构规则意识，而不是在课堂的一开始就强调规则，孩子能在这个过程中更好地理解规则的重要性，这些规则主要是由孩子发现和提出的。经过多次课堂观察，我发现一年级至三年级的孩子普遍不太会倾听课堂上其他同学的发言或是教师的指令，这种现象在一年级学生身上表现得尤为突出。

在一年级的一次课中，有一个环节的任务是构建九色鹿的世界，还没等缪博士发布完任务，孩子们就开始手忙脚乱地构建他们自己眼中的九色鹿的世界。刚开始动手构建，他们就遇到了各种问题，有孩子跑来问："构建需要用哪些道具？"也有孩子跑来问："我们是各自搭自己的，还是搭建一个整体？"我发现缪博士在这个时候的处理方式是保持沉默，让孩子们自己在游戏进行不下去的时候意识到问题所在。最后，班上有一个孩子大喊"老师还没说完呢"，这个时候他们才意识到了真正的问题——他们没有倾听完教师发布的任务。通过这次小小的"教训"，孩子们明白了倾听的重要性，对戏剧游戏中的规则有了一些感悟。在后面的几次课中，我发现孩子们会在教师讲话的时候关上嘴巴或是放低自己的音量，课堂秩序也改善了很多，在戏剧课的规则中孩子们更能投入和享受他们所谓的"游戏"和"玩"。在戏剧课中，我看见的课堂是"乱"中有序的。

小结

在近一个月的课堂观察中，我有很多收获，也有很多感触。现在的我才真正体会到"跳出教育看教育，跳出教育发展教育"这句话的深意。戏剧教育被欧盟国家一致认为是最好的素质教育教学手段。在真实的戏剧课堂中，我看见了生动有趣的孩子们，看到了他们在戏剧中自由生长的那股生命活性和力量。戏剧教育就是要让孩子们的童年自然而然地发生，让孩子们的童年装满美好的回忆，照亮他们的成长。

近年来，随着国家对美育的重视，教育戏剧逐渐得到了推广和发展。教育戏剧实践是一次我国教育价值观在课堂教学方法层面的微观革新。天府七中在戏剧教育发展上取得的成果是有目共睹的，为我们审视中国教育戏剧在当下中国的实践呈现出了一个微观图景。这也是我选择要来到这里学习和做研究的原因。在天府七中，还有更多的可能性。在中国，教育戏剧的推广和普及值得我们期待。

（文 / 王珊　西南民族大学教育管理专业硕士研究生）

第六章 校园戏剧编创

一、校园戏剧的类型

（一）课本剧

国内最常见的校园戏剧类型应该就是课本剧了。课本剧是将语文课文改编成戏剧并表演，最早出现在 20 世纪 80 年代，目的是辅助语文课文的学习。课本剧本身具有一定的价值，相比于枯燥地阅读文字，课本剧可以将课文中的人物和故事立体地表现出来，学生除了阅读还可以有更多有趣丰富的学习活动，最终还能站在舞台上演出。课本剧也有助于学生更深入地理解人物和情节，相比于口头总结中心思想或者写读后感，更容易引起情感共鸣。同时，课本剧排练过程中的集体合作，也会成为课堂上美好的回忆。所以，课本剧应用于语文课文的学习，可以成为语文和戏剧融合的经典案例。

但是，随着教育理念的创新和发展，课本剧的局限性也越来越被大家关注。课本剧的本质是将故事发展成为戏剧，传统的做法就是将课文的故事直接表演出来，由教师担任导演，学生担任演员，情节和文字也基本来源于课文。相比过去比较单调的照本宣科，加入一定的表演确实能让课堂更有趣。但是，站在教育创新的角度来看，这种做法却存在很大的问题。如何将故事发展成戏剧？绝不能只是将故事表演出来，需要运用戏剧元素重构故事。带学生进行戏剧创作，要避免拿现成的剧本给他们，简单地分角色表演，而是要从最初的素材搜集开始就跟他们一起，一边探索一边进行集体创作，他们可以在作品中投入自己的生活经验，最终这个作品才能是他们自己的。

所以如果课本剧创作仅仅是将课文原样表演出来，从学习和育人的角度来看，其价值是有限的。根本原因在于教师对戏剧的了解有限，无法将戏剧的元素和方法运用于课本剧的创作。课本剧也属于戏剧，课本剧的创作不能抛弃戏剧的元素，更不能只是让学生将已有的故事演出来。

（二）青少年剧场

相比于课本剧或校园剧，我一直有一个愿望，就是做专业的青少年剧场。一方面是因为我除了是教师，也是剧场导演，拥有专业剧场导演的能力；另一方面是因为我对目前校园剧的水准感到不满意。有人可能会说，校园剧又不是专业戏剧，不专业很正常。但问题并不在于学生演得是否足够专业，而是校园剧的创作与真正的戏剧艺术是脱节的。校园剧往往由学校教师带着学生排练，大多时候采用经典剧本或其他现成的剧本，大多数学校教师往往不具备戏剧创作的能力，甚至很多教师从来没有看过戏剧！他们凭着想象或者在电视里、书上看过的碎片画面去拼凑出一场演出。而学生就更没有时间去看戏剧了，我们见过太多从来没有上过戏剧课的孩子直接就去参加戏剧排练并上台演出。可是，他们并不具备戏剧的基本能力。在这样的情况下创作的校园剧，又如何去奢望专业呢？校园剧的初衷，也是让学生有机会体验戏剧艺术。拿美术来类比，校园剧就好比美术学科在学校里举办学生的美术展，这是我们在很多学校的展墙、大厅、走廊可以看到的。这些美术展的作品大多还不错，这得益于学生每周都上美术课，会学习美术的基本元素如色彩、线条等，所以学生的作品水平不至于有太大问题。

从下面的表格，我们能看到校园剧和美术展在课程、师资等维度的对比。美术展的专业度是来自专业师资和学生的长期学习，而戏剧既没有专业师资也没有学生的长期学习，又如何期望校园剧有专业度呢？我一直相信，学校的艺术教育，必须将真正高质量的艺术带给学生。如果学校的艺术教育与外界的艺术发展是脱节的，仿佛两个世界，那学校的艺术教育有什么价值呢？也因此，我会对艺术组团队的教师提出：艺术教师要活得像个艺术家。尽管艺术教师相比专业的艺术家可能有一定差距（并非一定），但是我们还是要尽可能带给学生专业的艺术体验。

表 6-1 校园剧和美术展对比

	校园剧	美术展
课程	无戏剧课	每周有美术课
师资	无专职戏剧教师	有专职美术教师
学生专业素养	不了解戏剧的元素	掌握美术的元素
成果	校园剧演出	举办美术展
效果	无专业度	有一定专业度

所以，提高校园剧的艺术水准，对于戏剧教育在学校里的发展至关重要。具体做法就是培养专业的师资，开设戏剧课，让学生通过长期的学习提高戏剧素养。在最初，我就对戏剧课程做了定位：为全校所有的学生，设计的是教育戏剧必修课，让每个学生都能够从戏剧中受益。同时，我们也为对戏剧艺术感兴趣的学生开设各种各样的戏剧选修课，提高他们的戏剧艺术素养。而对那些既对戏剧艺术感兴趣，又表现出戏剧表演潜力的学生，我们才会选进戏剧专修课，组建儿童剧团。实际上，即使在剧团，我们仍然会使用大量的教育戏剧方法来训练和创作。最关键的是，我们不会给学生现成的剧本，让他们分角色背台词，而是基于素材和文本，带他们一起共创。这是一步一步实现的，而非一蹴而就的，否则就变成无根之木了。

这几年里，我们已经创作了近十个原创剧目和经典改编剧目。相比于专业剧场，我们也还是会有些不同，即重视学生与教师共创，最开始没有剧本，剧本会在创作过程中逐渐成形。这种创作方式也是我当初在欧洲学习戏剧的时候，教师最常见的教学方式。同时，我们也很重视对学生戏剧基本能力的培养，尤其是肢体方面，所谓行家一出手就知有没有，我们的学生往舞台上一站，就能看出来是有真功夫的。此外，我们重视戏剧的教育意义，每一部剧的创作，都会联系学生的生活，启发他们对生活问题的思考。青少年剧场必须反映青少年的生活和困境。剧中并不会给出最终的答案，但是无论是演出的学生，还是观看的观众，都会通过这些剧去思考去探索。好的儿童戏剧是既适合孩子看，也适合大人看，甚至，我们可以通过青少年剧场去影响成年人。家长肯定会想要来看自己孩子的演出，或许他们最初只是想看看自己孩子在舞台上的表现，但在观看之后，他们会发现，在不知不觉中自己就会进入到戏中，关注的不再是自己孩子的表现，而是这个剧带给自己的影响。戏剧的力量是巨大的，我相信，小儿有大戏！

1. 小学生可以表演古希腊戏剧《安提戈涅》吗?

这个问题,在过去我也没有答案。这个想法来自我在研究生时看过的一个案例。戏剧导演菲利普·罗帕特(Philip Lopate)是纽约第七十五小学的驻留艺术家,这所小学坐落于曼哈顿西部,是一所创新学校,很多外面的艺术家来这所学校进行各种各样的艺术创新项目。菲利普当时正为五年级和六年级的学生进行戏剧教学,他选择了契诃夫的《万尼亚舅舅》,这引起了很多人的疑虑:小学生可以表演这么难的剧本吗?扮演索尼娅的小女孩丽萨说,他们大多都不知道契诃夫是谁,所以他们自己并没有觉得怎么样,反而是当别人知道他们要表演契诃夫的戏剧的时候非常惊讶,这让他们意识到自己正在做一件不容易的事。

事实上,无论对于菲利普,还是他的学生们,又或是其他教师和其他人,都不觉得这个项目可以成功。毕竟在大家的印象中小学生演的戏剧不就是那些情节感情都比较简单的故事吗,契诃夫对于小学生来说太难了。无论是台词,还是人物情感,对小学生来说几乎都是难以胜任的。但是当所有人开始进入《万尼亚舅舅》的排练后,神奇的变化发生了,最终的结果是非常让人满意和惊奇的,学生们获得了巨大的收获和成就感。

这个案例一直留在我的心里,因为一直以来我对小学阶段的儿童戏剧的低幼化感到疑虑。在希腊求学期间,我看到无论是在学校里还是在剧场上演的儿童剧,无论舞美服装道具如何,哪怕故事就是大家熟知的童话,都不会让人感到低幼甚至幼稚,而是坚持了戏剧的基本——引发观众思考,当然这里的观众是儿童。

当我回到国内开始教小学的戏剧课,我用心去感受各个年龄段学生的差别,确实发现了在每个年龄段学生的心理状态都有很大的变化。现在的孩子可以轻易接收到社会上纷杂的信息,并且他们也会思考。所以我们不能假装认为现在的孩子的思想还是和我们那时候一样,而是应当去帮助他们思考。即使我们不去帮助,他们的思考还是会同样进行。

于是我在平时的戏剧课堂上会跟他们去探讨比较深的话题。我会根据不同年级使用不同的素材,比如一年级是动物王国开大会,二年级是曹冲称象,三年级是挨饿的北极熊,四年级是特洛伊战争,五年级是米尔蒂斯,诸如此类。我也会根据儿童不同年龄段的心理特点去引导学生思考和讨论。没有标准答案,重要的是思考、思辨。

我们也逐步创作了一些戏剧作品,不过我心里的一个想法越来越强烈,那就是尝试菲利普在纽约第七十五小学契诃夫教学案例的想法。经过挑选，我选择了古希腊戏剧《安提戈涅》，但小学生可以表演古希腊戏剧《安提戈涅》吗？这个时候，我仍然没有答案。因为相比契诃夫，索福克勒斯的《安提戈涅》在难度上完全不输于《万尼亚舅舅》，甚至更难。我没有直接使用索福克勒斯的文本，因为那与小学生的生活和理解水平相距甚远，我们要创作的是校园版的《安提戈涅》。

很快我组建了学生剧团，但是，我仍然不确定他们能否完成这个作品。或许就跟当时的菲利普一样，只有到最后一刻才能确定。

第一次排练，我把索福克勒斯和我改编的两个版本《安提戈涅》给学生进行了详细讲解。这个剧作即使是很多大人听完都会一头雾水，因为人物关系非常复杂。对孩子来说这是个巨大的挑战，对我自己也是，不过我们要一起去探索一起去克服遇到的每一个困难。在创作中，我越来越享受导演的过程，因为要把文本变成舞台呈现，这是一个巨大的创作过程。你可能会有无数种呈现方式，也可能会怎么都想不明白这个地方该怎么呈现。我把这个过程坦诚地展现给学生看，这样他们也可以从中学到很多。

正如纽约第七十五小学的丽萨和其他孩子所说，他们不知道契诃夫是谁，咱们的孩子也不知道索福克勒斯是谁。台词已经很难，动作同样很难，而更难的是角色。我很多次跟他们说，我看到的还是他们自己，并不是安提戈涅或海蒙。但我也不会太着急，因为这些要求对孩子来说确实太高了。在我的改编里，安提戈涅被分成了两个人，分别代表反抗的安提戈涅和顺从的安提戈涅，后者我称其为隐形的安提戈涅。这样就需要两名二年级女生扮演同一个角色的不同侧面，这几乎成了这部剧成功的关键。她们俩都没有让我失望，在一个多月的排练里进步极大，让我刮目相看。

这次的剧是真正从古希腊戏剧改编而来，所以歌队肯定是要用上。还记得我带着剧团去杜甫草堂演出《天府诗圣》，路上有人看到她们穿着汉服，就问她们是演什么角色，她们回答"歌队"，然后我就看到路人一头雾水。她们的回答并没有错，其中有十四名演员是扮演歌队，但是路人肯定不知道歌队其实是古希腊戏剧中很重要的角色——最初的古希腊戏剧只有歌队，后来才有了一个演员、两个演员到三个演员。《安提戈涅》中的歌队又有所不同，并没有像《天府诗圣》有固定的演员演歌队，而是不同角色的演员在某个时刻都可能成为歌队成员，这也是歌队在现代戏剧演出中更高级的用法。这就涉及一个演员在同一个舞台扮演不同的角色的问题，这对于刚开始学习戏剧的小学生来说还是有一定难度的，不过他们都完成得很出色。在这部剧中，我还加入了一些先锋实验戏剧的元素，这些也都是他们在之前戏剧学习中没有接触过的，这也增加了表演的难度。

图 6-1　在《安提戈涅》中运用了古希腊戏剧歌队的形式

跟学生一起排练的时候，我感受到最多的就是认真。他们的学段从二年级到五年级，年龄从七八岁到十岁十一岁，这导致他们在身心发展上存在很大差异。平时休息的时候他们也会打打闹闹，但在排练中，我能感受到他们认真的劲儿。我坚信，他们有这股认真的劲儿，将来的路一定能走得特别精彩。

与菲利普的《万尼亚舅舅》一样，我们的《安提戈涅》也终于顺利完成，相比他们的三个月，我们只用了一个半月。如果再有更多的时间，我们肯定会排得更好。对我们的学生来说，结果并不重要，重要的是在这个过程中他们又成长了。所以，小学生可以表演古希腊戏剧《安提戈涅》吗？我终于可以给出答案了。

图 6-2　小学生创排的《安提戈涅》顺利完成

2. 走进大凉山戏剧节

跟大凉山戏剧节其实已经有多年的渊源：2020年第二届大凉山戏剧节，我带学生创作的《安提戈涅》入围；2022年第四届大凉山戏剧节，我们的《精卫填海》入围。但这两届均因为新冠疫情未能成行。到了2023年第五届大凉山戏剧节，这两部剧再次入围，还有一部新剧《蜉蝣》也入围了，所以总共有三部剧入围。当我把入围的消息告诉学生和家长，大家都很受鼓舞。从最开始线上参加比赛，到参加社区戏剧演出，再到参加中国儿童戏剧节，再到参加环境戏剧演出，再到大凉山戏剧节，我们带着学生剧团一步一步向专业领域前进。

在准备阶段，我们的三个剧都有演员的更换，新血液的注入既可以让这些剧有新的演绎，但同时也为准备工作增加了压力。由于平时教学任务重，同时还有其他活动，如戏剧教育论坛等，有时还要出差，如去中央戏剧学院和国家话剧院，所以出发前我们的排练次数很有限。我们只能让每次排练都高效率、高质量。

临出发前，总是会状况不断。最大的问题是，这个初冬很多孩子发烧，据说儿科的候诊时间已经长达几个甚至十几个小时，这也同样影响了剧团。比如《蜉蝣》中很重要的角色"楚"的扮演者，在出发前两天发烧了，于是只能临时让其他学生试这个角色。即使出了很多状况，我们也没有焦虑，或许"大风大浪"也见过不少，所以对应付这些问题还是有底气的。学生也很给力，无论是临时调整，还是增加台词和戏份，他们总是让我们安心。这次去大凉山戏剧节，我也把戏剧组和美术组都带上了。严格来说，戏剧组和美术组的教师都是我的徒弟，所以也算是一趟学习之旅，正合学校倡导的"走出去，动起来""读万卷书，行万里路"。

我们的演出场地叫月剧场，是个非常特别的演出场地。特别之处在于，这是个露天剧场，就在邛海边，因此演出的时候就以泸山和邛海为背景，以蓝天、白云为幕布。美则美矣，学生要掌控这样大的演出空间难度相对较大。而且露天剧场的干扰因素非常多，除了在演出期间的人来人往，还有强烈的阳光和猛烈的风。我们虽然戴了耳麦，但是在这样的环境里信号会受到干扰，这又对学生提出了挑战。

看到剧场的那一刻，我还是挺喜欢的，因为有点像希腊古剧场，环绕台阶式的

图 6-3　邛海边的月剧场

观众席，圆弧形舞台，很自由。我们有条不紊地开始了走台、摆放道具、搭建音控台、化妆……时间慢慢来到中午，来了几位戏剧界的朋友和老师，我们聊着国内戏剧和戏剧教育。下午快演出之前，又有一个孩子开始发烧。吃了药休息，我跟他的家长说："我个人建议孩子不带病上台，身体才是最重要的。当然，我尊重孩子自己的意愿。"大家都细心照顾这个孩子，同时我也跟另一个孩子说："你做好顶上她的位置的准备。"这个孩子相当稳妥地说："好。"

下午两点，执仁实验剧团的孩子开始去帮执仁艺术剧团《蜉蝣》发传单邀请观众。我们让两个团的孩子互相为对方做宣传，除了演出，这也是特别好的锻炼机

图 6-4　孩子帮同伴发传单邀请观众

会，孩子自己也乐在其中。两点半，执仁艺术剧团的孩子正式登台，开始《蜉蝣》的演出。袁媛老师在音控台播放音乐，雨霞、诗雨、煜钰和玉雪在舞台侧边担任舞监，我在全场巡视，也跟来观看的朋友和老师低声交流。大家对孩子们的演出赞不绝口，有些耳麦会突然掉频，但孩子们却不会因此卡顿，而是完全在线，说明他们全情投入其中。

从珠海来到现场的大卫老师问："孩子们的麦是全开的吗？"我说："是的，目前做不到单个控制，所以只能全开全关。"他这样问的原因是，孩子即使在后台（由于在露天剧场，其实观众也把后台看得清清楚楚的），也不会有任何小声的交流，任何一点声音都会通过耳麦放大到音箱，这就要求孩子要专业和有高度的自律。在《蜉蝣》的整个演出过程中，不曾有一点那样的声音。风也对孩子发起了挑战，它猛烈地吹着孩子，把纸片吹得到处都是，吹进水里，甚至连道具毛毛虫都吹落水中。耳麦中传出呼啸的风声，孩子手里的蜉蝣偶被风吹得快折断了，我心里真的为他们捏一把汗。但是，真的，孩子情绪稳定地应对这些挑战，我不得不叹服。

这次演出我还有一个很大的担心，就是担心观众会很少。在出发之前看到前几天不少演出的观众都很少，有些演出只有十几个观众，这可能对演员产生较为消极的影响。所以我们安排了孩子在演出之前去宣传。到了演出的时候，看到观众席几乎坐满了，我心里的石头也算落了地。感谢顶着烈日观看演出的观众！

图 6-5　在大凉山国际戏剧节演出现场的观众

下午四点，执仁艺术剧团的孩子开始为《精卫填海》宣传。发烧的孩子也基本平稳，表达了想上台的愿望。于是我让原本顶上的孩子回到原位。当真是牵一发而动全身。四点半，实验剧团的孩子正式登台开始演出。这个剧里，我配合着孩子的表演，在台侧敲着鼓，吹着箫，为他们现场配乐。我想起了我的第一位戏剧导师丹尼斯跟我说的："当你成为一名成功的导演后，记得要给自己在剧中留一个角色。"在舞台上的感觉真好。

图6-6 《精卫填海》在大凉山国际戏剧节演出

一位家长事后写道："虽然已经观看过几次孩子们的节目，但当音乐响起，孩子们的声音传出，还是不免感动。"孩子们的演出仍然打动人，触动人心。这次以邛海的碧波为舞台背景演出《精卫填海》特别应景。这一天两场演出圆满落幕，我们获得了观众和组委会的高度好评。

第二天的下午是中学部戏剧校队——天七戏剧社的先锋戏剧《安提戈涅》。在《精卫填海》结束后，我带中学生在舞台上排练一遍。哪知排练过程中，越来越多的路人或坐或站，看完了全程！当时那样的戏剧氛围，真的是太棒了！

《安提戈涅》的演员里有一半是初一新生，他们是第一次站上戏剧舞台，所以要说不担心是不可能的。这一天的耳麦也在演出的时候出了很多问题，所幸经过戏

图 6-7 《安提戈涅》排练场景

剧课上的练习，即使在耳麦无声的时候，他们也能够让自己的声音穿越水面，到达观众席的最后一排。袁媛老师说，她在旁边听着孩子充满力量的表达，鸡皮疙瘩都起来了。真心为他们在短短时间里的成长而高兴。

图 6-8 中学生剧团在大凉山国际戏剧节演出《安提戈涅》

大凉山戏剧节并非终点，而是路途上的一个里程碑。接下来我们将继续带着孩子走向更大的舞台，去看更大的世界。

3. 其他青少年剧场作品案例

由于各方面的原因，校园戏剧整体上质量不尽如人意，尤其在创作水平、作品价值等方面既达不到专业戏剧的层次，也实现不了学校教育的目标。在我们带孩子进行戏剧创作的过程中，一直重视戏剧作品对于孩子的意义。以下列出我们创作过的几个青少年剧场作品案例，供大家参考（以下四个剧目入围 2024 大凉山国际戏剧节、成都市儿童戏剧季、成都儿童舞台艺术精品演出季）。

（1）肢体剧《伊卡洛斯之翼》

剧情简介：本剧取材于古希腊神话，建筑师代达罗斯在为雅典王子忒修斯出主意，让王子成功进入迷宫杀死牛头怪米诺陶之后，失去了米诺斯国王的信任，于是他决定制造翅膀带儿子伊卡洛斯飞离克里特岛。伊卡洛斯跟随父亲代达罗斯舞动翅膀在海上飞，越飞越高，结果翅膀解体，伊卡洛斯坠落海中。作品聚焦于我们是否应该听话，以及如何承受不听话的后果。儿童对伊卡洛斯为什么会向着太阳越飞越高有各种不同的解读。那如果还有一次重来的机会，伊卡洛斯还会向高空飞去吗？这留给自己回答。伊卡洛斯的经历如同一场梦境，儿童在这个梦境里飞翔。

演出学生：王露颖、王千月、朱妙龄、周小墨、韩童熙、王思斯、肖沛菡、安奕辰、曾馨、王芃予、刘雨萌、孔怡菲、莫雨墨。

图 6-9　肢体剧《伊卡洛斯之翼》

（2）先锋戏剧《项链》

剧情简介：本剧改编自法国作家莫泊桑的同名小说《项链》，讲述了一个嫁给了小职员过着清贫生活的女人，每天在幻想着富有生活的故事。丈夫带回来的一张舞会请柬，让她有机会走进上流社会的圈子。她向朋友借来一串项链，以让自己在那些千金小姐之间不至于暗淡无光。一夜繁华之后，她惊恐地发现项链丢了，仿佛从天堂瞬间坠入了地狱。她和丈夫四处凑钱买了一串样子相同的项链还给了朋友，为此花了十年的时光挣钱偿还债务，过尽了苦日子。然而，朋友的一封来信，让她得知了真相。爱慕虚荣是否有罪？长达十年的自我救赎是否值得？当真相来临，该如何面对？这些问题催生了我们对人性的拷问。当自己遇到类似的境况，又会如何去选择？在玛蒂尔德身上，我们看到了自己。

演出学生：梁境舟、马语珂、刘瑾瑜、李婧媛、邓涤岚、张婧如、孙鸣宇、何昀修、彭子骁。

图 6-10　先锋戏剧《项链》

（3）影偶剧《大禹治水》

剧情简介：本剧以大禹治水的故事为背景，以孩子启的视角聚焦当今的亲子关系，尤其是父子之间的关系。大禹的父亲鲧使用筑堤堵水的方式治水失败，最后窃取了天帝的息壤葬身于羽郊。三年尸身不腐，孕育出了禹。水灾越来越严重，舜帝将治水大业交给了刚成家不久的禹。大禹离家十三年，在外治水，曾三过家门而不入。大禹的孩子启从出生开始就一直跟着母亲生活，尽管他知道父亲是去治水了，可常年缺少父亲陪伴，遭到了不少同伴的孤立和嘲笑，慢慢变得孤僻冷漠。最终在他长大后，他决定去寻找治水的父亲大禹。第一次见面的父子会产生怎样的对话？儿子是否能理解父亲的两难困境？这部剧以影偶和舞台肢体剧的双重形式，从孩子的视角重新演绎了《大禹治水》的故事。

演出学生：高沐希、肖权原、冷姗珊、李欣悦、车欣芃、陈叶嘉、张馨月、缪云渡、王榕淇、龚熙、唐晞桭、谢鑫彤、何宥帆、蒲瑾然、李彦羲。

图6-11　影偶剧《大禹治水》

（4）音乐剧《暴风雨》

剧情简介：本剧改编自英国剧作家威廉·莎士比亚的戏剧作品《暴风雨》，讲述了米兰公爵普洛斯彼罗被弟弟安东尼奥篡夺了爵位，只身携带襁褓中的独生女米兰达逃到一个荒岛，并依靠魔法成了岛的主人。后来，他为了复仇制造了一场暴风雨，把经过附近的那不勒斯国王、王子斐迪南及陪同的安东尼奥等人的船只弄到荒岛。他暗中指使被他奴役的精灵离间了岛上被困的人，并目睹了他们面对权力产生的贪婪、虚伪之丑态，但也看到了朋友贡柴罗的忠心以及女儿米兰达与王子斐迪南的美好生活，最终普洛斯彼罗放下了魔法，决定与他们和解。这复杂的人物关系发展促使我们去思考什么才是真正的自由和幸福。当面对权力、欲望和诱惑时，我们该如何取舍？这世界如果真有一场魔法，如何才能成为魔法的主人而非被魔法操纵？

演出学生：孙凯琪、刘珂妤、方圆园、吴思憬、张宸睿、钟艺馨、李秋涵。

图 6-12　音乐剧《暴风雨》

二、戏剧的关键元素

戏剧教育的本质是戏剧，所以从事戏剧教育的教师不能忽略戏剧的关键元素，就如美术教师不能不懂色彩和线条，音乐教师不能不懂音准和节拍。戏剧的关键元素就如美术教师手里的画笔和颜料，可以绘出一幅好看的图画。每一门学科都会有自己的关键元素，但实际上，我们经常会发现从事戏剧教育的教师不了解戏剧元素，因而在教学中不得其法。

亚里士多德在《诗学》中列出戏剧的六个元素：情节、角色、主题、语言、颂歌、布景。情节是事件的安排，是人的行动，如果没有行动那就没有戏剧。亚里士多德认为悲剧是对行动的模仿，所以只有行动存在，悲剧才存在，所以情节是戏剧的六大元素之首。角色排在情节之后，是极其重要的元素，无论是俄狄浦斯还是哈姆雷特，都是具有鲜明特点的角色。一部戏很显然必须有主题，这个主题看上去要跟观众有关，能够对观众产生吸引力。亚里士多德对语言的描述是，语言是剧本的文学气质，剧作家往往会使用不同的修辞手法来增强剧作的文学性。当然在表演过程中，演员往往也会对语言有自己的贡献。在古希腊戏剧里，有一个重要的部分是歌队，顾名思义，即歌唱的队伍。歌队在同一个剧里会扮演各种各样的角色，会将台词唱出来。发展到后来，戏剧中的音乐已经不仅仅是歌唱或吟唱了，还可以是乐器的声音、特效声音等，音乐可以帮助烘托戏剧氛围，对观众来说更有吸引力。布景正体现了戏剧的视觉体验层面，包括舞美、道具、服装、灯光、化妆等，从古希腊的圆形剧场，到莎士比亚时期的镜框式舞台，再到今天多样化的舞台甚至环境戏剧的演变，布景一直处于动态变化中。

《诗学》作为西方最早的系统性艺术美学著作，其对戏剧的理论研究具有很高的价值，但随着时代的发展，也表现出一定的局限性，因此在戏剧教育中，基于亚里士多德提出的六个元素，围绕戏剧教育的目的和要求，我们重新整理出以下戏剧的关键元素。

（一）角色

角色就是戏剧中按照情节发展行动的人物，在某些方面具有典型的代表性。正如语文教师经常让学生分析文章中的人物，戏剧中对于角色的理解也非常重要，只有这样，才能让观众相信角色和故事。儿童通过进入戏剧中的不同角色，并在戏剧情境中扮演不同的角色来体验戏剧过程。角色是由人物的（无论是虚构的还是真实的）智力、身体、情感构成的。

但是在戏剧教育实践中，我们往往会发现，儿童对于理解或扮演一个角色存在困难。在课堂上，教师习惯给学生分配角色，然后直接让学生进入角色，模仿角色的神情、动作、语气等，似乎教师对此也感到满意。但这样真的就满意了吗？学生真的进入角色了吗？真的理解角色了吗？又真的能扮演这个角色了吗？答案当然是否定的。即使是一名专业演员，也很少能够这样简简单单地直接进入角色，他们需要做人物分析，甚至体验生活，更重要的是寻找自己与角色可以相联系的经验。所以在戏剧教育里，特别需要强调的是，学生需要找到角色与自己生活的联系，利用自己的生活经验帮助自己理解和进入角色。这是一个必要但相对漫长的过程。同时，我们需要意识到，儿童必须在被保护的状态下在戏剧情境中进入角色。我们可以尽可能选择距离真实生活比较近的角色，因为距离生活越近，就越不需要提供太多的保护。不能因过于追求表演的效果而忽视了儿童的心理。

这里需要区分角色扮演（role-playing）和扮演角色（taking a role）。角色扮演是为了形成某种习惯而进行的活动，比如模拟面试等，是一种重要的戏剧习式。而扮演角色则是进入一个虚构的世界，经过体验和探索来发现这个世界中发生了什么，从而理解特定事件背后的人类行为模式。前者是一个重要的戏剧习式，而后者则是一个重要的戏剧元素。

在戏剧课堂上，学生扮演某一个角色，在最初他们基于自己对这个角色的理解，自发地去行动。而随着剧情发展和课堂的深入，学生会逐渐了解这个角色的经历、想法、理想、追求等，随着这些信息的积累，他们会慢慢开始对角色加以塑造，也就是将虚构的角色的肢体、情感和智力等融入自身，继而他们就可以从角色的角度来看待世界。这就是扮演角色的过程。扮演角色可以培养儿童的适应能力、语言和非语言能力、合作能力、想象力和创造力，这些都是戏剧创作所必需的。

（二）动作

我们常常会看到很多戏剧演出，演员只是在说话，你一句我一句，时间长了之后就容易让观众昏昏欲睡。我曾经看过最极端的，就是一名演员，在长达一个多小时的演出里，除了四五次跑动之外，其他时间全部是站在那儿说大量的台词。虽然她的台词功底很不错，但是仍然让在观众席上坐得并不舒服的观众感到枯燥。戏剧的英文单词 drama 来自希腊语 δράμα，最初的意思就是"动作"，所以戏剧要用动作表现出来，而不仅仅是语言。因此我们在戏剧教育中要重视身体，重视肢体的表达。戏剧事件应当由动作表现出来，尽管语言也是重要的形式。但是如果一场演出只有语言而没有动作，那很难被称为戏剧。

（三）态度

有了一个角色，还会有更多的角色，那么角色之间的关联，亦即人物关系，需要一个桥梁来建立连接。那么怎么建立起连接呢？举个例子，一个小男孩在球场上踢球，球飞起之后击中了一位老奶奶，老奶奶倒在了地上。这里有两个角色，小男孩和老奶奶，那么怎么建立起他们之间的连接呢？想一想，小男孩这时候是会立即跑过去查看老奶奶是否受伤，还是会被吓坏了偷偷跑走？为什么会产生这两种选择？是态度决定的。小男孩对老奶奶的态度，决定了他将采取怎样的行动。所以要让一个角色跟另一个角色连接，就给这个角色找到一个态度。

（四）意义

戏剧必须有意义。当我们走进剧场去看一场戏剧演出，一定是希望通过戏剧有所触动有所收获，这种触动或收获就来自戏剧的意义。意义就是戏剧作品与生活某个层面的内在关联。所有的戏剧都是关于人类的经验，戏剧试图阐明、解释或者重新定义人类的经验。意义与戏剧的其他元素有着紧密关系，只有当戏剧的主题通过角色、动作、时间等得到具体表达时，戏剧才能获得意义。意义可能来源于研究生活经验、探讨某些议题等，也可能来源于在其他课程领域的学习经验。在戏剧课堂上，随着戏剧内容的深入推进，学生会不断地反思，并且在没有标准答案的前提下进行思辨性讨论，从而不断产生新的意义。戏剧的意义并不总是容易清晰地表达出来，也不是只有一种表达，所以在戏剧课堂上，我们通常鼓励学生通过体验去体悟意义，特别是要他们结合个人的生活经验进行思考和感受。

（五）张力

张力即能够激发观众的高度关注和期待，甚至进而让观众也产生创作热情的力量。张力来源于戏剧情境和人物对情境的反应，当剧中人物相互冲突时，就会产生紧张感从而导致不确定性，解决冲突的尝试和可能带来的后果都是未知的。张力是由角色、时间、动作等元素的结合而产生的。我们在看戏剧或者电影电视的时候，经常会随着剧情的推进而高度集中注意力，感到紧张或者欲罢不能，这就是被剧中的张力所吸引。如同在生活中一样，构成戏剧变化和发展动力的因素是选择。它产生于两种（或两种以上）想法、欲望或需求之间的冲突性要求，并产生做出决定的需要。这是戏剧张力的来源，其根源有两个方面：做出决定的动力和选择中固有的冲突。

就好比拉一张弓，当弓弦被手指拉动，这时就产生了张力；随着继续把弓拉开，张力就越来越强；当手指松开，箭被射出，张力就突然都消失了，转变成了冲突。所以张力和冲突是不同的，往往在冲突产生的时候，这一段戏剧就结束了。张力也是戏剧情节中存在的对立和统一的力量。当观众对情节中的某个结果抱有预期的时候，张力就构建起来；随着矛盾的逐步加剧，张力就会逐步增强。在戏剧中探索的是人类的境遇，其中充满了两难困境和对立统一。所以张力正是戏剧的关键，没有张力就没有戏剧，正是张力推动了戏剧的发展。

（六）时间

这里的时间不是指剧情实际发生的时间，而是指戏剧进展的时间。所有的戏剧行动，都发生在一个时间维度中。戏剧总是发生在当下的，而当下也包括了过去的残余和未来的想象，虚构的过去和期望的未来也会影响当下的戏剧行为。在课堂上，有时候我会让学生去表演一段故事，他们往往在几十秒甚至更快的时间内就表演完了，要求的内容他们都表演了，但总感觉差了很多东西。这差的其实是细节，比如上面的例子，让学生表演小男孩踢球打到了老奶奶，两个学生可能就一人表演抬脚踢球，另一人扮演老奶奶应声倒下，小男孩跑去查看老奶奶的伤势，然后拨打120，表演结束。细节呢？几乎没有。

所以在时间这个元素里，要关注的是如何让时间慢下来，让学生能够有充足的时间和空间去探索过程中的境遇和遇到的问题。要做到这一点，就需要增加限制，给角色增加限制，给情节增加限制，比如老奶奶倒地的时候，刚好她的孙子（也是小男孩的同学）看到了，他的加入会给原本看似顺利的进展增加不确定的影响，即通过引入另一个角色扩展戏剧，增加限制。儿童很难持续进行孤立的即兴表演，所以在课堂上，如果让学生单独进行一段即兴表演，可能很快他们就演完了，但是如果通过一系列的即兴，他们就可以构建一个时间跨度更长的戏剧体验，通过场景的逐步建立，让戏剧越来越生动形象，从而也让他们对戏剧产生更强的信念。关于时间这个戏剧元素，我们可以有以下认识：

（1）在戏剧里，时间元素包含着未知。

（2）人会随着时间而改变。

（3）在某一时间是可行的，但是随着时间推移就不一定可行了。

（4）时间是变化发生的重要因素。

（5）让时间慢下来才能关注到细节。

（七）前史

前史就是在过去的残余，所指向戏剧发生之前可能发生的事情。在过程戏剧中，前史是个特别重要的元素。因为任何一出戏，都一定是开始于中间的。在这个戏剧段落开始之前，已经发生过重要的事件，并且会对正在发生的事件产生影响。比如《安提戈涅》这部剧开始的时候，已经发生了波吕尼克斯勾结外敌攻打忒拜城。如果不了解前史，那么对当前戏剧段落的理解和处理就会出现问题。所以在创作戏剧的时候，一定要对前史进行分析，鼓励儿童在进入角色时就开始想象角色的过去，以及过去曾发生过的事情。前史可能包括以下这些内容：

（1）人物可能做过什么。

（2）人物以前可能有过的关系。

（3）人物可能去过的地方。

（4）某个角色可能发生过什么事情。

（5）其他角色可能发生过的事情。

（6）人物可能有过的想法和感受。

在此基础上，演员才能够更充分地塑造角色，赋予生命。角色在前史中的经历会影响角色对当下如何追求自己的未来的判断。实际上，对于儿童来说，儿童更容易在没有亲身经历的情况下接受角色过去的经历。

（八）情节

情节很重要，所以亚里士多德把情节放在了第一位。情节是戏剧的目的、根本和灵魂，一部戏剧即使在语言、布景等方面处理得不尽如人意，但是只要有情节，那么还是可以达到一定的效果的。情节在戏剧创作时的重要性，主要体现在如何吸引观众上。在课堂上，我曾经让学生进行小男孩帮助老奶奶的即兴表演，两个学生演完之后，我会问周围其他学生是否有观看兴趣，大家都说没有兴趣，因为从开头就猜到了结局。我们看一个故事的时候，肯定希望后面的发展是出乎自己意料的，如果很容易就猜到后面的情节，估计就会放弃了。而如果增加老奶奶孙子出现这一设计，后面情节的发展就不那么确定了，这样这部剧才会更有吸引力。在戏剧中，人物和情境的选择会导致某些悬而未决的冲突、问题或选择，而在情节中发展出的行动，就在于解决或试图解决这些问题。行动的连贯性不是通过线性叙事来实现的，而是通过选定的重要时刻或场景的表演来实现的，这些时刻和场景共同构成了情节。

三、过程戏剧

教育戏剧有很多可以应用于学校戏剧课程的分支，比如设计剧场（devising theatre）、过程戏剧（process drama）、论坛剧场（forum theatre）、童话（fairy tales）、木偶剧（puppet theatre）等，这些戏剧形式与教育戏剧并非从属关系，但可以运用于教育戏剧中，或者可以说，这些形式可以帮助实现教育戏剧的教学。

在我的教学实践中，最常用的形式是过程戏剧，尤其是在剧目创作方面。当我以导演的身份在剧场里工作时，可能会以比较传统的方式跟演员一起去排练，典型特征就是拿着编剧写的剧本、以导演为中心。即使我问演员他们是否有不同的想法，鼓励他们发表自己的意见，他们也还是肯定地跟我说："导演您说的都对，按您的进行就可以。"在剧场里，这样的情形似乎很难改变，但是在学校里，戏剧教育一定不能这样。如果学生全部都严格按照教师的想法和要求去做，何谈想象力、创造力？所以我选择过程戏剧的原因，就在于其与传统戏剧排演的理念和方式都不同，更有利于学生真正参与到创作中去，而不只是表演。

（一）过程戏剧到底是什么

过程戏剧，顾名思义，即重视过程、在过程中创作的戏剧。前面提到，在传统戏剧中，戏剧创作通常有三个主要角色：演员、导演和编剧。大多数情况下，三者是彼此分工合作，由不同的人来担任。在传统的戏剧课堂，教师大多是导演或编剧的身份，而学生大多是演员的身份。但是，我们强调，中小学戏剧课不是表演课，不是将学生培养成演员，显然，传统戏剧课堂并不符合中小学的需求。实际上，在过程戏剧中，这三种角色及其各自的功能是由学生或教师共同承担的，也就是说，学生会同时涉及演员、导演和编剧三种职能，除了最后的表演，他们也可以对戏剧情节和文本进行创作，可以建议戏剧的下一步走向，可以建议戏剧该如何呈现，可以建议戏剧应该表达怎样的意义。通过对三种职能的学习和融合，通过对剧本的创作，学生可以全方位掌握和运用戏剧的方法，对戏剧有更深刻的理解，也让自己的生活可以受益于戏剧。

过程戏剧有以下特征：

（1）过程戏剧在最开始时不需要剧本。传统的戏剧制作，大多是从编剧完成剧本开始，演员拿到剧本之后开始研究人物角色。但是过程戏剧却不同，是不需要预先写好剧本的。尽管最开始没有剧本，但是在过程戏剧的最后，也就是创作完成的时候，剧本也自然随之完成，这个剧本里的大部分情节和台词都是由学生生成而非教师设计。

（2）过程戏剧的结局不可预测。如果是写好的剧本，那结局自然也已经设定好了。过程戏剧的魅力在于学生可以有机会参与到情节甚至主题的创作中，即使对于同一个素材，不同的学生也可以创造出不同的结局。

（3）不同于传统戏剧创作会有不同的人员分工，比如演员、道具组、观众等，在过程戏剧中，学生全程参与，所有人既是创作者，也是观众，所有人投入其中。

（4）过程戏剧的创作过程是由即兴活动组成的，尽管没有剧本，但是在学生和教师的讨论中会产生戏剧的结构，这些结构会以片段的形式组成。学生会在教师的引导下，对这些片段不断地进行即兴，在即兴中生成更多的细节内容、台词和舞台呈现形式。这需要一定的时间来探索，教师需要确保学生有充足的时间去进行。

（5）过程戏剧正因为其由学生参与以及即兴生成的特征，所以最后产生的结果和经验是独一无二的，而且是无法被复制到其他群体的。

由以上这些特征，我们可以给过程戏剧一个不太准确的定义：

> 过程戏剧是一种以参与者为中心，通过即兴生成的戏剧创作形式，通常没有预先写好的剧本，结局也不可预测，所有参与者既是演员，也是导演、编剧和观众，他们在投入自己生活经验的基础上进行一系列即兴活动，生成独一无二的戏剧作品。过程戏剧有助于培养孩子理解和表达事件顺序的能力。

（二）过程戏剧的创作过程

当拿到一个文本素材时，传统的戏剧创作方法，尤其是学校里的课本剧创作方法，就是按照故事原有的脉络，让学生去模仿和扮演。但大多数时候，教师会发现这样的方式产出的效果不尽如人意：学生无法进入角色，在很假地表演，让人尴尬；剧情老套，情节没有悬念，不吸引人；剧情缺乏深度，完成之后似乎什么都没有留下，没有引发学生和观众的思考。造成这种情况的主要原因在于，故事里的角色跟学生自有的生活经验距离太远，比如让一个学生去扮演诸葛亮，如果只是让他穿上诸葛亮的服装、摇着羽扇、说着诸葛亮的话，那就是像诸葛亮了吗？显然不是。这样的课本剧创作，只是将一个已有的故事让学生表演出来，无法产生与学生共鸣的内容，也无法真正引起学生的思考。

1. 剧本

我带学生排剧一般都没有现成的剧本，原因有两点：

一是戏剧的创编排演本身也是学习的过程。如果直接把剧本给学生，分配角色和台词，背完台词之后教师或导演直接教他们怎么去演，那学生当然可以学到东西，但是相比学生和教师一起从零开始经历这部剧从无到有的创编过程，甚至让学生将自己的想法、台词、动作等编进剧本，哪一种方式让学生的收获更大是显而易见的。

二是我在希腊的戏剧圣地埃皮达鲁斯学习戏剧的时候，来自世界各地的戏剧教师和导演也是如此带我们一起创编。当时我发现每天排练的内容都在变，于是在吃饭的时候我就问两位来自荷兰的教师："我们最终要在雅典艺术节呈现的是怎样一场演出？"他们回答说他们也不知道，因为每天都在现场与一百多个学生一起创编。当时我惊讶极了，原来还可以这样。当经历完整个过程，当我们站在雅典艺术节的古运动场里完成了这场演出，我就决定以后我带学生排剧也会采用这样的方式。

这样的方式对教师或者导演的要求非常高，教师不仅仅要在带学生排练过程中随时随地编剧，时刻关注学生的状态、情绪和想法，甚至偶尔做的一个动作，而且还要激发学生的想象力和创造力，让学生在这个过程中成为共创者。

2. 解构

过程戏剧往往基于一个文本素材进行，这个文本素材被称为前文本。当然前文本也不一定是文字，还可以是一个故事、一段影像或一个物件等。在拿到前文本之后，要先对前文本进行解读和分析，了解其所包含的内容和元素。接下来就是过程戏剧中很关键的一步——解构。正如庖丁解牛，对前文本的解构关系到过程戏剧的创作是否能够顺利进行。解构的过程就是将前文本进行拆解，提炼出角色、动作、情节等关键元素，这个解构过程可以主要由学生推进，教师只是进行记录。教师应尽量尊重学生对前文本的解构，解构的结果可能跟教师预想的有所不同，但这正是过程戏剧的魅力，即不同的人会对前文本有不同的理解，从而可以开启不同的戏剧旅程。解构与戏剧的元素紧密相关，也考验学生和教师对戏剧元素的理解程度。在《精卫填海》中，其前文本就是《山海经》中关于这个故事的记载文字，解构也相对比较简单，比如角色包括女娃（精卫）、炎帝，还有学生会说有部落村民，只要能自圆其说，都是可以的。

3. 生活联系

在解构之后，这个故事的脉络变得更清晰了。下一步就是让学生找到自己与这个故事的生活联系，从而能够在这个故事中找到自己的共鸣。这一点很重要，因为只有这样学生才能对故事中的人物角色产生共情和同理心。戏剧的故事无论取材于什么样的题材，都一定要与学生的生活经验相联系，并呼应学生在其他学科或生活中遇到过的概念、知识和经验。将自己的生活经验投入戏剧情境中，学生可以有机会对生活有新的见解和感知，从而获得有价值、有意义的学习体验。

相比于直接让编剧写出剧本，把剧本交给学生共创需要花费更多的时间和精力，但是我们必须认识到，通过这样的戏剧行动，学生可以提高对生活的洞察力，他们会对生活中的问题有主动且深刻的思考。在这个过程中，他们不仅可以互相讨论遇到的想法和获得的新知识，更重要的是，他们还可以通过戏剧探讨自己对于人和生活更深层次的理解，从而对自己无论是戏剧中的还是生活中的行为进行不断反思，在反思的过程中，他们又可以做出新的选择，创造出新的行动方案。

4. 即兴

即兴是艺术的核心能力，也是创造的重要途径。在已经完成文本解构和生活联系后，学生面前的工作台上已经摆上了足够的元素和素材，接下来就是怎样去进行创作了。在我们的教育戏剧课上，即兴是最主要的学习方式，也是过程戏剧中最主要的创作方式。学生开始分组，按小组基于元素和素材进行即兴。即兴并非一次就能成功，需要比较多的时间来进行探索，不断地更新迭代，逐渐找到最合适的表达方式。我曾经打过一个比方：即兴的过程好比是琢磨一颗珍珠，即兴完成的时候，一颗珍珠就成形了。

5. 重构

最后就是重构了。每一个即兴都能产生一颗珍珠，随着学生对剧本整体结构的认知越来越清晰，即兴所产生的珍珠就越来越多。重构就是将这些珍珠以合适的方式串起来，形成一串珍珠项链。重构依然可以是个性化的，可以串成不同形状、不同风格的珍珠项链，即一个新的戏剧作品。正因为整个过程是以即兴为主要方式，所以新戏剧作品的结局是不可预测的。

图 6-13　过程戏剧的创作流程图

（三）过程戏剧的聚焦点

在前面我们提到戏剧必须有意义，那么以过程戏剧的方式来创作戏剧，又如何去决定其意义呢？这其实取决于过程戏剧的聚焦点。不同的人对同一段文本的解构和即兴，可能会出现不同结果，即会对前文本产生不同的理解，聚焦于不同的关注点，最终导向不同的意义。所以即便过程戏剧课程设计相同，但实际上的内容差异却可能极大，因为这个过程中充满了即兴，充满了未知，充满了创造。

我在珠海的教师戏剧教育工作坊，以《精卫填海》为例，带教师按以上步骤进行解构和即兴。两天的工作坊面对的是不同的教师，各三十人左右。第一天的教师对文本的解读聚焦于从女娃到精卫的转变中的"行为和心理的变化"，并以其中一位教师小时候在海边礁石上睡着的故事为素材进行了创作。第二天的教师则聚焦于"执着是否有意义"，所有人都分享了自己做过最执着的事，继而共同进行了剧场作品的创编，在有限的时间里创作出了作品的雏形并做了呈现。两天的工作坊都有教师在进入戏剧情境后联系自己生活时落泪了，那时那刻教室里的氛围深深触动了所有人，即使是没有戏剧经验的教师，也在那个当下切身感受到了戏剧的力量。因此，过程戏剧的聚焦点关系到戏剧作品的意义。

四、校园戏剧案例

案例一：精卫填海

我们选择了《精卫填海》这个传统故事。其创作过程依然严格坚持了教育戏剧的理念和方法，并未采用现成剧本、背台词分角色、教师指导表演等我们认为对低龄儿童有害无益的戏剧表演教学方式。这些方式在一定程度上会限制儿童想象力和创造力的发展。最初的剧本仅仅有《山海经》里关于《精卫填海》这个故事的四行字。就基于这四行字，我们设计了完整的课程，让学生从中找寻故事与生活的联系，进入情境去体验、去思考，找到这个剧的意义。当副校长说想看看《精卫填海》的剧本时，我翻出来一张纸，上面只有那四行字。我说："这就是目前的剧本。"副校长听完我的介绍之后，感慨了一句："这对教师或者导演的要求太高了。"

《精卫填海》这个故事原载于《山海经·北山经》，原文如下：

> 又北二百里，曰发鸠之山，其上多柘木，有鸟焉，其状如乌，文首，白喙，赤足，名曰"精卫"，其鸣自詨。是炎帝之少女，名曰"女娃"。女娃游于东海，溺而不返，故为精卫，常衔西山之木石，以堙于东海。

图 6-14　为重庆市校长代表团上教育戏剧公开课《精卫填海》

基于一个中国传统故事去创编一个戏剧作品，其中最重要的就是对这个故事进行解读，并找到其与当代儿童的生活联系。这个故事很简单，比较适合拿来进行故事戏剧化创作。我们首先对文本进行解构，也就是对学生提出一个问题："你从这个故事里看到了什么，听到了什么?"这是一个比较容易的切入点，让学生不会因为"戏剧创作"这样听起来非常专业的困难任务而畏惧。哪怕是幼儿园或者小学一年级、二年级的小朋友，也可以完成这个任务。教师不要着急给出答案，要让学生去说，教师要做的只是将学生说的内容记录下来，并写在黑板上，让所有学生都能看到。

在学生说完之后，黑板上就留下了很多"素材"，比如"鸟""女娃""游于东海""模样"，等等。这些"素材"还很零散，在解构的时候要尽量让素材具体，如同庖丁解牛。在有了这样一堆"素材"后，就要进行归类了。归类是基于戏剧的关键元素来进行的，包括角色、态度、目的和反目的、张力、时间、语境、情节、前史、动作等，不一定全部元素都要一一列出来，可以将最适合文本的素材和元素对应起来。比如在《精卫填海》这个例子中，戏剧元素可以列出如下几个:

（1）角色：女娃（精卫）、炎帝

（2）态度：炎帝爱女娃，女娃依赖炎帝

（3）目的和反目的：女娃想让父亲陪着自己去东海游玩，父亲炎帝忙于工作不能陪同。

（4）张力：（缺）

（5）时间：（缺）

（6）语境：东海

（7）情节：女娃去东海游玩，溺水淹死，变成精卫鸟，衔木石要填平东海。

（8）前史：女娃从哪儿听说了什么，所以要去东海?

（9）动作：衔木石

根据学生讨论出的素材，我们可以将以上戏剧元素列出来。由于文章很短，所以故事中有些内容是没有写出来的，导致戏剧元素也有所缺失，比如张力。由前史"女娃从哪儿听说了什么，所以要去东海"这个问题进入这个故事。那么女娃为去东海做了什么? 她跟父亲炎帝说了些什么? 父亲不能陪她去之后，她又为什么决定独自去东海? 她去东海的过程是怎样的? 在东海她经历了什么? 又为什么溺水? 这整个过程都是张力的逐渐增强，女娃溺水化身精卫，其实就是冲突产生了。时间元素在这里不是指什么时候发生，而是指戏剧进展的时间。比如让学生去表演"女娃游于东海，溺而不返，故为精卫"，可能一两分钟就演完了。如何让学生能够充分地探索女娃游于东海时的境遇，能够去发展出合理而丰富的细节，能够让时间慢下来，就需要为这个过程增加一些限制。这里无论是张力还是限制，可能在文本中都无法找到现成的描述，需要学生和教师一起讨论和发展。

在这些戏剧元素中，首要的元素是角色。深刻理解和把握角色对于将故事戏剧化极其重要。在过往的校园戏剧创作中最常见的问题，就是学生难以进入角色。让一个孩子穿上诸葛亮的服装，摇着羽扇，摇头晃脑说着诸葛亮的台词，就像诸葛亮了吗？不会，那样往往会让人觉得尴尬。原因在于诸葛亮这个角色距离孩子太遥远了，"羽扇纶巾，谈笑间，樯橹灰飞烟灭"，扮演诸葛亮并非那么容易。仅仅靠服装和道具，也就是戏不够服化道来凑，最终只会让孩子不得不去假装，演出来也很假，这不仅让观众的观感不佳，对于孩子来说，这样的经历又能让他学到什么呢？但问题就是，现在大部分的校园剧、课本剧都存在这样的问题。一旦学生（演员）无法进入角色，那么这个戏剧创作从最开始就埋下了失败的种子。

所以，在基于文本的解构进行戏剧元素分析之后，首先要对角色进行探索。这时候可以使用教育戏剧的一个习式——墙上的角色。具体做法是：在黑板上画一个人像轮廓，请学生思考两个问题，第一个问题是女娃（精卫）认为自己是一个怎样的人，第二个问题是炎帝（父亲）认为女娃是一个怎样的人。请学生说出自己的想法，多用形容词，教师将学生对第一个问题的回答写在人像轮廓里面，将对第二个问题的回答写在人像轮廓外面。

通过墙上的角色，结合女娃认为自己是怎样的人和别人认为女娃是怎样的人，学生对于女娃可以有更深入的理解。但仅到这一步仍然不够，接下来是戏剧创编中极其重要的一步——生活联

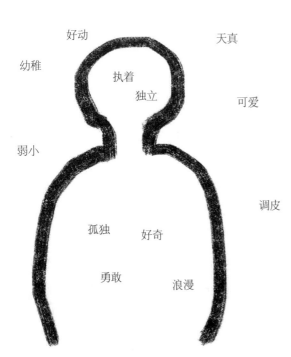

图 6-15　墙上的精卫

系。学生只有通过投入自己的生活经验，才能对故事情境和角色产生同理心和共情。如果脱离了自己的生活，学生就只能假装理解情境和角色，演出来也就缺乏真实感。所以接下来教师可以通过提问"生活中有没有类似的经历"，引导学生联系生活，提问的时候尽量不要有指向性，为学生的回答提供足够大的空间。

比如当我重读《精卫填海》这个故事之后，一个问题进入了我的脑海：为什么女娃会独自去东海看日出？继而翻阅资料，发现原来女娃的父亲竟是炎帝神农，结合神农尝百草的故事，我们可以想象到炎帝作为当时人类的主要帝王之一一定很忙。对于一个每日都忙于部落事务和采药制药的首领和医生来说，哪会有时间陪小女儿去东海看日出。

在我的课堂上，当我向学生提出这个问题的时候，一个学生举手说："我爸爸也是这样的，总是工作很忙没有时间陪我玩！"当这个学生说了之后，很多学生都举手，七嘴八舌地说："我爸爸也这样！""我爸爸在外地工作，我已经一个月没见过他了！""我想让爸爸来学校接我，但他从来没有时间！""我爸爸……"这一下子成了"诉苦大会"，能够感受到学生的情绪得到了共鸣和宣泄。在给了学生充足的时间倾诉之后，我把他们说的例子都简要地记录下来，进而问他们：那个时候你是什么心情？你会做些什么？学生说的这些，让我想起了现在的社会热点问题，即亲子关系中父母陪伴的缺失。父母常常工作很忙，所以很少能有时间陪孩子，但对孩子来说，童年时期父母的陪伴对其身心的健康成长非常重要。

完成生活联系这一环节，就做好了进入下一步的准备，即确定核心问题——我们将要创作的这个剧要表达什么。在这堂课上，很显然，通过学生分享的生活经历，问题聚焦到亲子陪伴上。女娃想去东海游玩，但是父亲炎帝因为工作很忙（炎帝忙于哪些工作，可以根据神话故事和历史典籍的记载进行补充）而不能陪女娃去。学生也有很多时候希望爸爸或妈妈陪自己去玩或者去做某件事，但是爸爸妈妈经常因为工作忙没有时间。这已经成为当前社会的一个普遍问题，学校里开家长会，来的绝大部分是妈妈，而爸爸去哪儿了呢？但是，需要注意的是，如果核心问题仅仅停留在这一步还不行，想一想，学生将平时生活中的问题摆到了台面上，他们的情绪因此被调动起来，能够对女娃产生共情，但如果就到此为止的话，他们回家之后，又该如何去面对和处理生活中爸爸妈妈没有时间陪自己的问题呢？还是要回到故事，当父亲不能陪伴的时候，女娃做了什么选择？她还可以做什么样的选择？不同的选择会导向怎样不同的结果？由陪伴的缺失，引发了儿童在这样的情境下可以做出什么样的选择的思考。

图 6-16 《精卫填海》中女娃被"束缚"

特别需要指出的是，我们的戏剧创作不能给出确定的结果，更不能去说教。有些戏剧演出在最后会通过角色或者旁白说出这个剧的教育意义，为什么要这样做呢？难道不应该让观众通过观看戏剧获得自己的思考和理解吗？

于是，我给学生布置了一个作业，请他们想一想是否有特别希望爸爸妈妈陪着自己做一件事或者是玩的时刻，但是爸爸妈妈因为太忙没有时间陪自己。然后请他们回家之后，向家长把手机借过来，独自在房间里对着摄像头说说当时的情况和自己的感受。我收到学生发过来的这些视频，听到了他们的心声。通过生活联系和引出的关于选择的思考，可以产生大量的戏剧创作素材，这些都可以用到接下来正式的创作过程中。所以教师要边引导边记录，最终的剧本也就在此过程中逐渐形成。

当时，在我们的教育戏剧课上，最后一个环节是总结反馈，主要跟学生探讨了两个问题：你觉得当你特别想父母陪你去做一件事，但父母没有时间陪你去做的时候，你会怎么办？你觉得如何让父母理解他们的陪伴很重要？切记，在中小学的戏剧课堂，相比于表演，戏剧带给学生的思考和教育意义更重要。

回到过程戏剧的创作中来。我们已经积累了很多素材，包括以下几类：

（1）文本的解构和戏剧的元素。

（2）学生类似的生活经历。

（3）学生讨论确定这个故事的核心问题。

（4）学生关于核心问题的思考。

接下来就要进行重构了。重构分为两步，一是即兴，二是串联。先带学生讨论在这个故事里哪些场景很重要，比如女娃跟父亲炎帝说希望他陪自己去东海的场景、女娃一个人去东海的场景、女娃身沉海底的场景、女娃变成精卫的场景等，还可以加入与生活联系的场景。然后针对每一个场景，教师引导学生进行即兴表演，通过这一表演方式探索每个场景最合适的舞台呈现方式。这个过程可能耗费几堂课的时间，也可能耗费一两个月，一定要保证充足的探索时间。每一个场景在通过即兴逐步成型的时候，教师可以用视频记录下来，然后进展到下一个。

每一个场景就好似一颗珍珠，通过即兴将每一颗珍珠打磨好，等到每一颗珍珠都完成后，就进入到最后一步——串联。就好比拿一根线，将排好顺序的珍珠串起来，就成了一串珍珠项链，串联所有的即兴也就拥有了一个完整的戏剧作品了。在这个时候，剧本才真正完成。

总结一下，以过程戏剧来进行故事戏剧化创作，首先需要对故事文本进行解构，提炼出文本中的关键素材，然后根据素材进行戏剧的关键元素分析，并对首要的关键元素"角色"进行探讨和理解，进而进行生活联系，以找到参与者共同的落脚点，即核心问题。基于以上产生的创作素材，通过即兴和串联的方式进行重构，最终完成戏剧作品。

过程戏剧的结局是不能预测的，不同的人群会对同一个故事产生不同的生活联系，从而落在不同的核心问题上，也就会产生不同的创造。比如在给成年人以《精卫填海》做戏剧工作坊的时候，由于生活联系的不同，大家产生了不同的核心问题，如父母的责任、安全、执着、意外发生之后孩子的改变等，从而重构出不同的结果。所以过程戏剧的创作充满了未知和乐趣，即使是同一文本，也可以产生出很多不同的戏剧创作。正是因为有生活联系、有核心问题，才能够让参与者真正进入角色，才能让观众在观看的时候被打动，才能让戏剧的创作拥有质量和意义。实际上，在《精卫填海》的公开演出中，很多成年人都会感动落泪，有观众评论说"直击人心"。同时我们又需要意识到，演员只是一年级的学生，他们能够创作出这样的戏剧作品，他们的演出能够直击人心，是因为他们演的不仅仅是精卫的故事，也是自己的故事。

图 6-17 《精卫填海》的最后一个场景，石子落地的声音仿佛击中观众的心灵

1. 编创

《精卫填海》开场第一幕描绘了女娃独自前往东海看日出，却遇风浪沉入海底的情景。而到第二幕，女娃站起来，跟父亲炎帝对话。当时有学生对此表示困惑：女娃不是已经沉海身死了吗，为什么又站起来了活过来了呢？趁此机会，我跟学生讲述了戏剧编创的一些想法和思路，他们听了之后就明白了，因此他们在未来进行编创的时候也会有更开阔的思路。

2. 仪式感

《精卫填海》的另一个特色是仪式感，这是戏剧从诞生之日起就具有的特征。尽管基于《山海经》中的文字，可以将这个故事进行扩充并增加很多对话，但是在我与学生的创编过程中，我们选择了用更多肢体去表达，即使是对话，也充满了戏剧张力和仪式感。这种仪式感也体现在道具上，无论是束缚住女娃的蓝纱带，还是让所有学生都化身为精卫的面具，又或是最后坠地的小石头……此外，我们还大量运用了古希腊戏剧中歌队的元素，这让戏剧的舞台表现力大幅提升，也增加了仪式感。

图 6-18 《精卫填海》演出现场

3. 声音

当《精卫填海》最终演出的时候，由于人数众多，我们无法满足人人戴耳麦的需求，因此决定所有学生都不戴耳麦，使用真声演出。这就对学生的声音提出了很高的要求。这些当时还很小的孩子，跟着我在戏剧课上做呼吸练习和声音练习，渐渐地他们的声音越来越大，我们的最终目标就是可以在无麦克风的情况下用真实的声音来表演。

这是对戏剧演员的基本要求。我在希腊学习的时候，被要求在一万四千人的古剧场，在不戴麦克风的情况下，确保舞台上说台词要让最后一排的观众听得清楚。这对于七八岁的孩子来说还比较困难，但是经过学习和练习，我们最终的舞台效果还比较理想，可以看出他们下了苦功。

4. 家长反馈

"虽然是一个小小的石头，但是却展示了这部剧强大的精神表达和决心，这种表现形式我非常欣赏。教师的道具非常的小，但是他表达的情感却非常到位。"

"他不假思索地回答我说：'我非常喜欢，我要坚持学习戏剧。'那一刻我好感动，因为，我在他的眼中看到了热爱戏剧的那道光。"

"除了节目本身带给我的震撼感动，我感受得最多的是孩子的变化。其实很多人会觉得，一年级的孩子，他们去学戏剧、演戏剧到底有什么意义，就只是背台词、记着动作去走位、像儿童剧一样去演出吗？"

"在这个过程中，我觉得小朋友的成长是非常大的，遇到了挫折不放弃，又通过自己的努力得到了这样一个机会，我觉得她变得更加坚强和自信。"

"我们因为一些原因，有几节戏剧排练是没有去的，所以当时我还挺担心她。没想到她在两三天的时间里非常快速地把台词背下来了。然后每天自己监督自己练习舞蹈，练习歌曲，很明显，你能感觉到她的那种内在的驱动力。"

"我喜欢《精卫填海》中他们合唱的部分，呈现出一种此起彼伏遥相呼应的对唱；也喜欢他们戴着面具，跳着非常具有意象化又非常具有张力的舞蹈；更喜欢的是最后的舞台上呈现的小石子，投入地面上的那一刹那，感觉有一股蓬勃的生命力，投入在了心湖。"

案例二：蜉蝣

> 蜉蝣之羽，衣裳楚楚。心之忧矣，于我归处。
> 蜉蝣之翼，采采衣服。心之忧矣，于我归息。
> 蜉蝣掘阅，麻衣如雪。心之忧矣，于我归说。

我一直为自己是中国人感到非常幸运，因为非常喜欢中国文化，喜欢道法自然、天人合一的理念，尤其是当自己在不同企业、不同国家和不同的人工作后，更深感中国文化的宝贵。

可是回想起来，当初在上学的时候，我似乎对传统文化并不感冒，应试教育几乎浇灭了我对传统文化的喜欢。那时候一提起传统文化，不是枯燥的背课文，就是固定的答题套路。很庆幸我从小学习了古筝，一直坚持到大学。后来到大学后开始了自由探索，加入了北京外国语大学民乐团并成为团长，毕业后又学习了古琴，然后慢慢广泛地接触了其他艺术形式，并且很幸运有机会在国外和外国人分享中国音乐、茶道等传统文化，我直到那时才发现中国文化是这么博大精深，对于小时候那些死读书的日子，懊悔莫及。

后来接触到教育戏剧，我才发现原来传统文化碰上教育戏剧可以这么有趣、生动、让人深思。尤其对于小学低段学生，他们正是语感的培养期，如果只靠背诵课文，很难产生对汉语的真正兴趣，更别提古典文学了。中央美术学院教授董梅老师曾表示，古典文学素养对于孩子健康、明朗的人格培养起到很重要的作用，这其中非常适合给孩子启蒙的则是《诗经》。

在很多人看来，《诗经》里有很多生僻字，应该很难，但其实对于儿童来说，其朗朗上口、简短精练的四字音韵，能给他们带来听觉上的愉悦。更重要的是，那是来自千百年前中国古人的智慧，这是多么的宝贵啊。但如何选择一个儿童感兴趣的角度切入？教育戏剧是一个不错的尝试。

于是我打算带着剧团的学生做一个关于《诗经》的剧目。通读了《诗经》之后，我最终选择了《蜉蝣》。主要有以下几点考虑：第一，当时剧团大部分是二年级的学生，他们的语言素养还在逐步建立中，如果选择好几首诗进行串联，可能有一定难度，因此决定从一首小诗切入。第二，这个年龄段的孩子喜欢动物，也喜欢新奇好玩的事。蜉蝣作为一种寿命极为短暂的动物，成虫后仅仅只有几小时至几天的生命，这对于孩子来说是非常新鲜有趣的。蜉蝣因其薄如蝉翼、精致而脆弱的外形和短暂的寿命为中国古人所钟爱。第三，《蜉蝣》这首诗虽然感慨的是曹国亡国的命运，但其中也蕴含着诗人对于生命的看法。通过与二年级学生接触，我发现现在的孩子与上一代孩子相比，生活条件是优越了，但他们自由玩耍的时间也少了。苏联著名心理学家和教育家列夫·维果茨基曾说过："游戏不仅是一种娱乐形式，

图 6-19　戏剧可以引起人们的思考

更是社会和认知发展的核心。"玩耍是孩子最重要的工作,可是越来越卷的教育大环境和焦虑的家长已经把孩子的玩耍空间挤占得所剩无几。这直接导致现在的孩子越来越早地面临焦虑和压力,以及自尊心低落、注意力缺陷、情绪失控和自我认同等心理问题。

如果生命只有一天,你会做什么?这是我和学生在读完《蜉蝣》这首诗后产生的问题。围绕这个问题,我们开始逐步构建情境。我先通过视频和图片向学生介绍了蜉蝣这种神奇的动物,学生带着好奇,通过戏剧游戏化身为一只只蜉蝣,在教室里随着音乐舞动身体。在慢慢打开身体后,我请他们想象自己从一枚卵开始,孵化成幼虫,然后慢慢蜕皮为成虫。在这成虫后的短暂一天,如果给他们完全的自由,他们会做什么?直到生命只剩下最后一分钟,他们又会做什么?

这是一段很神奇的旅程,学生跟随着音乐,在空间里自由地舞动身体。在这段即兴表演中,身体不仅是语言表达的载体,也推动思考和创造。透过身体的自由表达,我看见了他们迸发的情感与创意。在这生命的最后一天里,有的学生很高兴地去游乐场玩耍,有的学生选择和朋友一起玩耍,有的学生选择去吃一顿大餐,还有的学生选择去环游世界。其中有一个学生默默流泪了,我并没有打断,而是在旁边陪着她。等她慢慢从情绪中走出来后,她含着泪抱着我说:"我舍不得妈妈。"

图 6-20　指导学生即兴表演

那一刻我知道，这会是一个很能触动人的故事，尽管我在此之前，还有点担心这些学生是否能理解这首诗。

在整个创作过程中，我们一直在不停地玩即兴表演游戏。每一次都会有调整，也会有新的生成。可能是集体扮演一个角色，也可能是几个人一起即兴扮演一个大家觉得有意思的片段。学生乐此不疲地重复着集体编创，在重复的过程中，我们为剧目的创作找到了不少的灵感。

在编创的过程中，不可缺少的是对《蜉蝣》这首诗的诵读和背诵。对于当时二年级的学生来说，直接诵读这首诗是有些困难的。但通过阅读相关资料，观看蜉蝣视频，进行一些肢体游戏和声音游戏，学生以玩耍的心态进行诵读，会相对轻松很多。

此外我带着学生进行蜉蝣偶的制作和操纵。这是剧团学生第一次接触偶剧以及偶的制作。在跟他们讲解了偶剧基本知识后，我将创作的过程交给了学生，让他们选择一种能代表蜉蝣"采采衣服""衣裳楚楚"模样的衣服材质，然后让他们用自己觉得有趣的方式制作一个蜉蝣的偶。下一节课，我就收到了五花八门的蜉蝣偶，有用布做的，有用扭扭棒制作的，还有用纸做的。接着，我带着学生用他们自己制作的偶进行即兴练习，去寻找蜉蝣那种轻盈而精致的美。在这个过程中，学生不仅学习了偶的操控，还进一步理解了《蜉蝣》这首诗对蜉蝣这个生物的描述。

图 6-21　学生自己做的蜉蝣偶

在逐渐进入蜉蝣的状态后，我们继续围绕这部剧目的核心问题进行思考与探索：如何将这个人类永恒的问题通过戏剧的方式呈现出来，并和现代人类生活产生共鸣，从而引发大家的思考？蜉蝣偶如何在剧里出现？如何让剧目变得更有趣、更有互动性？

我们最终选择了从时间和空间入手，因为这是戏剧区别于其他艺术形式的两个主要方面。我们将故事发生的时间设定在了 2043 年，那时地球已经高度智能化，人类的百岁寿命已不再是幻想，这一切都有赖于 Alpha 机器人。他不仅能有效延长人类寿命，还能预测人类生命剩余天数。可是突然有一天，Alpha 机器人宣布所有人的生命只剩下一天，人们陷入了恐慌，不知所措。一只名叫"楚"的蜉蝣带着人类去往蜉蝣的世界，那里所有的蜉蝣的生命长度只有一天。每一只蜉蝣在这一天的生命里会经历从成虫、产卵到离开这个世界的过程，老蜉蝣告诉子孙们，蜉蝣的使命就是产卵。但这只名叫"楚"的蜉蝣，不安于被安排好的生活，执着于去探索这丰富的世界。在路上，它遇到了同样只剩一天生命的小男孩，还有许多大自然的朋友。虽然蜉蝣楚和小男孩无法见证花朵的绽放、蝴蝶的蜕变、香樟树的长大，但他们一起体验了世界之广阔、世界之美好。更可贵的是，他们成了挚友，他们都对生命的意义有了新的理解。

图 6-22　学生心中代表自己的小男孩

在这个大框架下，一方面，学生通过集体角色扮演众蜉蝣和蜉蝣楚，通过偶的即兴进行着台词和动作的编创；另一方面，学生根据自己对生活的观察和思考丰富着那个只剩一天生命的小男孩角色。他的生活跟大多数小学生差不多：周一到周五的校园生活，放学后的时间和周末则被课外补习班和兴趣班填满，而这些所谓的兴趣班很多其实只是父母的兴趣。被父母安排得满满当当的行程把小男孩压得有些喘不过气，哪怕当机器人宣布他的生命只剩一天，他还在担心他没完成的作业。

这部由教师和学生共创的人偶剧，在集体吟诵"蜉蝣之羽，衣裳楚楚。心之忧矣，于我归处"的过程中，通过偶的串联和互动，激发学生和更多的大人思考生命的意义。生命越长就越有意义吗？孩子是否也能对生命的意义进行思考？学生通过制作木偶进行偶剧即兴等创作手法，展现蜉蝣与小男孩的生活；通过创编蜉蝣遇见大自然朋友的故事，反思自己的生活。生命的意义或许不在于长短，而在于如何过好这一段时间，这个选择权永远在自己手上，不管是一天，还是几十年，甚至几万年。

这群二年级的学生经过一学期的努力，创作了一部时长三十分钟的人偶剧。说实话，在完成创作之前我心里是没谱的，担心这群第一次接触偶剧的学生是否能完成创作，也担心他们是否能坚持三十分钟的操偶表演。没想到他们不仅很好地完成了，并且带着这部剧代表学校作为唯一学生剧团入围了 2023 麓镇戏剧游戏嘉年华，与其他专业剧团一起演出，随后又入围了大凉山国际戏剧节、中国儿童戏剧节展演

图 6-23 《蜉蝣》在 2023 麓镇戏剧游戏嘉年华演出

图 6-24 《蜉蝣》在 2023 大凉山国际戏剧节演出

和第四届全国中小学戏剧教育研讨会全国优秀中小学戏剧作品展演。

在麓镇戏剧游戏嘉年华，学生真挚专业的演出打动了很多在场的成年人。有观众表示，这不是一部常规的校园剧，它是一部用中国最古老的意象演绎今天的社会问题的一部艺术作品。因为是一个面向所有年龄层的戏剧节，我们在海报宣传上并没有特别标注演员是儿童，所以很多观众来观看前并不知道这是孩子的演出。比如有一名观众，他说他本来只是来打个卡，但是看着看着就看进去了，最后他觉得这是他当天看过的几部剧中最棒的一部。演出结束后我们还和观众进行了互动式工作坊，请大家画下了自己心中生命中最后一天的模样，然后通过肢体表达出来。通过这样的互动，演员和观众交换着彼此对于生命意义的理解和诠释，这种现场实时性的交流和演绎，在观众和小演员之间构建了一个共同的体验平台，他们在同一空间、同一时间共同感受故事和表达情感，那一刻我们看见了教育剧场对于孩子和观众的双重意义。

这样从经典中来、由教师和学生共创、走进孩子和观众生活的艺术作品是我们剧目创作的方向之一。通过这些作品，我们不仅让孩子感受到经典的力量，也赋予了他们汲取古典文化、走向未知的勇气和眼界。

案例三：大禹治水

在戏剧的创作中，我们注重培养学生的戏剧基本能力，包括提升声音、台词、肢体、表演技巧和即兴创作能力，并通过过程戏剧的方式进行师生共创。剧目的选择是比较讲究的，主要基于剧团里学生的意愿和他们身心发展的需要。《大禹治水》这个戏剧作品的缘起是《大禹治水》教育戏剧课程，我在中央戏剧学院全国中小学戏剧教育研讨会上带北京华西府小学的学生上《大禹治水》公开课，该课得到了很好的反馈。华西府小学的学生虽然是第一次跟我上课，并且之前基本没有戏剧课经验，但他们在课堂上认真且积极。那堂课对他们的触动很大，有学生在课程结束后害羞地拉着我的手对我说："老师你什么时候能再给我们上课？"后来我在天府七中上这堂课时，也在学生中引起了比较大的共鸣，因此我决定把《大禹治水》的教育戏剧课进一步发展为一个教育剧场作品。

图6-25　在中央戏剧学院全国中小学戏剧教育研讨会上带华西府小学的学生上
《大禹治水》公开课

从教育戏剧到教育剧场的尝试已经不是第一次了，之前的《九色鹿》也是由当时的《九色鹿》教育戏剧课程延伸而来的。之所以这么做，主要是因为通过课程发现学生都比较喜欢这个主题，而且愿意深入探讨。还记得《九色鹿》在学校公演后的很长一段时间，总能在戏剧课堂上听到学生提起它，这足以证明它在学生心中的影响力。此外，从教育戏剧的角度来说，从教育戏剧到教育剧场的延伸，能更好地让学生体验和感受故事中人物的境遇，进而与他们的生活建立更深层次的联系。

《大禹治水》这部教育剧场作品从孩子的视角重新演绎了《大禹治水》的故事，以蒙太奇的方式穿插了从古至今许多孩子都曾面临过的问题：父母陪伴缺失、对父母的思念以及可能面临的来自同伴的孤立与嘲笑。这些问题旨在启发观众思考：我们应如何理解父母面临的两难困境？亲子陪伴，是否只能通过朝夕相处？如果没有办法做到，还有什么办法可以维系这人世间最值得珍惜的亲子关系？

从戏剧构作的角度来说，如何呈现家喻户晓的《大禹治水》是一个挑战。首先这个故事已经有不少人曾经演过，其次在学校里的教育剧场并没有专业舞台那样的舞美支持。如何既能保持审美和质感，又能给观众带来足够的触动和震撼？要解决这个问题就要回归我们进行剧目创作的初心。我们的目的并不是要打造一场多么完美或者华丽的演出，而是引导剧团的学生，让他们和教师一起合作，创作出一部能打动这个时代观众的剧目。儿童天然地喜欢童话、神话和传说，但今天的孩子面临的是一个信息泛滥的社会，以全新的、更现代的结构来讲述一个古老的主题或故事是值得探索的。

图 6-26　青少年剧场应当由学生与教师集体共创

在剧团里我拿着这个故事和学生一起探讨：到底这个故事对于今天的孩子来说有什么是值得讨论的？他们纷纷发表观点，最终核心问题落到了亲子关系上：我们如何理解父母在陪伴孩子上的两难困境？虽然看似绕了一圈，但由于有更自由和充足的时间，我们继而深入地聊到了每个学生自己的情况。他们不仅写下了他们观察到的父母的两难困境，还利用课余时间去了解其他同学对父母两难困境的看法。我们还结合当时的新闻，通过戏剧的方式体验了特殊时期没法回家的医生、护士、警察等与他们的孩子之间的关系。此外，我们还一起阅读《山海经》，通过情境创设和角色扮演的方式追溯了与大禹治水相关的神话传说，如鲧与息壤的故事、应龙治水的故事、玄龟献图的故事、大禹驯服相柳的故事、禹定九州的故事，等等。

最终，学生充分吸收和总结他们近一个月关于《大禹治水》的思考后，开始了故事板的创作，这也是他们第一次尝试独立进行整体结构的创作。之前剧目的结构大多由教师设定，然后学生和教师在此基础之上一起进行内容的创作。刚开始他们有些慌张，就像第一次写作文那样不知所措。但我告诉他们："这里没有标准答案，关键是你们自己的想法。"当时我们还一起用物件剧场的方式进行了亲子关系的即兴创作，目的也是给学生寻找更多的创作灵感。戏剧创作和文学创作有一个主要的区别，即戏剧创作是需要在行动中寻找的，而文学创作大多数时候是在文字里产生的。物件剧场当时在激发学生的创作灵感方面起到了显著效果，学生不仅在玩耍的过程中放松了心情，也为故事板的创作积累了素材。

在物件剧场中，学生还设计了一个很好的创作元素，就是用制作的偶来代表孩子对父母的思念。这个元素也直接用在了《大禹治水》剧目的最终创作中。大禹的孩子启平日在家思念爸爸时，就用泥巴捏想象中的爸爸。当他问妈妈爸爸什么时候回来时，妈妈只好告诉他等他捏完这个泥人爸爸就回来。于是在整部剧的前半部分里，启一直在角落里捏泥人。这个意象也成为启对父亲思念的

图 6-27 "启"用泥巴捏想象中的爸爸

一种戏剧性表达。

这是我第一次放手让学生一起来进行剧目构作，虽然难度比较大，但越是未知的领域越是能产生让人兴奋的创作。在这个过程中，和学生一起面对未知、找寻解决办法是一个很难得的体验。这也是教育剧场不同于教育戏剧课的地方，在教育剧场里，我们会给予学生更大的空间、更长的时间去自行探索，中间会有一大段的时间处于没有剧本即兴创作的阶段。但由于他们是长时间围绕着同一个主题进行创作，他们和教师之间彼此的信任和了解让这个未知的过程变得好玩且充满挑战。

图 6-28　影偶是《大禹治水》的重要表现方式之一

在故事板设计完成后，我们并没有马上确定一个最终的结构，而是开始了角色的创作。因为这部剧我们打算用影偶的方式来进行创作，于是我们和学生又一起了解了一些中外影偶的历史和发展。我也跟他们分享了在希腊期间看到的由希腊皮影大师伊利亚斯·卡雷拉斯（Ilias Karellas）执导和参演的影偶戏。在这部剧中，偶的出场设计很巧妙，人物角色和偶巧妙地通过位置转换，实现了故事空间的转移。现场所有道具也是配乐的一部分，演员敲打着后面的铁栅栏、脚下的锅碗瓢盆，甚至木箱和小舞台，营造了强烈的临在感。

正是这段分享，给我们带来了很好的创作灵感，通过影偶和舞台肢体剧的双重空间形式，我们从孩子的视角重新演绎了《大禹治水》的故事。此外，我们也充分利用舞台道具如耒耜、竹简和大山道具，结合剧情进行了声音和肢体的创作。

图 6-29　影偶、肢体、物件、道具等的综合运用

由于是影偶剧，所以学生还根据自己对角色的理解进行了影偶角色的创作。虽然这不是第一次，但不少觉得自己美术不好的学生在这里依旧遇到了障碍。常规的美术或者绘画教学常常将画作的逼真度作为评价作品的统一评判标准，因此美术在学生心中逐渐成了一个有门槛且有定式的学科，而不再是一种自我表达的艺术。在这里，学生不会被评判画得好与坏，我们只有一个要求：大胆地画出自己心中对角色的理解。正是这种对学生的全然信任，让他们创作出了这部影偶剧里所有偶的道具和角色。

这部剧的剧本基本上在演出前一个月才大致定稿，在此之前，大量的排练时间都是师生不断在戏剧练习和游戏中共同尝试和编创。这里除了教师是导演，所有剧团的学生也共同参与了导演、编剧、道具和舞美的工作。从第一幕开始我们就通过游戏进行了很多不同的尝试，有直接描述启和大禹关系的场景，也有从现代视角描述孩子眼中父母长期不在家的感受。最终，我们在物件传递的游戏中找到灵感，通过对同一物件的不同想象来传递从古至今孩子眼中对于父母缺位这一直不变的感受；然后通过物件传递衔接到启孤独的生活状态，运用影偶，以一种具有审美和历史感的方式将这种巧妙的衔接演绎出来。

图 6-30 国际戏剧教育协会主席萨尼娅指导排练

在这样的创作过程中会遇到很多的卡顿与怀疑，但不管是教师还是学生都在这个过程中慢慢学习和适应着这种不确定性。回过头想，这个过程就是对未来不确定性的一种最好的历练。我们常说，现在高速发展的社会，无法预料孩子的未来，那为何不现在就和孩子一起尝试在不确定的过程中去创造呢？这个过程会有害怕、有担忧，但因为我们是一个集体，是一个互相信任和团结的团队，因此总觉得坚持走下去就会好起来。果然，走着走着，路就出来了。

这个创作过程一直持续到剧目的最后。我们并没有延续传统的大禹治水故事结局，而是回应了学生的想法。启长大后，他实在等不下去了，决定自己去找爸爸。带着制作了多年的泥人爸爸，他一路寻找，终于找到了。但那时候的他对于爸爸的情感是如此复杂，喊出的那一声"爸爸"饱含了无尽的情绪。就像面对在外出差很久未见的爸爸时，孩子可能表现出许久的沉默，也可能生气地发泄情绪，这些才是真实的孩子世界。

在最后一幕，启捡起摔烂了的泥人仔细端详，他想起了他父亲遇到的两难困境。这里采用的是歌队的方式，学生通过集体角色既扮演了启，也扮演了自己，说出了他们和父母相处的故事。其实不止在最后一幕，在剧中多处启想对父亲说话的

图 6-31 从儿童的视角来解读经典故事

时候，都运用了这种手法。这种有点类似蒙太奇的艺术表达方式让学生在安全且自由的氛围中说出了他们心底想跟父母说的话，这也是为什么不管是大人还是孩子在看这部剧时，都忍不住一次次落泪。因为在那一刻，他们通过《大禹治水》这个经典故事的强大魔力不仅看见了过去，还看见了自己和家人的现在和未来。最后，学生们将碎片一块块拼起来，幕布后一个大人和孩子牵起了手，幕布前学生们一起喊道："爸爸，不管你多久回来，我都等你！"这恐怕是一个孩子对无法在家的父亲最想说的一句话。

第七章 戏剧 +

中小学的戏剧课程不能仅仅局限在教室里、校园里，要充分利用校园外的资源。在过去的几年里，我们尝试去建设无边界戏剧课程，通过馆校合作、社区合作、高校合作、家长社群、学校支持、国际交流等，让戏剧课程多维度、立体化。通过建设无边界戏剧课程，我们可以广泛吸取经验，在交流中思考与改进，寻找适合中国的中小学戏剧教育之路。

一、戏剧 + 语文

戏剧与语文可能是最天然的融合体，因为戏剧从诞生起就属于文学体裁。最早的古希腊悲剧是以诗歌的形式写就的，没有良好的文学素养，是很难学好戏剧的。戏剧有助于孩子的语言发展，能帮他们扩大词汇量，提高表达能力。在肢体层面，戏剧也有助于孩子非语言表达能力的发展。"戏剧 + 语文"可以有多种形式，比如前面提到的课本剧，还有童话、诗歌、文字等，这也是很多语文教师对戏剧教育感兴趣的原因。

（一）"人"字演变

我曾经尝试带学生以戏剧形式来呈现"人"字的演变，将尝试过程拍成了一个视频并发在小红书上，收到了近万次点赞。我先对"人"这个字做了一些研究，发现从甲骨文、金文、小篆到楷书的演变过程中，我们的祖先对这个字的认知是有变化的。在甲骨文出现的商朝，人类之间、人类与野兽之间时常发生搏斗，在这个过程中人类明白了一个道理，只有团结合作才能让人类生存下去。于是甲骨文的"人"字诞生了。西周末期至春秋时期，文明发展，孔子倡导礼仪，人类懂得了谦逊勤思。秦汉之后，社会生产力水平大幅度提高，农业发展，华夏形成了以农耕为基础的文明。到了唐之后，华夏文明高度发展，书法艺术臻于成熟。

图 7-1 "人"字演变

在此基础上，我先给学生进行了讲解，通过深入情境，他们对这些文字性的材料有了更深的情感上的理解。在学习汉字、英文等语言文字的时候，用身体构建字形是最简单直接的方式，但在语文学习中，更重要的是让学生理解这个字的来源和其背后的历史故事及文化内涵，而戏剧与语文的融合可以实现这一点。学生用身体去构建从甲骨文、金文、小篆到楷书的"人"字的同时，也在演绎中理解了不同历史时期"人"字为什么会是那样的，字形的变化受到了哪些因素影响，前后有哪些联系，等等。通过这样的学习，学生不仅学会了这个字的写法，同时也理解了其中的文化内涵和历史背景。

（二）小小的诗

我告诉学生，大自然姐姐给大家送来了一张小小的诗歌单，邀请他们成为小诗人。这时一名学生大声提问："老师，我不会写字怎么办？"我回答："谁说诗人一定要会写字？古希腊诗人荷马是盲人，但他吟唱的诗流传千古。孩子们，你们都可以成为诗人，仔细聆听音乐，答案就在你们心中。诗歌里没有标准答案，只要发挥你们的想象力，相信自己，一切都有可能。不会写字，你可以写拼音，还可以画画。"在音乐里，学生开始想象自己是一滴雨滴，会落在哪里，会做什么……教室里变得特别安静，他们沉浸在自己的想象里。不知不觉，下课铃响起，他们依旧埋头在纸上写着，连平日最调皮的学生在此刻也特别专注地在纸上写画着。

人类对于表达、自由、快乐的需求和好奇的天性决定了儿童在发展早期就热衷于艺术，这就是艺术创造的原动力。在古时候，诗、乐、舞是一体的，《礼记·乐记》记载："诗，言其志也；歌，咏其声也；舞，动其容也；三者本于心，然后乐器从之。"中国最早的诗歌总集《诗经》也是和着歌来吟诵的。虽然孩子们现在还没有学习诗歌的格律，但这并不妨碍他们运用与生俱来的敏锐观察力和感受力去表达他们内心的自由向往。

这堂戏剧与语文融合的课堂也俘获了不少家长的心。安一妈妈将孩子写的诗通过视频剪辑的方式呈现出来，而安一每次见到我也总是用一双渴望的眼神问："什么时候上戏剧课呀？我的诗写好了。"当孩子创作好自己的诗歌后，我邀请不同的班级在学校的不同地方进行环境戏剧朗读。在开始前，我一本正经地告诉他们："记住，你们现在不再是那个小不点，你们是一位诗人，这里不仅是大自然，更是你们小诗人的舞台。你们无须将你们的诗歌一字不漏地念出来，你们甚至可以在现场根据周围的自然环境即兴发挥。"孩子兴奋地找到自己喜欢的空间，大声朗诵自己写的诗。

有人说艺术家是长不大的儿童。对于儿童而言，艺术就是创造一场游戏，是探索与发现的过程，是快乐学习的动力，是自我情绪的表达，也是与他人对话的一种方式。课程"小小的诗"的创作和朗读就是这么一个过程，孩子用他们的想象力，创造了一场和大自然的游戏。风吹到了树上荡秋千，海龟飞到了天上看星星，猪在泥坑里做梦，蝴蝶飞到黑洞里一探究竟……听着他们的"小小的诗"，我不得不感慨，儿童的艺术表达与创造，绝对是碾压大人的。

这只是戏剧与语文融合的小小实验。当时我深受触动，不仅被他们天马行空的想象力和创造力所触动，更被他们勇于尝试的精神所感动。我曾经在 iStart 儿童艺术节论坛上听到一位游戏设计师分享的一句话：游戏设计并不高深，越是小朋友，对于创意设计越没有障碍。创造力是信心，不是能力。可笑的是，当我们拼命长大成人后，自以为在头脑里塞满了知识，足以应对纷繁复杂、捉摸不定的世界，却发现自己的创造力和想象力在急剧退化，然后又不得不学习或者参加各种所谓的创意工作坊，去寻找自己的创意。但是我们却忘了，其实我们小时候个个都是创意满满的小精灵。

这恐怕是戏剧教育对于我而言最有吸引力的地方。这里没有标准答案，没有统一路径，更没有模板可以参照，甚至时常最好的答案不是来自教师，而是来自学生自己的质疑与想法。这对语文教学或许也会有一些启发。成人总会小看儿童，觉得他们什么都不懂，但每个儿童的心中，都有一份渴望被尊重、被看见、被听见的心。

二、戏剧 + 英语

（一）用戏剧学英语，用英语学戏剧

尽管素质教育已经被提倡了许多年，但在实际教学中不少教师仍采用传统的单向教学法。这种"传统式教学法"常常以教师为中心，通过精准设计的教学计划，自上而下地进行教学。这种被动式接受知识的方法使学生难以对学习内容产生兴趣，导致学生缺乏批判性思维等问题。对于大多数没有英语环境的中国家庭来说，英语作为最主要的第二外语，其学习一直是一大难题。出于语言特性和应试要求，过于强调语法和书面表达的传统式英语教学法常常导致"哑巴英语"的产生。已经有许多研究和实验证明，学习一门语言最好的方式就是不断地应用，在体验中学习，在实践中运用，在迁移中创新。但是由于缺乏语言环境，这一直是英语语言教学面临的一大困境。

教育戏剧可以让学生在自主与合作的氛围中探索不同的知识与生活经验，进而反思自己以加深对自我、社会和世界的理解与认知。戏剧作为一种综合且统整的艺术，包含了文本发展、口语沟通、肢体表达、社会互动、角色同理、视觉与听觉表现及艺术审美等方面。因此通过运用戏剧的元素，将教育戏剧应用于英语语言教学中，不仅能很好地提高学生的听说读写综合能力，培养学生自主学习英语的兴趣，还能让学生在轻松、自由、有趣的氛围中提升自信心，逐渐敢于用英语思考和表达意见，进而提升思维品质、文化意识，提高学习能力。

英语虽然是一门语言，但其承载的内涵绝对不仅仅局限于语言本身。四川师范大学的秦洁荣教授在解读《义务教育英语课程标准（2022年版）》时指出，语言兼具工具性和人文性，学习外语能促进人的心智发展，有助于认识世界的多样性。此外她还特别强调，英语教学需要更多地运用沉浸式教学法，"能"字为先，让学生能用英语做事情，做到知识与技能并重。要做到这点，教育戏剧教学法无疑是一个很好的切入口。

我们在学校里开设了一门英文戏剧选修课，在学校里大受欢迎。这门课可能与大部分人印象中的英文戏剧课不一样，并不是拿着英文剧本去朗读背诵，然后分配角色进行演出，而是在为期一年的选修课上，让学生通过诵读经典英语童谣、英文诗歌，在英语戏剧游戏中进行肢体与声音的练习，然后通过情境创设、情景对话、角色扮演和即兴戏剧等方式，打破学生对英语语言表达的恐惧与障碍，从而培养他们的肢体表达能力、英语社交能力、问题解决能力、团队合作能力和想象创造力。

与一般的教育戏剧课相同，英文戏剧课通常也会选择在一个空旷的教室里进行，其目的是为学生营造一个轻松自由、无拘无束的学习环境。在这里，教师会接纳学生的意见，不断给予肯定，通过互动教学和小组合作方式集中学生的注意力，从而让学生在没有压力的情况下敢于在公共场合用英语表达意见。当然，自由并不等于没有规则，但规则的约定是在平等的关系和轻松的游戏中建立的。在每节课开始之前，教师都会带领学生一边唱着"Make a circle round and round"，一边围成圆。这个简单且带有些许仪式感的活动不仅让学生开心地学唱歌谣，还让他们懂得了团队合作，帮助他们初步建立空间感。

有时我会变身成为他们的遥控器，站在圆心，用英文口令让他们围着圆心移动，作为课前热身。有时我也会带着他们练习节奏步行，与中文戏剧不同，这里面融入了更多有趣的英文词汇。

对于孩子而言，体验是他们生命成长中不可或缺的重要元素。无论知识多有价值，如果仅仅按照成人的期望灌输给他们，那孩子恐怕很难从内心真正认同与接受。就如我们小时候为了应付考试而背的课文，考完第二天就忘到九霄云外了。在英文戏剧里，学生用他们的眼、手、脑、脚去体验英文世界里的游戏和故事，去创造他们自己的语言环境。

（二）英语语言教学与木偶戏

在课堂的规则刚刚建立时，有些小学低年级的学生在牵手围圆的过程中会不小心把同学的手弄疼，或产生一些肢体碰撞，这个时候在一些教师看来既是"麻烦"的事，也是一个很好的教育契机。教师可以引入一个偶来重现刚刚发生的"小麻烦"，然后邀请所有学生一起来替偶解决问题，甚至可以邀请那个引起"麻烦"的学生亲自来解决，最终一起制定课堂约定，如"Raise your hand to speak""Be respectful""Listen carefully""Play safely"等。这些约定由教师和学生共同记录，并在课堂活动中不断重复和感受，最终在学生心中形成英文戏剧课的课堂公约。

在这里既然提到了偶，就不得不多说木偶在英语教学中的应用和实践了。木偶戏是人类最古老的艺术形式之一，它拥有无限的表现力。在英国戏剧理论家克雷格（Edward Gordon Craig）在《演员和超级木偶》（*The Actor and the Über-Marionette*）中提到，木偶可以超越人类演员的局限性，成为一种"超人"般的表演工具。木偶戏作为一种教育工具拥有着悠久的历史，从中国的皮影戏到美国的芝麻街，不管是大孩子还是小孩子，都对木偶有一种天然的亲切感和喜欢。孩子很容易接受另一个世界——木偶世界的存在。木偶的出现不仅能极大地调动他们的兴趣，还能让他们的想象力得到充分的发展。在木偶的世界中，他们会不由自主地与木偶的世界进行"调频"，并结合自身的经验进行自主学习，进而提升自己的语言表达能力，哪怕是最害羞最腼腆或是语言能力最弱的孩子，在与偶的互动玩耍中，也会比其他任何时候产生更多的语言，也会呈现出比一般课堂更集中的专注力。通过木偶的世界，孩子能更好地了解自己和所处的社会，懂得设身处地为他人着想，以及如何与他人进行合作。

每一期的英文戏剧选修课，我都会根据学生的学情进行内容的调整。最近上英文戏剧选修课的基本都是一年级和二年级的学生，他们的英文水平基本处于初级阶段。课程刚开始，我以一系列的戏剧游戏和经典英文童谣唱诵游戏为学生培养了一定的英语语感，之后我就遇到了一个教学瓶颈，有一部分学生由于听不懂英语或者因为害羞，课堂的参与度比较低，而且对课程也越来越没兴趣。因此我运用木偶，并选择了根据美国经典童谣 *Wee Sing* 出版的儿童音乐剧《奶奶的玩具屋》（*Grandma's Toy House*）作为素材。

《奶奶的玩具屋》讲述的是一位内心年轻的奶奶有一个玩具屋，里面的玩具在魔法的作用下都能说话、唱歌和跳舞，但只有拥有金钥匙和一颗年轻之心的人才能解锁。这个充满魔法与童趣的玩具屋故事非常符合这个阶段儿童的心理需求，而且这里面有很多经典的儿歌及地道的英语表达，能很好地提高小学低段学生的英语听说能力。

在确立这个主题后，我先以过程戏剧的方式和学生一起构建玩具世界。通过戏剧游戏"定格—行动"（Freeze-Go），帮孩子建立了基本的空间感，也使他们对肢体有一些控制力。然后我提高了游戏难度，要求学生在教师"Freeze""Go"等一系列的口令中变成各种各样的动物、植物和玩具，这项活动正好跟《奶奶的玩具屋》里的玩具角色进行了衔接。这其实是戏剧游戏"定格—行动"的变体，当然，这也是根据这个课程进行改编的。在实际上课时教师也切忌生搬硬套游戏，需要根据课堂需求和学生实际能力进行再创造，这样教师在学生心中就会成为一个总有新法术的魔法师。

在营造了轻松安全的氛围后，教师入戏成为老奶奶，学生则顺理成章地成了玩具屋里的各种玩具。老奶奶转身看向玩具时，玩具就定格不动，其余时间玩具可以自由走动和发出声音。通过游戏，学生须尝试用简单的英语描述自己的玩具造型。教师还邀请学生将他们创造的玩具角色画下来。在接下来的几周时间里，教师一直扮演神奇的老奶奶角色，带领学生学习木偶的不同种类，并选择简易的杖头偶（Rod puppet）进行学习制作。做偶的材料包括一根长一米左右的木棍、报纸、胶带、纱布、白胶和黏土等。

别小看这些简单的材料，也别小瞧一年级和二年级学生的创造力，他们在教师的简单帮助下（仅仅是固定头部、用胶枪黏东西），通过团队协作完成了偶的制作，并且做的偶各有特色。在几周的木偶制作学习中，学生不仅学会了团队合作和木偶制作，更重要的是全过程他们都沉浸在《奶奶的玩具屋》的故事中。不管是同伴之间的合作，还是跟扮演老奶奶的教师求助，他们都只能用英文进行，否则魔法将失效。在这个充满想象和玩乐的环境中，学生主动学会了运用"Could you please ..." "I would like to have ..." "Can I have some ..." "Thank you"等多种英语日常生活句型，以及许多和做偶相关的英语词汇，这些也正是该学段的学生需要掌握的句型和词汇。就连之前因害羞和英文水平较低而课堂参与度不高的学生也因为实际需求迈出了英语交流的第一步。

　　在制作好偶后，我并没有急着让学生开始排练，而是先让学生学习如何操作偶，然后用偶来即兴。通过学习如何两至三人共同操纵一个偶，学生的动作技能、身体控制能力、专注力和团队合作能力都得到了提高。操偶最重要的就是专注和呼吸，当学生发现如果注意力不在偶身上，偶就没法活过来后，他们仿佛像刚学会魔法一样兴奋，开始专注地操控偶，开心地玩耍。在木偶的操纵学习中，学生逐渐建立了自信心，也开始探索如何进行合作。有趣的是，木偶也能反映学生的心情和感受，通过观察不同学生的操偶配合，教师也能发现不同学生的情绪和感受，然后随时对课堂内容进行调整。

　　在逐渐熟练操偶后，学生进入了用偶的即兴练习。在这个练习中，课堂的主动权到了学生手中，他们通过扮演玩具偶，自由讨论他们感兴趣的话题，无所顾虑地犯错，因为这是偶的世界。

　　在逐渐熟悉英语表达后，学生才最终进入了《奶奶的玩具屋》的英文音乐剧改编。改编的过程是师生共创，学生根据剧情的发展，通过用偶即兴进行表达，英语表达能力强的学生用英语表达，英语表达能力稍微弱些的学生用中文表达。关键不是比拼谁的英语好，而是鼓励学生大胆表达，感受角色的情感。在表达后，再通过教师的整理和总结，形成学生改编的剧本，并尝试着以角色的情感进行表达和最终演绎。

图 7-2 《奶奶的玩具屋》在艺术课程展评上演出

在学校的艺术课程展评上，学生的演出得到了家长和教师的一致好评。虽然这场演出算不上完美，但这本也不是课程最重要的目的，学生一定会记得第一次和同伴一起在舞台上，面对这么多观众，大声地用英语进行表达和表演的紧张与兴奋。

木偶也可以用于日常英语课堂教学，教师可以运用简单的材料如报纸、旧衣服、木棍和橡皮筋等快速做好一个偶，再用这个教师偶和学生打招呼，并根据课堂教学内容进行互动。最好这个教师偶能扮演一个比学生更笨拙或者搞怪的角色，并设计片段让教师偶去犯错。这样学生就会主动将自己定位为"小老师"，使用英语对笨拙的偶进行纠错，甚至一本正经地进行"教育"。

（三）英文戏剧创编

英文戏剧创编是将教育戏剧的方法应用于英文戏剧创作中，不同于直接给英文剧本让学生背诵排练，剧本的创作是由师生一起进行的。这种创作形式更适合有一定英文基础，并对戏剧表演有一定兴趣的学生。下面以英文戏剧作品《九色鹿》为例来分享如何进行英文戏剧创编。

《九色鹿》是一部穿梭于神话与现实的教育戏剧英文剧目，师生经历两个多月的共同创作，一群一年级的学生完成了近四千字的全英文剧本创演，其中，一半的台词创意源自学生自己。《九色鹿》英文戏剧的创作源自"中国故事，世界表达"的初衷，但在众多优秀的中国故事中，如何选择一个合适的故事，激发学生的兴趣，找到他们和故事的生活联系，点燃他们的共创欲望，从而加深他们对自己和世界的理解，是这次创作的一大难点。

我在与学生的交往过程中发现，一年级的学生大概知道了诚信的重要性，但还不能很好理解。此外，他们也会与同伴产生信任冲突。如何处理信任冲突，是他们构建良好人际关系和社会交往的基础。因此选择《九色鹿》这则故事，是希望与学生一起探讨人与人之间，尤其是同伴之间诚信的重要性。

《九色鹿》英文戏剧以九色鹿神话故事为原型，讲述了小兰向她的好朋友小红借了小鹿玩偶后，没有遵守承诺把玩偶归还，之后小兰在和妈妈去敦煌莫高窟旅游时，读了一本由神鹿送给她的《九色鹿》后，决定打电话给小红的故事。至于小兰究竟会对小红说什么，剧中没有明说，而是把这个悬念留给了观众。在排演初期，全英文的剧本对学生是一个巨大的挑战，更别说在其中融入自己对角色的理解进行

图 7-3 《九色鹿》演出现场

创作了。但通过教育戏剧的一系列课程，在所有学生的刻苦练习下，所有的学生都能流利地用英语去表演，甚至还能做到一人分饰多角。

让我记忆最深刻的是，一位家长发来了孩子的视频，是孩子一边刷牙一边背诵剧本的画面，那一刻，我在孩子的眼里看到了热爱戏剧的温暖的光。而就在几周前，这还是一个有些内向、站在台上会手足无措的小女孩。这部剧的挑战不仅在于剧本，道具也是一大挑战。我在开始排演时就有一个原则，尽可能地让学生参与到戏剧制作的全过程中。学生利用课余时间制作道具，他们有时候一边做着道具，一边情不自禁地背起了台词。《九色鹿》的精神也就这么一点点地渗透到了他们的血液中。

这部剧也获得了很多戏剧奖项，但最重要的是学生在过程中的收获，有的学生学会了如何大声响亮地说话，有的学生学会了遇到困难要想办法解决，有的学生学会了眼神的使用，有的学生懂得了刻苦练习的重要性，有的学生懂得了团队合作，还有的学生懂得了诚信的重要性……有的家长看到了自家孩子的改变、成长和热爱，有的家长收获了家长间的友谊，还有的家长看见了自己和孩子沟通时的问题。

《九色鹿》通过教育戏剧系列课程，结合学生生活联系，提取关键戏剧元素，引导学生通过语言想象、即兴、角色塑造以及情境创设来探寻诚信的重要性。通过戏剧化的呈现放大关键冲突，最终让学生学会运用声音、动作和语言进行剧本创编和演绎，从而完成对人与人之间诚信的理解、感悟、思考和表达。教师可以结合学校实际情况和学生学情，以社团活动的方式来进行英文戏剧创编。但注意，这个过程跟传统的校园剧不太一样，整个过程都以教育戏剧的方式进行，没有现成的剧本，选角也不像一般戏剧演出一样从一开始就确定。在这个过程中，教师应更注重学生在过程中的反思与收获，通过剧目创编激发学生进行自我表达与演绎，推动团队沟通与合作，从而促进学生在戏剧的世界里成为更好的自己。至于学生扮演哪个角色，台词多与少，都没那么重要，因为这是一个集体创作的过程。在我们创排的剧目中，所有演员都必须对全剧目了如指掌，哪怕有某个角色临时上不了台，其他学生也可以快速顶上。这个过程虽然会比拿着现成剧本直接开始排练要辛苦和困难得多，但请相信，只要抱着这个初心坚持下去，再艰辛的过程都会迎来硕果累累的明天。

（四）伦敦圣三一学院英文戏剧考级

除了上述英文戏剧实践，我们还和拥有一百五十多年历史的英国伦敦圣三一学院正式建立了合作关系，为学生提供国际戏剧考级认证。英国伦敦圣三一学院成立于1872年，是一所历史悠久且领先的国际评测及认证机构。目前国内戏剧考级体制还不太完善，主要偏表演体系。我们之所以选择伦敦圣三一学院的戏剧考级，不仅因为它是国际认可度很高的测评，还因为它可以为考级的学生提供英语和戏剧的双重发展动力，为学生未来出国深造提前做好准备。此外，它的理念与我们开展的教育戏剧理念比较吻合。

这项测评针对学生的戏剧水平，采用全英文进行并由英国考官评分，难度与英国同年级学生一致，因此极具挑战性。我们学校目前开展的戏剧表演类别考级内容由独白、哑剧和反思性问题三部分组成。虽然每个等级的考核标准都非常详尽，但素材可以由学生自行选择，并且考官非常鼓励学生在既定标准下进行创造和发挥，因此这里的考级并不是像大家刻板印象中那样一板一眼，它没有固定的表演套路，也没有唯一答案，但有很大的空间和自由度。

图 7-4 伦敦圣三一戏剧选修课堂

参加这个考级的学生都是通过专门的选修课程进行准备的，他们通常都具备一定的英语基础，并且对戏剧有着浓厚的兴趣。这门课的周期为一年，在课程的前半段，教师会带学生做很多的肢体游戏和声音游戏，为他们的戏剧表演打下基础。然后教师会通过戏剧游戏的方式让他们学习一些经典的英文独白和绘本故事，并进行一些哑剧的练习。在临近考级一到两个月时，我们会让学生选择一个适合自己的素材进行考级准备。

同样，我们并没有把这个项目当成一个一蹴而就的教学任务来执行，而是和学生一起在原汁原味的英文环境中进行语言与非语言、声音与肢体等方面的学习，从而增强学生的自信心，提高他们的语言表达能力、批判性思维能力和解决问题能力。

三、戏剧 + 学校

（一）课间戏剧游戏

曾几何时，我们上小学的时候特别期待课间十分钟，然而这十分钟的休息对现在的学生来说竟然成了奢望。尽管下课铃响了，但是学生不能离开教室，只能快速去上厕所，不能在室外奔跑……出于安全考虑，学生在课间十分钟被束缚在教室里甚至课桌前，似乎只要能确保安全、避免危险，就是最好的结果。殊不知，这种做法对学生身心的残害有多严重。除了安全考虑，现在还常听到这样一种说法——现在的孩子不会玩。

孩子，不会玩？这听起来怎么那么不令人信服。"孩子们只会在那儿跑来跑去，不知道在干什么。""两个人就在打闹，哪里是在玩。"诸如此类，于是有部分教师采取了简单粗暴的办法，他们认为孩子既然不会玩，那就让他们在教室里看看书。

为了解决这个问题，我们在课间引入戏剧游戏，期望通过戏剧游戏来将课间的十分钟还给学生。戏剧游戏没有特别的限制，我们鼓励学生在已有的游戏基础上即兴发挥，所以学生可以有充分的空间去按自己的想法玩。玩对学生而言其实是一种休息与放松，在上完四十或四十五分钟的课之后，学生非常需要在教室外或户外充分活动，呼吸新鲜空气，舒展身体。在坐了几十分钟之后，学生并不需要通过再坐十分钟来休息。

要在课间引入戏剧游戏，需要提前规划好可以使用的空间和场域，比如教室外的走廊、学校中庭、操场、户外花园等，必须提前为学生布置好这些场地，因为课间十分钟很有限，学生需要快速地从教室到这些场地开始玩耍。

因为戏剧是必修课，所以学生在戏剧课堂上已经掌握了很多戏剧游戏。为了鼓励他们在课间玩戏剧游戏，我们最初采用的方法是在下课铃响时，就通过学校广播播放音乐，并用语言引导全校所有学生开始玩戏剧游戏。在形成习惯之后，学生就会自发地在课间玩戏剧游戏，除了课堂上玩过的戏剧游戏，他们还会创造出自己的游戏。

（二）稻草人展

戏剧课的形式丰富多样，有一些课程的教育成果也可以成为环境创设的一部分。围绕着小学中段教育戏剧课程"通过戏剧认识自我"的目标，根据综合艺术大单元"族"主题，并结合该学段的语文课外阅读书籍，我们为小学三年级学生设计了以叶圣陶先生的童话《稻草人》为素材的偶剧课程。《稻草人》是中国现代文学史上第一部童话集，讲述的是 20 世纪 20 年代中国农村风雨飘摇的人间百态，展现了当时劳动人民的苦难。

出生在城市的这批零零后孩子大多对中国的农村生活不太了解，尤其是对 20 世纪 20 年代的中国社会和农村情况缺乏了解。在孩子的脑海里，农村是充满鸟语花香和田园风光的地方。此外，他们之前阅读过的大部分中外童话基本都是以主人公从此过上美满幸福的生活为结局的。《稻草人》讲述了一个由柔弱无能的孤苦老太太亲手制作的稻草人在看到了蛾子在老妇人辛勤劳作的稻田上产卵咬嚼稻叶，看到了渔妇在渔船上一边照顾咳嗽生病的孩子一边网鱼，在忙乱中渔妇只能给口渴的孩子喂河水，还看到了悲伤的女人来到河边自尽，它想要帮他们，却无能为力，最终倒在田地中间。

这个深刻且优美的童话故事非常适合通过偶剧的方式来和学生一起探讨关于"族"的核心问题：中华民族的崛起需要怎样的一群人？现在的学生如果只是单纯阅读这个童话故事，可能很难理解和体会其中的深意。通过偶的制作和扮演，学生以玩偶的方式沉浸式体验了故事，这不仅大大增加了他们对于这个故事的兴趣，也给予了他们更多安全和舒适的空间去体悟角色的处境，从而在行动中思考中华民族当时的困境和可能的出路。

通过美术与戏剧的融合，学生在课堂中尝试运用身边物品以及稻草制作稻草人偶。我在第一节课上就通过牛皮纸在课堂上快速做了一个偶，看似简单，但当我赋予它呼吸和生命时，在场所有的目光和注意力都集中到这个简单的偶身上。这就是偶的魅力，它不仅可以扮演任何人或者物体，还能做很多人做不到的事情。对于学生来说，这是一个特别好的教育戏剧媒介。

此外我还引导学生进行集体绘画活动，让学生聆听叶圣陶先生关于田野夜色的描述，在美妙的音乐中他们共同创作出自己心中的田野夜色画卷。这是学生第一次进行集体长卷绘制，兴奋不已的他们开始创作。这个过程有惊喜，有冲突，因此十分考验戏剧教师的应变能力。最终，学生看到他们的作品后都欣喜不已，这个充满想象力的画卷其实已经是教室环创的一部分了。

课后我布置了两个作业：一个是阅读《稻草人》故事并绘制稻草人的情绪情节动作图；另一个是制作一个稻草人偶。这两个作业并不是强制性的，但仍然有很多学生积极参与并提交了他们的作品，而那些没提交作品的学生也积极阅读了故事。这两个作业不仅锻炼了学生的能力，也为下一节戏剧课打下良好基础。

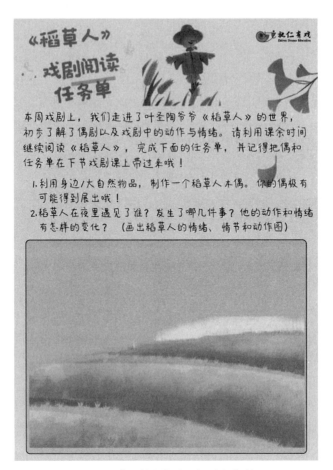

图 7-5 《稻草人》戏剧阅读任务单

第二节课上，我先通过定格图像游戏让学生对 20 世纪 20 年代中国的几个关键时刻有大致的了解，包括 1919 年巴黎和会上中国的外交失败、1919 年的五四运动、1921 年中国共产党第一次全国代表大会以及 1922 年的安源大罢工。通过集体定格图像，学生学习如何从事件中产生动作，从而体会 1919—1923 年飘摇动荡的中国社会状况。

接着学生在与稻草人偶的互动中逐步学习如何操偶，学习如何通过提取戏剧元素，如角色、动作、时间、情节、物件等，将《稻草人》的五个关键故事转换为戏剧结构。在这个循序渐进的过程中，学生通过即兴创作来体验并演绎历史时刻，体会了半殖民地半封建社会下中国社会风雨飘摇的人间百态，也切身感受到了稻草人情绪的转变，从最初的开心到之后的着急、无助、悲伤、纠结、伤心、心惊肉跳直到最后的悲痛欲绝。这些复杂多样的情绪都是学生在课上通过对偶的演绎而自然生成的，每个班的情绪都不一样。他们通过集体创作得到了独特的情感体验，而这是单纯的阅读或者单向灌输做不到的。

课程的最后，学生就核心问题"中华民族的崛起需要怎样的一群人"表达了自己的观点：善良、勇敢、心中有他人、关心体谅他人。稻草人摇扇子的动作和最后的倒下动作蕴含隐喻，学生通过偶的世界构建了自己对这个历史时刻的理解，同时，这些经历也在无形中描绘了他们自己在未来社会的影像。

这堂戏剧课结束后，我们收集了学生做的稻草人，并将他们展示在了从教学楼五楼通往六楼戏剧教室的楼梯栏杆上。这是学生上戏剧课的必经之路，无论是上过这堂课的学生，还是其他年级的学生，在看到这些稻草人时都会有不一样的感受。

图 7-6　通往戏剧教室楼梯上的"稻草人展"

四、戏剧+家长

戏剧课成了学校最受学生喜爱的课程之一，在家长中也享有很好的声誉和口碑，家长可以切身感受到学生在戏剧中的成长。可是，我们仍可以听到家长提出的很多疑惑：

戏剧课为什么那么难抢？

戏剧课难道不教表演吗？

戏剧课上孩子到底学了什么？为什么没有看到有舞台演出？

戏剧课真的有其他家长说的那么好吗？

家长是不是也可以学戏剧？看起来戏剧对家长也会很有帮助。

......

　　为了解答家长的这些疑惑，我发起了戏剧家长学堂，顾名思义，就是为家长开设戏剧课，课程内容包括戏剧的学习、戏剧教育的理念和认识、基础戏剧练习和游戏、戏剧即兴与创作、戏剧疗愈等，旨在让家长对孩子的戏剧课程以及戏剧教育对孩子的影响有更清楚深刻的认识。同时，这也让家长有机会接触和学习戏剧，通过戏剧练习和游戏发展自己的肢体能力和即兴创作能力。另外，家长学堂还会通过戏剧疗愈、论坛剧场等探索家庭教育和生活中的一些典型问题。

　　在平时孩子上戏剧课的戏剧教室里，二十多名家长站成了一个圆。他们像平时上戏剧课的孩子一样，从学会戏剧式的放松站立开始，然后进行热身练习。戏剧游戏是戏剧课程的重要组成部分，家长连续体验了慢动作游戏、镜子游戏、掌中镜游戏等，结束后他们感到疲惫，意识到这些戏剧游戏对体能有相当高的要求。同时，他们也能感到这些游戏的有趣性。

图 7-7　家长跟孩子一样上戏剧课

正如有个孩子的妈妈来上家长学堂之前所说，通过这个学堂，家长可以对戏剧教育有更多的理解，从而可以更好地支持孩子的戏剧学习。所以我为家长讲解戏剧和教育戏剧时，特别强调学校戏剧课程最核心、最精华、最根本的是平时的戏剧必修课。因为戏剧必修课是纯正的教育戏剧课，适合所有孩子，对孩子的全面成长有深刻的影响。

很多家长会感叹"戏剧课太难抢了"，但实际上"难抢"的是戏剧选修课，毕竟选修课有人数和课时的限制。但其实很多学校都有开设戏剧选修课，选修课的内容也会更多地涉及戏剧艺术甚至表演。很多家长并未意识到戏剧必修课才是最需要珍惜的。

我也跟家长强调，在小学阶段，我们最重要的是保护孩子的想象力，为孩子的创造提供空间。在过去的教育中，我们孩子的想象力会随着年龄的增长而逐渐衰退，这对他们未来适应世界的能力构成了巨大的挑战。实际上，我们并不需要教孩子想象力，因为他们在小时候就充满了丰富的想象力，相比之下，大人的想象力往往显得相对匮乏。在家长学堂的最后一部分，我带家长做了一个想象力练习，这项练习融合了音乐和形体的韵律，营造了想象中的情境。通过这项练习，家长感受到了戏剧里想象的重要性以及戏剧练习在激发想象力和创造力方面的作用。当家长走进戏剧课堂，家长的积极性和表现，以及对戏剧教育的理解程度，都让人感到欣喜。

图 7-8　家长体验教育戏剧课程

有家长说:"本来以为只是来听一听的,哪晓得运动量这么大,不仅要在地上爬,还要打滚。"每一位来过家长学堂的家长都会惊叹于戏剧教育给他们带来的教育观念的革新,正是这份共同的教育理想让我们走到一起。教育戏剧其实不只适合学生,它跨越年龄界限,适合从幼儿到成年人乃至老年人等各种各样身份的人群,简而言之,它适合所有人。所以家长在戏剧课堂学习戏剧知识时,并不会觉得内容太简单,而是会有属于自己的感受和收获。家长在戏剧课堂上,完全是他自己。教育戏剧是关于身体的,关于人格培养的。在教育戏剧的学习过程中,很重视肢体的表达和展现,同时,参与者也会被置于特定情境中,去感受、去体验、去思考并解决问题,参与者会将经验带回自己的日常生活中,促进自己的人格全面发展。

在家长学堂举办多期后,我们发现了一些问题:一是需要教师投入的精力非常多,除了要给学生上课,还需要额外给家长上课;二是每次参加学堂的家长往往不一样,缺乏连续性。但是家长对于深入了解戏剧课程的需求仍然存在,在综合考虑之下,我们决定将戏剧家长学堂升级为戏剧家长社群。戏剧家长社群是执仁戏剧家长学堂的2.0版,我们希望家长也能对戏剧有更多了解,并从戏剧教育中受益,所以依托学校的戏剧课程和戏剧师资,在A4美术馆的支持下,我们建立了戏剧家长社群,为家长营造良好的戏剧活动氛围,提供活动场地和导师指导。与由戏剧教师

图 7-9　天七戏剧家长社群的家长

来引带的课堂不同，这是一个自我成长型的社群，并非由教师来给家长上课（尽管教师会给予指导和支持），而是由家长自主管理和运营。社群主要围绕戏剧教育和戏剧艺术两个方向组织活动，主要活动包括戏剧游戏、剧本朗读、戏剧工作坊、论坛剧场、戏剧疗愈、集体观剧和戏剧创作等。家长每周五晚定期参加活动，逐渐形成了良好的社群氛围。

对于家长来说，这个社群可以给家长带来融洽的亲子关系，提高家庭教育能力，缓解工作和生活的压力，助力个人成长和突破，让他们能找寻到志趣相投的朋友，共同参与戏剧作品创作并有机会登台演出。

这是来自社群成员胡斓曦的一段话：

> 也许你是一个全职妈妈，每天周旋在家庭琐事里，找不到自身的价值；
>
> 也许你是一个美丽的人儿，正为青春的溜走，怀念遗失的美好；
>
> 也许你是一个平庸的泛泛之辈，戴着面具，冷眼看窗外的日升日落；
>
> 也许你是一匹快脱缰的野马，走入迷雾，快找不到方向；
>
> 我们是爸爸，我们是妈妈；
>
> 也许……我们也还是自己；
>
> 是那个想在软软的云朵里睡觉的孩子；
>
> 是那个想变成猫头鹰在枝头等朋友的孩子；
>
> 是那个仍相信世界上有魔法的孩子。
>
> 我们也有自己的城堡，我们也有自己的童话，来加入我们吧，演一场属于自己的戏剧。

在社群活动进行了一段时间后，家长有了一个目标，他们希望能为孩子演出一场戏剧。从来都是孩子登上舞台演给爸爸妈妈看，但为啥不能爸爸妈妈登上舞台演给孩子看呢？当孩子看到爸爸妈妈跟平时不同的样子，会有什么样的感觉呢？经过三个月，这一切成了现实。戏剧家长社群的十三位妈妈克服了各种困难，为孩子带来了精彩的儿童剧《木偶奇遇记》。

家长很用心地演，演完后，他们在群里表达和交流自己的心情：

> 在剧的结尾时匹诺曹设法把爸爸救出来时说了一句话："爸爸，你看我多

图 7-10　天七戏剧家长社群为孩子演出儿童剧《木偶奇遇记》

有用！"这句话一直深深感动着我，现在可以告诉你们啦！

我女儿常对我说："妈妈，你别看我小小的，我也有大大的用处呢，对吧？"我听着结尾这句话，很触动。匹诺曹和爸爸的深情演绎，加上绝妙的背景音乐，真的是非常触动人心！

当家长在戏剧家长社群里有了那么多收获，对戏剧有了那么多切身体验，他们难道会不支持戏剧课程吗？

五、戏剧＋社区

我们相信课堂并不仅限于教室，生活中处处是课堂。于是我们开始带学生走出教室，走出校园，走进社区。在距离学校很近的麓湖社区，我们持续开展社区教育项目。戏剧教育在社区发展中也起着越来越重要的作用，对社区生态和居民活动都有积极的影响。我们连续三年为麓湖社区开设戏剧工作坊，社区的孩子可以自由报名参加。

戏剧，尤其是戏剧教育的影响力，不仅在学校，更在社区。社区这个概念起源于国外，而以家族伦理为核心形成社会网络的中国也在形成自己的社区。然而在钢筋水泥构筑的都市丛林中，人与人之间、邻里之间的关系逐渐变得淡漠，如同未曾相识的过客。居住在同一个社区里的孩子，很多时候只能在父母的监管下认识周围的孩子，与他们在小区游乐场游玩。

（一）老人与湖

戏剧教育作为一种集体创作性艺术，能赋予社区新的发展活力。2022 年暑假，应大城小村公益机构的邀请，我们在麓湖社区围绕"地图上的麓湖史"公益项目，与来自六所不同学校的十一个孩子，以及麓湖社区的爷爷奶奶一起体验老人在社区的生活，进行田野调查、身体感知与自然教育。最后通过戏剧工作坊，我们和孩子将麓湖社区老人的故事创编成一部青少年剧场作品《老人与湖》，并在麓湖渔获节上公演。在这个过程中，孩子不仅认识了自己居住的地方，还认识了邻里的老人，逐步理解了人与人、人与自然的关系。

工作坊面向社区的孩子招募，来自天府新区第四小学、天府新区第五小学、麓湖小学、天府新区第七小学、天府中学小学部、天府七中小学部等学校的十一名孩子加入，他们在 8 月 15 日至 19 日每天下午来到麓湖艺展中心的排练教室，与教师共同度过四个小时的戏剧时光。

图 7-11　不同年龄的孩子一起参与戏剧工作坊

这个项目在暑假进行，由我担任儿童戏剧工作坊的导师。在工作坊五天的时间里，我和孩子根据老人的故事地图创作了戏剧作品《老人与湖》，然后在麓湖渔获节演出。参加工作坊的孩子大部分从未有过戏剧学习经历，而他们将要在五天的时间里创编出一部戏剧作品，这难度是极大的。我对青少年剧场作品有个性的想法和较高的要求，尽管只有五天，但更重要的仍然是孩子的学习过程，而一部高质量的戏剧作品应当是自然而然诞生的。

我在和孩子讨论的过程中发现，创作这个剧的最大难点在于：老人故事里的元素距离孩子的生活太远了，下乡知青、参军入伍、恢复高考……于是我让孩子在自己生活中寻找与这些元素的联系，并没有让孩子装扮成老人的样子，也不去模仿老人的声音，而是让他们保留自己本来的样子。如果只是单纯地模仿老人和他们的生活，那孩子的表演将会变得很假。从第一天到第五天，每天工作坊都从各种各样的戏剧游戏和练习开始，让孩子进入戏剧的世界，重点培养孩子的肢体能力、声音能力和戏剧素养。我与孩子讨论老人的故事，孩子的想法和即兴会逐渐成为作品的一部分。孩子所表现出来的认真和兴趣让我渐渐对在五天内完成一部戏剧作品有了信心。

每天下午持续四个小时的学习和排练，强度一天比一天大，但是没有一个孩子喊苦喊累，哪怕在排练到最后一遍的时候已经筋疲力尽了，他们仍然可以以饱满的情绪尽情地表现。每次工作坊都会有家长在旁边全程观察，他们也感受到了孩子每天明显的变化。

图 7-12　我与孩子一起在工作坊中创作

但是，到第四天，难度越来越大，几个孩子都因遇到困难而感到巨大的压力，他们会情绪低落，会难过地哭，甚至会导致排练中断，而这时，在其他孩子、家长和教师的帮助和支持下，他们也都跨越坎坷，正视困难并突破了自己。这样密集且高强度的戏剧工作坊确实辛苦，不过效果也非常明显。从第一天松松垮垮的训练表现，到作品框架的搭建，到排完整部剧，到不断地抠细节，到停下来继续训练基本功，到排练质量不断提高……当孩子看到自己扮演的老人真的来到面前时，他们无比地兴奋，觉得自己做的事情特别有意义。

第五天下午，孩子来到麓客岛的大草地上进行最后一次排练。在摄氏三十多度的高温下，他们仍然优秀地展现了他们这几天的学习成果。他们有各自的性格，但有同样的努力、认真和灵性，最重要的是在遇到困难时能有努力去克服的勇气，这样他们在今后的人生道路上一定会有更强的抗挫力和上进心。

图 7-13　孩子在户外大草地上排练

2022 年 10 月 30 日，《老人与湖》终于在麓湖边的大草地上举办的麓湖渔获节正式演出。五个半天的工作坊，二十多分钟的戏剧作品，十一个来自六所学校的孩子，数百名观众，见证了《老人与湖》的故事。戏剧带给孩子的绝不只是站到舞台上的表演，它让孩子认识了自己，也认识了世界，让他们拥有学习和成长的能力。对于这次工作坊，家长们也有很多感触，这里摘选一些家长的留言。

"她以前从未上过戏剧课，这几天的体验让她觉得很有趣，每天都很期待戏剧时间。前天听说限电停电还很担心上不了课，可见老师的功力，在此再次感谢老师们的悉心培养。"

"共同创造的感觉真好！希腊回来的缪老师好专业，是天才级儿童戏剧导师。选角和台词都很有感觉，感谢给我安静想象自己一生的机会。"

"孩子是天使，要将更多信任放在他们身上，他们有无尽的潜力。希望他们的童年因为戏剧能够停驻得更久一些，让他们多一个综合的角度感知人与世界。"

"这次每位小孩都是小孩的真正样子，都很有自己特色，我都很喜欢。愿社会有更多这样的真小孩。"

"同行的工作人员全身心爱着孩子的样子很治愈啊。"

"这五天是收获满满的五天，感谢教师的教导和工作人员为这次活动做幕后工作，大家都辛苦啦！谢谢！期待渔获节孩子的精彩表演！"

"感谢缪老师、袁老师，以及各位幕后的大哥哥大姐姐的辛苦付出！小朋友收获满满，每一天的排练都沉浸在戏剧带来的快乐之中！"

（二）从瓶子衍生的戏剧工作坊

2023年暑假，我们再次来到麓湖社区，联合麓湖社区发展基金会、大城小村公益机构发起了一次关于废弃瓶子再造的环保偶剧工作坊。这个项目由大城小村公益机构的"地图上的麓湖史"项目组发起，他们在2022年对社区环保情况进行了详尽的调研，并展开了第二阶段的探索：与当地居民一起，实际参与到社区环保事务中，即"瓶子银行"——麓湖零碳社区志愿者之家营造计划。

夏天的成都麓湖社区，是充满活力和生机的。但与此同时，我们常常看到游客和居民在畅饮后，往往会将塑料瓶随手丢弃，甚至有些瓶子里的饮料还未喝完就被扔进垃圾桶里了。废弃的瓶子还有没有新的可能性？我们希望通过戏剧工作坊激活社区能量，通过偶剧的方式传递低碳生活理念，以日常随处可见的废瓶子的再利用为切入点，为社区创造一个独特且充满活力的环保叙事"场景"，让"可持续"回归到日常生活中。

　　戏剧工作坊总体上分为木偶制作和木偶创作两个部分，在七天的时间里，来自不同学校的十六个孩子从一个个被废弃的塑料瓶子开始，发挥想象力和创造力，体验了偶剧的乐趣并迎接了其中的挑战。

　　之所以选择偶剧，不仅因为它是一个历史悠久的艺术形式，更多是因为它的形象多变、趣味十足，深受孩子喜爱。通过木偶，我们不仅可以引导孩子思考与探索自然与人的关系，还能给予他们自由发挥的空间，去探索那些"奇奇怪怪"的想法，学会通过与人合作实现自己的想法，最终提升孩子的审美感知力，加深他们对可持续社区的理解。

图 7-14　孩子自己动手制作瓶子偶

　　我们先从瓶子角色设计以及场景制作开始，由于大部分孩子都没有接触过偶剧，所以教师先用一个偶进行了引入。说到这里可能有教师担心：我美术不行，手工不行，还能用偶吗？答案是：只要你有想象力，只要你想，木偶就是你和孩子建立联系最好最快的方式。在偶剧的世界里，有一个概念叫"万物皆偶"，指的是任何东西都可以做偶。但看似简单的物件背后是由操偶师的功夫支撑起来的：呼吸、重心、专注力。只有在物件中注入这些操偶的核心，偶才能"活"过来，孩子的注意力自然会被吸引过来。

角色是戏剧里很关键的元素，带领一群不太有戏剧经验的孩子来创作角色时，需要考虑到孩子的年龄特点。参加这次工作坊年龄最小的孩子是幼儿园大班，最大的是小学六年级，这种跨年龄段混合教学的方式有助于孩子之间互相学习。因此我们采用团队合作的方式，大孩子和小孩子自由组队进行角色设计。而设计，就从他们手里拿着的瓶子开始。夏天的麓湖，一个个瓶子被大家喝光后扔进了垃圾桶，之后瓶子又去了哪里？如果瓶子也有生命，那他们会是怎样的性格？他们的梦想又会是什么？他们眼中的麓湖又是怎样的？如果有一群"叛逆"的瓶子，他们没有像其他瓶子一样被送到垃圾回收站匆匆结束"瓶生"，而是在麓湖执着追寻着心底的那份梦想，在这里可爱的居民的帮助下，他们又会展开怎样一段奇妙的旅程？

在不断地碰撞和讨论中，孩子设计出了不同性格的瓶子偶，有沉着稳重的大通矿泉水瓶，有可爱讨人喜的零食罐，有怀揣明星梦的饮料瓶，还有梦想成为音乐家的可乐瓶和心态良好的酒瓶。根据这些角色，孩子互相配合，利用各种不同的材料进行创作，在两个半天时间里，不仅完成了偶的制作，还一起完成了场景的设计。

图 7-15 孩子挤在有限的空间里互相配合

在接下来的五天里，孩子集中进行偶剧的创作和操练。这个过程比做偶的难度更大，因为不同年龄、来自不同学校的孩子要在五天的时间里互相熟悉，通过合作与配合，最终集体在一个"大木箱"里进行表演。在这个过程中大部分的孩子都需要保持半蹲的姿势，确保只有偶露出来；另外，演出现场还需要佩戴耳麦，因此所有的配合都需要在安静中进行。最终孩子的演出赢得了观众的赞赏。演出结束后，一位导演说："这群孩子了不起，能待在这么一个小箱子里这么长时间'默默无闻'地演出。"偶剧和一般的戏剧演出不同，操偶师大部分时间都不在聚光灯下，手中的偶才是焦点。其实孩子的关注点跟大人不一样，当他们沉浸在操偶的乐趣中时，很多在大人看起来很困难的事他们反而能轻松应对。

更重要的是，孩子发现了原来废弃的瓶子还可以有这么多可能性。通过偶剧的创排，孩子不仅对偶剧产生了浓厚的兴趣，还深入了解了麓湖社区的生态环境以及环保措施，比如麓湖的水草研究湿地、天府森林公园的共享厨房、桥洞堆肥处、天府森林公园零碳志愿者之家等。《瓶子们到麓野历险记》偶剧在成都各大公交站台得到了放映，此外该剧还受邀参与了 2023 年 A4 儿童艺术节展演和麓湖渔获节展演，入围了第十二届中国儿童戏剧节成都分会场展演，受到了《成都日报》等媒体的报道，获得了家长和麓湖社区的好评。

图 7-16　孩子自己动手制作剧中的木偶

2024 年暑假，瓶子的木偶剧创作在偶的材料、制作和演出空间上都有了新的突破。这次我们的排演场地选择在了"荒野之国"的白手套空间，演出场地选择在了"荒野之国"的大草坪。戏剧的故事延续着去年瓶子偶的梦想，同时也加入了由各种不同可回收材料制作而成的角色，其中有用铁丝和报纸做成的巨型偶地球之母、用废旧袜子做成的猫偶、用木棍和旧布做成的花布姐姐、用塑料瓶做成的水母、用纸箱做成的男纸汉以及用牛皮纸做成的可乐瓶、零食罐等。这些角色以及不同角色的场景都是由孩子设计，然后由导师和孩子共同搜集材料制作而成。有些孩子是前一年参加过的，有些经验，有些孩子则是零基础，他们一起配合，即使排练的地方再酷热难耐，他们依然兴致勃勃。在制作角色的过程中，孩子也会感叹：原来废旧的瓶子、布、纸箱和报纸还能这么有用，原来我们社区还有这么多默默付出的环保英雄。《最后的荒野之国》这个剧目受邀参与麓湖渔获节展演和荒野之国的户外沉浸式木偶剧演出。

图 7-17　在麓湖"荒野之国"进行创作排练

戏剧的世界里没有说教，没有灌输，孩子通过制作偶，和偶互动，与同伴一起创作，自发地探索可持续社区的多元可能性。在这个愉快又充满挑战的过程中，他们不仅成了更好的自己，也绘制了更美好的社区生态图。

六、戏剧＋剧场

（一）带孩子去剧场

在我们旅居希腊的时候发现，戏剧是如此深入地融入了当地人的生活中。与国内大多数戏剧或艺术演出都有"1.2 米以下儿童谢绝入内"不同，希腊的大部分演出都可以让孩子参加，而且我们还发现，无论是大孩子还是小孩子，他们的观众素养都非常高。但是在网络上我们常常会看到各种"熊孩子"在演出时吵闹影响了其他观众。反思一下，难道我们的孩子和希腊孩子有差别吗？当然不是的。那为什么会有这样"谢绝入内"的规定呢？其实是我们大人对孩子的"成见"太多。一种成见是，孩子这么小，懂什么呢？所以不给他们体验的机会。另一种成见是，我们以大人的视角选择了自认为适合孩子的内容，但其实在孩子看来这些内容一点都不有趣。久而久之，我们的孩子离真正的艺术越来越远，他们也就越来越不可能成为一个好的观众。

我们当然理解"1.2 米以下儿童谢绝入场"被制定出来的理由，孩子好动好说话，很难在剧场的座位上安安静静地坐一个小时、一个半小时，甚至有些孩子会在演出中途哭闹、走来走去，这不仅会影响演员的表演，也会严重影响其他观众的观剧体验。我自己就曾经在西溪天堂艺术中心观剧的时候，遇到小孩子大哭大闹，导致演出几乎中断的情况。但是，我们需要思考的是，出现这样的情况的原因是什么。怪我们的孩子？尽管大多时候大人都会训斥或教育孩子，但我认为是不能怪孩子的。孩子好动好说话是天性，更重要的是，在他们极少有坐在剧场里观看戏剧演出经历的情况下，他们又怎么能知道在那种场合什么该做什么不该做呢？哪怕一个成年人，去到一个全新的环境，也会出现不适应，会做出不合适的行为，查看关于出境游的游客的报道，这类情况并不鲜见。当孩子第一次坐在有很多人的剧场里，灯光突然暗下来，一点声音都不能发出，只能被局限在座位的区域，他们内心的感受会是怎样的呢？希腊有大量的剧场，但并没有被严格区分为仅供成年人使用的剧场或儿童使用的剧场。儿童剧的数量很多，编排的表演也与其他成年人的专业戏剧要求一致。因此，希腊的孩子们从小就有机会走进剧场观看专业戏剧演出，甚至当他们还在被爸爸妈妈抱着的时候，就已经拥有在剧场里看剧的经验了。曾经我和戏剧系的同学在学校所在的纳夫普利翁小镇举办"童话马拉松"，设计了持续一整天的童话主题戏剧演出，当时小镇上很多孩子都来观看，其中年龄最大的是中学生，最小的甚至还只会在地上爬，但是无一例外的，他们都能在演出过程中安安静静地认真观看。试想，如果我们的孩子也从这么小就能走进剧场观看戏剧，养成了观剧习惯和观众素养，那么还会出现在剧场里吵闹的情况吗？还会需要"1.2 米以下儿童谢绝入场"的规定吗？如果我们不让孩子走进剧场，他们可能在长到 1.2 米的时候突然就知道如何当好一个观众了吗？我相信大家都知道这不可能。即使是成年人，也有不少不文明的观演行为，究其原因，还是因为进剧场太少而不知道如何当好观众。

正如大卫·戴维斯针对戏剧教师的戏剧素养所强调的，如果一个戏剧教师不了解戏剧元素，对戏剧艺术不熟悉，而他却去教戏剧，就如一个美术教师不懂色彩却去教绘画，一个音乐教师不懂音准节奏却去教声乐。这听起来是一件很可笑的事情，但却是目前的普遍现象，很多从事戏剧教学的教师自身可能没有或极少有戏剧艺术的经验。那么这样的戏剧教学，真的跟戏剧有关吗？回到孩子身上，其实也是如此。孩子在学校里或者机构里学习戏剧，但是可能从未进过剧场。随着商业繁荣，越来越多迎合市场的儿童剧出现，家长不惜支付高昂的票价带孩子去观看。我在雅典生活期间，常常带自己的孩子去剧场看儿童剧，那些儿童剧质量高、数量多，无论大人还是孩子都很喜欢。回国之后，我延续这个习惯，购买了一场儿童剧演出的门票，带孩子去看。结果让我大失所望，剧情极其低幼无趣，表演浮夸，只是通过各种声光电技术吸引孩子的兴趣。对低龄儿童来说，他们还无法判断戏剧演出的质量，只是声光电技术就可以让他们觉得很有意思，如果家长仅从孩子的"兴致盎然"就觉得这个儿童剧不错那就大错特错了。殊不知，这样低质量的演出会严重破坏儿童的审美，甚至这种破坏是深远的、很难逆转的。

所以我们在学校里发起了一个项目——"带孩子去剧场"。这也是因为我们在希腊和欧洲其他国家所见所闻而有所感，进而促进我们又有所行动。剧场体验和戏剧经历对儿童的成长有着非常积极且不可替代的作用，而我们在艺术教育中长期忽视了这一点。我们在推进这个项目的过程中也无奈地发现，优质的儿童剧很有限，常常想推荐孩子去看戏剧，却没有合适的剧目。因此，这是一个旨在为孩子提供与戏剧亲密接触、培养孩子戏剧艺术素养的项目，让孩子认识戏剧、走进剧场，为学校的戏剧基础教育补足短板。

在过去几年里，我们多次带孩子去剧场，观看过丁一滕的《新西厢》、罗焕焕的《天鹅之歌》、化工场的《汉密尔顿》、孟京辉的《两只狗的生活意见》、李思遥的《奶奶的诗》等剧目。但是我们面临的困境是，国内目前适合儿童的高质量戏剧还很少。

1.《新西厢》

《新西厢》是一部中西结合，如中国山水写意画一般的关于爱的剧。整部剧非常巧妙简约地使用了一块大白幕，这块大白幕仿佛会魔法一般，是道具，是场景，是媒介。它有时候是表现实体物件的，有时候是用来展现情感的，而有时候是虚拟的、看不到、摸不着的东西，一步步地将剧情推向了高潮。这部剧没有华丽炫彩的舞美，但就是这简约但不简单的设计，深深吸引了孩子的注意，激发了他们的兴趣。

最开始的时候，其实家长会有疑问：这部剧适合孩子看吗，他们会不会看不懂？但事实证明，在一个半小时的演出里，二十个孩子都能够安安静静地观剧，没有吵闹和离座。我在后台与演员交谈时，演员对孩子的观剧习惯和礼仪称赞不已。

除了这部戏剧本身质量高的原因，还得益于孩子在学校里的戏剧学习和戏剧氛围的浸润。这些孩子进入小学一年级以来，每周都有一节戏剧基础必修课，此外还有各种戏剧选修课。算下来，在天府七中小学部的孩子，一学期可以上二十至四十多堂戏剧课。

从孩子的反馈中，我们可以感受到他们对这场戏剧的喜爱。结束后不少孩子兴奋地去和演员交谈，戏剧带给了他们全新的能量。这就是戏剧的力量。戏剧是一种不可复制的、活生生的艺术形式。它不仅仅是剧（play），也是戏（playing）。戏剧是此时此刻发生的现场事件，它不仅仅有演员之间的互动，也有观众和演员、观众和观众之间的相互碰撞。在这种身临其境的即时性中，演员和观众一起探寻着人类的生活。

关于孩子能否看懂的问题，我们跟家长做了讨论。其实戏剧演出看不懂的情况会很多，因为戏剧跟其他艺术作品相比，更挑观众，会要求观众具有一定的知识基础、文化背景、生活经历等，才能够看懂。孩子对《西厢记》这个故事不了解，也没有相关的生活经历，看不懂很正常。但是演员的表演、舞台的设计、时空的转换等他们是可以看懂的，有不少地方他们也会觉得熟悉，因为他们曾在戏剧课上学过。更重要的是，从小在剧场里享受戏剧艺术的浸润，这会对孩子的成长产生深远影响。最后演后谈时，咱们的孩子更是相当勇敢地举手提问，他们的问题真挚可爱，演员和导演也对他们专业的观剧素养点了一个大大的赞。在戏剧课的熏陶中，孩子不仅慢慢开始了解什么是戏剧，也懂得了不少戏剧或戏剧教育术语，如静像、哑剧、肢体即兴、旁白、歌队……在观看《新西厢》的过程中，孩子不仅可以去想象剧情、惊叹舞美，还可以一起分析戏剧里的元素。没错，孩子看到的，远比我们大人以为的要多得多。

对于戏剧课程来说，课堂不仅在校园里，处处都可以是课堂。尤其是剧场，在剧场里孩子可以更好地感受戏剧空间，而与专业的戏剧人面对面，也会让他们受到鼓舞。从课堂到课外，孩子在戏剧里探索着，浸润在戏剧的世界里。希望有更多的孩子可以走进剧场，从而让真正的戏剧走进孩子的内心，让他们在一生中想象力和创造力最丰富的时候，播下一颗关于美的种子。

因此，我们非常鼓励家长带孩子走进剧场，帮助孩子养成观看戏剧的习惯。当然，也需要对戏剧演出进行一定的选择和甄别。目前国内优质的儿童剧还不多，而质量不高的戏剧对孩子的艺术审美反而会产生损害。剧场里的戏剧体验对孩子的艺术素养有着不可替代的积极意义，期待更多孩子在戏剧中健康快乐地成长。

在《新西厢》散场时，我特地安排了孩子和演员、丁一滕导演合影交流的环节。丁一滕后来发来信息说：看到他们就看到了曙光，中国的戏剧有未来。的确，我们的孩子，以后将会是戏剧的未来之星。

图 7-18　孩子与丁一滕导演和演员的合影

2.《汉密尔顿》:"问题少年"的音乐剧

有了经验之后，我们开始把"带孩子去剧场"变成一个长期项目，身体力行地推动孩子走进剧场，担当剧场和孩子之间的桥梁，通过这个项目让越来越多的孩子拥有剧场体验，为他们的戏剧学习打好基础。正如前人所说，没有条件也要创造条件。没有戏剧氛围也要创造氛围。每次都是我发现有不错的戏剧演出，就自己先确定时间买好票，然后再告诉家长和孩子，家长和孩子可以根据自己的时间来安排。几乎每次都有很多孩子会跟随项目一起走进剧场，这既对剧场的持续运营有益，也让更多的孩子了解了剧场。

在成都东郊有一个特别的剧场，名叫"化工场"。剧场所在建筑原本是一间化工厂，厂房废弃之后，化工厂主理人刘先生就盘下了一间厂房，将其改造成一个小剧场。其实这样的小剧场在欧洲很多，我在雅典见过形形色色的剧场，其中有一个剧场甚至是无主的，也就是没有所有者和专门的管理者，而是由一群戏剧演员自己维护，他们定期在剧场里排练和演出，门票收入就拿来维修剧场和贴补日常成本费用。不过在国内还很少能见到类似的小剧场，大多还是类似于每个城市都有的大剧场、音乐厅那样装潢高档的演出空间。实际上，特别的场地空间，往往能够给戏剧演出带来特别的效果和创意，我很期待未来能出现越来越多特别的小剧场。

我曾经问过刘先生一个问题："你觉得我如果带小学生来你的剧场怎么样？"很明显他犹豫了一下，然后回答："如果家长没意见的话，其实对孩子来说是挺好的体验，可以开开眼界也是好的。"我其实很理解他犹豫的原因，毕竟对于国内大部分家长来说，那间由废弃厂房改造的场地似乎不是什么"正经"的剧场，接受那样的环境对家长来说或许会是一种挑战。

不过这一次"带孩子去剧场"，去的就是化工场。当我在家长群里提前发交通路线提示时，家长看到照片上荒废的建筑、泥泞的道路、破败的厂门，不禁发出疑问：这是认真的吗？出于对我的信任，家长并未表示任何质疑或批评，仍然积极地互相帮助，并且提早到达以熟悉路线。我真的要为自己与家长之间的优质关系点赞，感谢家长的信任。

当晚的演出绝对没有让他们失望。这是一场比较特别的演出——由一群来自好奇学习社区的 14 岁少年演出的音乐剧《汉密尔顿》。这部剧的导演是我的好友鱼丸，我也特别期待看到同样出身教育戏剧专业的她，会带着这群据说是"问题少年"的孩子呈现怎样的一部剧。这些 14 岁少年让我们大开眼界，难度极大的英文台词在他们的嘴里极其流利，尽管孩子不能完全听懂，但他们依然听得津津有味，后来还跟我们感叹："哥哥姐姐的英语太好了。"但实际上，有些演员的英语在去年

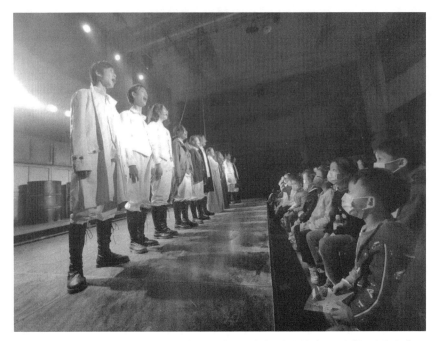

图 7-19　孩子在化工场观看由十几岁的哥哥姐姐演出的音乐剧《汉密尔顿》

还是磕磕巴巴的，戏剧对他们的影响同样很大。90分钟的演出，孩子自始至终都非常认真地观看。剧场特地在第一排为孩子预留了座位，让他们可以近距离地感受哥哥姐姐的表演。如果更多的剧场都能这样为孩子的观剧提供便利，相信会有更多的孩子乐于走进剧场。

在最后谢幕时，刘先生向观众介绍参加项目的孩子，说这是成都戏剧的第四代。的确，我们的孩子从一年级就开始学习戏剧，每个孩子每周都有戏剧必修课，此外还有戏剧选修课、戏剧专修课，还有在这些课堂之外的戏剧学习，可以想象他们长大之后会有怎样的戏剧素养。艺术的学习不仅仅在校园里、课堂上，也在剧场、音乐厅、社区、大自然中。通过我们的身体力行，希望能够让更多的家长带孩子去剧场，从而让真正的戏剧走进孩子的内心。

（二）担任剧场导演

除了校园里的戏剧课程，我们还非常重视走出校园，与社会连接。因此，我们持续推动馆校合作，与成都繁星戏剧村的合作便是优秀案例之一。成都繁星戏剧村走进我们的课堂，演员带着"小包子"（戏剧作品《奶奶的诗》中的偶）一起为孩子上戏剧课，体验偶剧、戏曲、绕口令、即兴喜剧等，让孩子感受了专业演员和剧场的力量。

除了将剧场搬进课堂，我们也将课堂搬进剧场，也就是前面所提到的"带孩子去剧场"项目。除了看剧，剧场还为孩子在剧场里设计研学课程，让孩子体验真正的剧场，了解剧场里演员、舞监、灯光、音响等各岗位的工作内容。

图 7-20　孩子在成都繁星戏剧村观看偶剧《奶奶的诗》

不同于一般学校请剧场导演进校排剧，出于对我们戏剧作品专业度的认可，繁星戏剧村正式向我发出邀请，请我担任儿童科幻剧《三叠纪的星光》的导演。这既是对我戏剧专业能力的认可，也是对学校戏剧教育的支持和联动。

《三叠纪的星光》是刊登于《科幻世界》的一篇科幻小说，聚焦于儿童成长，用波澜壮阔的冒险讲述了孩子勇敢向前、不屈挑战的成长史，展现了孩子在成长中展现出的智慧与勇气。原作者杨紫汐也与戏剧有深厚渊源，她毕业于中央戏剧学院，获得过多个儿童文学奖。如何将这样一篇优秀的科幻小说搬到戏剧舞台上，成了我的新课题。

图 7-21 我与《三叠纪的星光》作者杨紫汐

我首先基于小说进行了编剧，重点关注如何进行精彩的戏剧化呈现并确保对观众具有教育意义。我对低幼低智的儿童剧持否定态度，我认为那样的儿童剧对孩子其实是一种伤害，声光电技术的过度使用会破坏孩子的审美。完成编剧之后，我就进驻繁星戏剧村，开始面试演员，正式建组，同时设计道具舞美，一项项工作有序推进。剧场的工作环境和经历对一名戏剧教师来说格外重要和珍贵，如果一名戏剧教师长期脱离剧场，就会如同鱼离开了水。

在创作过程中，我也不忘让孩子参与其中，邀请孩子为主角小星和小光创作人物画像，最终小星和小光的形象由孩子决定。我同时还邀请了天府七中小学部六名一至二年级的学生走进剧场，与专业演员演对手戏，共同创作了"五感剧场"作品。

经过一个多月的创作，《三叠纪的星光》成功首演，并在繁星戏剧村长期驻场演出。尽管是儿童科幻剧，但其实也非常适合大人观看，因为这个剧讨论了亲子关系，探索了人类命运，这些问题同样也值得成年人思考，尤其值得大人与孩子讨论。从小说到戏剧，从文字到舞台，原作者杨紫汐对自己文学作品的戏剧舞台呈现赞不绝口。在首演演后谈中，我作为导演和观众分享了自己对儿童剧和戏剧教育的看法。

图 7-22 《三叠纪的星光》在成都繁星戏剧村演出

以下是我作为导演对这部剧的阐述：

> 孩子对于大自然的热爱，对于科学与环保的关注，会都助他们轻松地进入三叠纪的世界。在这个世界里，地球遭遇极端气候，全世界的人类只能居住在一座超级大厦里。这是一个需要将时间和空间都无限延展想象才能到达的世界，而对于孩子来说，这并没有太大的难度，孩子对未来的世界总是充满着想象。在这里，他们将会亲身经历和体验一千年之后的人类世界，在那里跟着小星和小光，经历各种各样的困难，努力从下叠纪前往上叠纪寻找自己的爸爸。在发现三叠纪的真相后，孩子会在宇宙这样广阔的维度里，思考面对困难时的应对方法，思考面对两难困境时的选择，思考人类的不完美，感受父母之爱与人类大爱。

我一直认为，家长带孩子走进剧场观看高质量的戏剧，对孩子的素养教育极其重要。这也是我投入精力在剧场导演一部儿童剧的初衷，希望给孩子带来好的作品。

七、戏剧 + 美术馆

艺术的课堂绝不能局限在教室里，应该打破课堂的边界，与社会连接。除了剧场，美术馆同样可以成为戏剧的空间。对于学校而言，美术馆是最好的合作伙伴，不仅有丰富的艺术资源，还可以让孩子在丰富的场景中学习艺术，获得丰富的体验，通过与美术馆合作共创，能让孩子走出校园，在社会实践中拓宽视野。在这里分享我们与两座美术馆的合作经验。

（一）A4 美术馆

一所创新地打破艺术分科壁垒，构建以戏剧为载体的综合艺术课程的学校；一座大胆地打破传统观展形式，鼓励儿童动手表达共同创造艺术的美术馆。这样的学校和美术馆可以碰撞出怎样的火花？我们的相识开始于一场艺术与教育的对话。当时，我们请 A4 美术馆副馆长、iSTART 儿童艺术节总策展人李杰来到学校的图书馆与教师对话。他很赞同天府七中小学部正在进行的综合艺术实践，认为戏剧可以让孩子在很小的时候就体验丰富的情感，但这种体验必须结合生活经验加以转化，这种转化将成为教师引导孩子建立情感，以及建构学科与孩子之间生活关系的途径，是非常有意思的融合。

图 7-23　天府七中与 A4 美术馆建立馆校战略合作关系

后来，我们与 A4 美术馆在多次合作中彼此相知并产生了共鸣，共同策划了"有戏"儿童戏剧专场、iSTART 儿童艺术节、T+ 乡村教师美育素养发展支持计划等。其中最让我印象深刻的是连续三年参与 iSTART 儿童艺术节的共创。

iSTART 儿童艺术节是 A4 美术馆自 2008 年开启儿童教育的研究与实践，我们从第八届开始参与。第八届的主题是"不存在游戏博物馆"，是从儿童视角出发，深入探讨和研究"艺术·游戏·创造"之间的关系与融合可能性。从项目启动之初，我们就与 A4 美术馆团队联合研讨，进行了多次头脑风暴，最终决定以课程形式来推动"不存在游戏博物馆"主题在学校里的实践。

经过研讨，"不存在游戏"的教学设计逐渐成形，并在全校每个班都进行了教学实践。课堂上，教师入戏成为 iSTART 儿童艺术节的代表，让课堂与真实情境融合。学生先通过体验和探索传统游戏，探讨到底什么是"不存在游戏"，并由此找到创造"不存在游戏"的支撑点——生活素材，然后思考讨论创造游戏所需的元素。在掌握了素材和元素之后，学生自由分组，开始创造自己的"不存在游戏"，完成后向全班展示并接受其他同学的评价。

图 7-24　学生在课堂上分组创造自己的"不存在游戏"

我们参与的方式是将艺术节的主题"不存在游戏博物馆"融入课程设计，并将这个课程在全年级所有班级进行授课，在课堂上学生会创造出新的游戏，我们从中选出优秀作品参加艺术节。通过这样的方式，我们让每个学生都参与到艺术节中，并通过艺术节让更多人看到了他们的创意和作品。在教学过程中，大量的游戏被学生创造出来，他们对创造游戏表现出了极大的热情。正如 A4 美术馆副馆长李杰所说，iSTART 不是简单地展示孩子最完美的一面，其最关注的实际上是过程，是他们在过程中的成长，相信他们在这个过程中意识上和能力上的变化。我们最关注的不是学生最后创造出的游戏，而是他们在创造游戏过程中激发的想象力和创造力。

最终，由十九个学生共同创造的《游戏书院》，成为"不存在游戏博物馆"的一部分，我们希望在这个书院里，游戏可以成为孩子学习和成长的主要方式。

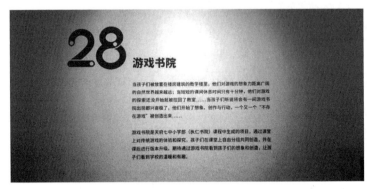

图 7-25　学生创作的作品《游戏书院》在第八届 iSTART 儿童艺术节展出

图 7-26　孩子在东郊记忆将自己创造的游戏拍摄出来

第九届 iSTART 儿童艺术节，我受邀成为联合策展人，学校正式成为共创机构，以"五感对话"深度参与到艺术节。

图 7-27　天府七中成为第九届 iSTART 儿童艺术节的共创机构

与 2022 年一样，我们和 A4 美术馆团队共同将 2023 年的艺术节主题"无限游戏家族"设计为艺术课程，并在所有班级授课，力求让优质的艺术资源惠及每一位学生。课堂上，学生初探"五感对话"，通过戏剧进行了尝试和即兴。同时，教师给学生发布了周末任务，请他们在周末外出时尝试与陌生人进行"五感对话"，并将视频传给教师，这便是选拔的第一关——影像蒙太奇。任务表现突出的学生将获

图 7-28　学生在麓湖社区对不同的人和物发起"五感对话"

得跟教师和美术馆工作人员一起"出外景"的机会。学生来到麓湖社区，在路上随机与陌生人、动物、植物甚至没有生命的物体发起"五感对话"。

通过第一关的学生会成功拿到第二关的挑战卡，然后他们需要发挥自己的想象力创造一个"五感盲盒"。盲盒里的游戏必须由学生自己创作，并且跟五感相关。在初步完成盲盒创作后，学生互相交换体验，并提出自己的建议。盲盒不断迭代，学生可以从中体会到不断创造的乐趣。同时，学生还需要制定游戏规则，对于小学低段的学生而言，这样可以帮助他们更好地树立规则意识。在完成了所有盲盒设计和制作后，学生把盲盒材料装进美术馆的盒子里，完成布展。此外，艺术组江洁老师带着舞蹈团的学生设计了"舞感挑战"，为"五感对话"增加了舞蹈艺术元素。

图 7-29　学生创造了自己的"五感盲盒"

在第二关中表现优异的学生，将获得进入第三关"五感剧场"的机会。学生来到成都繁星戏剧村童剧场，在这里他们遇见了一千年后的人类——小星和小光，还有追赶他们的机器人。学生和他们无法通过语言沟通，只能通过五感进行对话。学生与《三叠纪的星光》的专业演员展开对手戏，深度体验剧场。

第十届 iSTART 儿童艺术节以"小自然，大家庭"为主题，我征集了团队教师的意愿后，选择了儿童艺术疗愈为项目方向，并在团队内进行头脑风暴后确定了项目内容。我们都对学生平时在学校里、课堂上那些"奇怪的动作"很感兴趣，于是最终确定项目名为"奇怪的我"。然后我们开始进行课程设计，并分别在自己的课堂上推进。与以往两届一样，在让所有学生平等参与的前提下，学生通过自己的努力跻身最终作品的创作团队。

图 7-30　学生与《三叠纪的星光》的专业演员展开对手戏

图 7-31　学生创作的作品《奇怪的我》在第十届 iSTART 儿童艺术节展出

　　教师在中午带入围的学生继续创作，学生被分成了六大门派：人才派、神通派、随便派、青矛派、天行派和砸动派，分别对应学习、行为、物件、心情、交往和情绪。学生从自己平时的生活中取材，创造属于自己门派的"武林秘籍"。

图 7-32　学生参加第十届 iSTART 儿童艺术节开幕式

（二）广汇美术馆

我校正式与广汇美术馆签订了馆校合作协议，同时美术馆也聘我为驻留艺术家，这是美术馆对我的理念的支持：艺术教师要活得像个艺术家。没有艺术创作的艺术教师，会渐渐失去活力，一个得不到艺术滋养的艺术教师，又如何将艺术的滋养带给学生呢？在过去的几年里，我们双方合作开展了戏剧社会公演、师生美术展、外籍艺术家课堂等活动。

图 7-33　带学生走进美术馆与外籍艺术家共创

1. 师生美术展

学校对于美术展的传统做法，是把学生的作品挂在学校的墙壁、楼梯等位置进行展示。但是，我们想带学生进入美术馆，开一个真正的美术展。第一届师生美术展以"元宇宙"为主题，教师从全校学生的美术作品中选出符合子主题"宙"和"己"的作品，并在装裱之后运到美术馆。在那个学期，学校的美术课程设置了五个大单元：春、虫、宙、己、时。广汇美术馆为我们提供了一个很大的明亮空间，美术教师自己进行布展设计，一切都按专业画展的方式进行。学生不仅在本次展览中担任主导者的角色，还将这种角色延续到了观展过程中。在观展现场，由学生作为小小导览员为观众导览，讲述作品中的故事。在为期两个月的展览结束后，学生、家长和教师共同参与撤展环节，收获从"策"到"撤"的过程性体验。在这场专为学生设计的艺术展览中，每个学生都是艺术家。

图 7-34　学生走进美术馆观看同龄人的作品

第二届师生美术展以"向大师学习"为主题，灵感源自 2023 年秋季学期开设的"向大师学习"系列课程，包括"创意国画""没骨花鸟画""黑白装饰画""手工""彩铅"等。所有的展品均来自学生平时的课程作品，涵盖水墨画、没骨花鸟画、彩铅、黑白装饰画、手工、装置艺术等类别。展出的临摹与再创作作品含有中西方古代艺术、现代艺术与当代艺术特征，艺术表现形式多样，学生通过对"大师"艺术家作品的独特体会，以多元形式呈现了学生对"大师"艺术历程与艺术风格的理解和对自我意识的创意表达。

图 7-35　家长和学生参观美术展

2. 社会公演

美术馆的功能不止于画展，其空间也适合演出。所以我们与广汇美术馆一起举办戏剧社会公演，将学生的戏剧演出置于美术馆空间。两个团队多次联合工作，基于美术馆丰富多样的空间，进行公演的创意设计。最终，公演选定了学术报告厅、LAB 西厅和 G11 厅为场地，让不同的剧目有不同的空间环境。当然这也增加了引导观众转场的难度。事实证明，两个团队的完美合作让整个观演过程非常流畅。

社会公演面向公众开放报名，最终两百多名观众汇聚在美术馆，观看由学生带来的戏剧演出。在几个场地里，最让观众震撼的是 G11 厅，这个厅高达十一米，其巨大的空间创造了特别的声场效果。我们自己设计的灯光也让观众很好地进入戏剧空间。观众安静地坐着或站着，静待演员进入演出区域。表演《精卫填海》的学生穿着黑红色的演出服，当音乐响起，他们开始呈现一幕幕震动人心的场景，耳熟能详的故事让所有人产生了共鸣。后来有观众说，他没有预料到学生会有这么强的戏剧张力，让人不自觉地默默流泪，心生感动，触动思考。

灯光渐暗，一群穿着长裙的小女孩跑上台来。她们带来的是舞剧《绿山墙的安妮》。这是见证成长的故事，学生成功还原了那些诚实热情、富于幻想的人物性格。有观众这样评价：这个剧很有当代艺术的范儿，很难想象是由这么小的学生带来的。参加这场公演的除了来自小学部一至二年级的学生，还有来自中学部戏剧校队的学生。

图 7-36 舞蹈剧《绿山墙的安妮》演出现场

八十多个学生演员，近两百名观众，三个演出空间，六个剧目，两个小时的演出，一间美术馆，一所学校。正如一名观众所说："沉浸在戏剧中的孩子是可爱的，是自由的，是灿烂的。"

八、戏剧 + 国际理解

戏剧教育无疑能拓宽我们的国际视野。我们在从事戏剧教育时，一定不能闭门造车，需要保持与国际戏剧教育者的交流。从希腊回到成都进入中小学任教后，我保持着与国际同行的交流，这一方面得益于我是在希腊完成戏剧和教育戏剧的学习，另一方面也因我过去多年在国际航运业的工作经历而让我具备国际交流的意识和能力。如果戏剧教师可以保持这样的国际交流，对学生必定是有益处的，可以提升学生的国际理解能力。

几年前我加入了国际戏剧教育协会，当时我就发现每次协会的线上研讨会都没有其他中国人。记得第一次参加 IDEA 的"Together We Go On Festival"活动，这是一个由全球各地的戏剧教育者在 24 小时里不间断进行线上分享研讨的活动，原本我的分享被安排在第二天，但在活动第一天我因为好奇就上线听了非洲戏剧教育者的分享，出乎意料，我被点名发言，参会的其他人让我谈谈中国的戏剧教育。于是我就在餐馆里临时地分享起我们在做的戏剧教育，这引起了其他国家戏剧教育者的惊讶和好奇，因为在此之前，他们对中国的戏剧教育发展状况了解极少，而刚好我又是在学校里开展戏剧教育的，我的分享对他们也很有启发。

这几年里我们坚持在这样的国际研讨会上发出中国声音。当国际戏剧教育协会计划于 2024 年在北京举办大会时，由于部分国家成员对中国存在误解和偏见，导致不少成员反对该提案。在此背景下，我也被邀请发表我的看法。经过多方努力，

图 7-37　国际戏剧教育协会主席萨尼娅和希腊著名戏剧教育家乔治娜与天府七中戏剧团队

2024 年 7 月，国际戏剧教育协会全球大会在北京举办，这为我们进一步参与国际交流并让世界看到中国戏剧教育的发展，提供了更好的平台和机会。

（一）米尔蒂斯

当时我收到自己的博导玛丽亚·米可达基（Maria Mikedaki）教授的邀约，帮雅典大学的马诺里斯·帕帕格里戈拉基斯（Manolis Papagrigorakis）教授和联合国秘书长安东尼奥·古特雷斯（António Guterres），为联合国的公益片《米尔蒂斯》做中文版翻译。这个片子的主角是公元前 5 世纪在雅典大瘟疫中失去生命的十一岁希腊女孩米尔蒂斯，两千多年后，她的遗骸在修建雅典地铁凯拉米克斯（Keramikos）站时被发现。其后，经过马诺里斯·帕帕格里戈拉基斯教授团队的努力，他们复原出了这位古希腊少女当初的相貌，她也成为联合国为抵抗贫穷和战争而发声的大使。

图 7-38　我们与马诺里斯·帕帕格里戈拉基斯教授和玛丽亚·米可达基教授

在完成了中文翻译并取得了教授的同意后，我决定把这部影片应用在我的戏剧课上。片子中为米尔蒂斯配音的是玛丽亚教授的女儿朱莉·艾特，她也是十一岁，所以我特地挑选了年龄相仿、大约是十一岁的四年级学生参与这堂戏剧课。正因为年龄相仿，所以他们对米尔蒂斯有很强的同理心。要了解未来，需要看向过去。

当教室的屏幕上出现了一个小小女孩的照片时，我先让学生猜猜她是谁，再向他们讲述米尔蒂斯的故事。讲故事（storytelling）在教育戏剧中是很重要的内容。在讲故事的过程中，学生问了很多问题，比如："为什么虚拟的人物会有思想？""您所说的米尔蒂斯'活过来'是什么意思？""米尔蒂斯的尸体在地下埋了那么多年，还可以挖到吗？""为什么只复活她，而不复活其他人？"……学生的问题很多，每个问题都会让我眼前一亮，他们的思维非常活跃、天马行空。

米尔蒂斯的故事把学生带回了公元前5世纪的雅典，当时正是雅典与斯巴达争霸的伯罗奔尼撒战争期间，而这时雅典却暴发了大瘟疫，执政官伯里克利此前因战事决定将城外居民都迁入城内，这一决定在瘟疫暴发时加速了疫情的蔓延，他自己也感染了瘟疫。当时的医疗条件无法查出瘟疫从何而来，也找不到救治的办法，几乎四分之一的居民死亡。古希腊著名医生希波克拉底当时也在城中，他为救治病人殚精竭虑。古希腊历史学家修昔底德也感染了瘟疫，不过所幸他活了下来，在《伯罗奔尼撒战争史》中记载了这次雅典大瘟疫。

十一岁的雅典女孩米尔蒂斯感染瘟疫之后，不幸失去了生命。两千多年后她被考古学家发现，又被科学家复原面容，并成为联合国的小大使。我让学生分享他们对故事的理解和感悟，并思考如果米尔蒂斯邀请大家成为联合国的小大使，自己会有什么计划。学生的回答同样精彩，其中很多涉及非洲等地区，涉及未来，他们虽然还很小，但是他们心里的世界已经很大。我也提醒他们，在遥远的非洲有很多儿童因为疾病和饥饿需要我们的帮助，但同时，在我们国家还有很多儿童也需要我们的帮助。未来我们中的很多人或许会走很远很远，但是我们的眼睛要能看到远和近。这也正是这个项目的优势之一，它可以培养学生的国际视野和未来观念，虚拟的同龄人米尔蒂斯，带他们跨越两千年的历史，跨越几千千米的距离，将他们与世界上其他地区的儿童联系在了一起。

我给学生布置了周末作业：一是查找相关的历史资料，并手写整理下来；二是找一块布，自己动手做一件Chiton（古希腊服饰），下节课将会使用。前者是为了让学生可以延伸阅读，拓展知识面，学会搜集信息，并为下节课做好知识储备。后者是为了通过服饰文化加深学生对历史的理解，并且锻炼动手能力。下一节课，他们将穿着自己做的衣服回到公元前5世纪的雅典，亲身体验米尔蒂斯生活的时代。为此，我特地制作了Chiton的视频供他们参考。

下一节课开始前，其实我心里是有些忐忑的，不知道学生能不能按要求做出Chiton，毕竟这并不容易。然而，当我在教室里等到他们走进来的时候，我真的是一阵惊喜，实在太赞了！他们穿着自己做的 Chiton，风格各异。很明显，他们都认真看过我的讲解视频，甚至进一步查找过相关的信息。不得不说，他们做得都很棒。我当时是特别感动的，后来我将这节课的照片发到社交媒体上，希腊的师友也惊叹不已。

这让我对这堂课充满了兴趣，也对接下来的旅程特别期待。我拿出了学生在上一节课曾经见过的一幅画，在画中伯里克利正在对雅典公民讲话，远处卫城上的神庙矗立。我让学生仔细观察这幅画，然后将学生分为三组，请他们模拟画中的场景。三组都完成得不错，而且各组对画中细节的关注各不相同。公元前 430 年，雅典正与斯巴达进行战争，斯巴达军队围困雅典城，雅典人都被集中到城内，而城内开始流行瘟疫。我让学生用凳子搭建城墙，三组学生分别为斯巴达军队、雅典人以及医护人员。我对各组提出不同的问题，然后学生开始讨论，讨论激烈到甚至发展成了争论。

"斯巴达军队"态度强硬，无论是否会感染瘟疫，他们都坚决要攻城。"雅典人"这方提出了很多应对瘟疫的方法，并且期望与斯巴达人议和，他们还派出医护人员去帮助斯巴达人应对瘟疫。然后我让双方在城墙相对，冲突很快爆发，尽管斯巴达人出于对瘟疫的担忧而与城墙保持了一定距离，但是其彪悍的民风让他们不愿议和。雅典人焦头烂额，既无力于治疗瘟疫，连伯里克利都感染了瘟疫，又无实力击败斯巴达人。双方争执不下。

这时我喊了停，让学生回到座位。我们进行了总结和反馈，课堂上出现的情况与真实的历史其实差不多，当年雅典人与斯巴达人在瘟疫威胁下也未停战，最终雅典人失败，一蹶不振。在这个过程中，受害的是普通民众，他们既要遭受战争折磨，又要面对病痛死亡，其中就包括了十一岁的米尔蒂斯。

继而，我提出了"米尔蒂斯计划"：请学生写一份计划，如果自己是米尔蒂斯，会对减少中国儿童疾病和健康问题提出哪些建议？这堂戏剧课不仅仅让学生学习了历史、做了手工、学习了戏剧的模拟与即兴、训练了思维能力，还让学生拓宽了国际视野，提高了共情能力。

后来这堂课被希腊主流媒体《每日报》报道，该报道又被中国驻希腊大使馆、希腊驻华大使馆等转发，引起了广泛关注和好评，希腊驻华大使乔治·伊利奥普洛斯（Georgios Iliopoulos）也发信息祝贺。学生对于自己登上希腊报纸的消息感到既惊讶又兴奋，我相信这对他们的未来或许会有那么一些积极的影响。帕帕格里戈拉基斯教授对我们在中国所做的关于米尔蒂斯的课程和实践很惊喜，她表示，雅典大学将会为我们提供更多的教学资源。

图 7-39　希腊主流媒体《每日报》对米尔蒂斯戏剧课程的报道

后来，我们也带学生创作了戏剧作品《米尔蒂斯》。

图 7-40　戏剧作品《米尔蒂斯》海报

（二）跨文化戏剧

戏剧是世界性的。世界上大多数国家都诞生了本民族的戏剧，因此学习戏剧有利于增进学生对其他民族文化的理解。20 世纪初以来，东西方在跨文化戏剧的表演和教育方面进行了许多实践，比如布莱希特（Bertolt Brecht）在自己的戏剧中采用了亚洲戏剧元素，阿里亚娜-姆努什金（Ariane Mnouchkine）在莎士比亚戏剧中加入了日本和印度戏剧元素，彼得·布鲁克（Peter Brook）尝试使用非洲和印度戏剧元素，尤金尼奥·巴尔巴（Eugenio Barba）在他的欧亚戏剧中使用了伊尼丹戏剧、日本歌舞伎、京剧等元素。在中国和日本，除了延续了数百年的戏曲之外，还有从欧洲传入的戏剧（又被称为"话剧"），它是从写实戏剧衍生而来的。铃木忠志等日本导演以日本戏剧的形式导演了希腊悲剧和莎士比亚戏剧。在中国，也有将中国戏曲与西方戏剧相结合的做法，如京剧形式的《俄狄浦斯》。

跨文化戏剧的产生不仅仅是出于对其他国家戏剧形式的兴趣，还基于对本国戏剧所面临的具体问题。如今教育戏剧在中国的普及，同样是源于本国戏剧教育中的问题。跨文化戏剧不是简单地将两种戏剧传统拼凑在一起，而是当本民族的戏剧出现了某些问题时，坚持以本民族戏剧为核心，并在此基础上进行融合和创新。

尽管跨文化戏剧有助于增进国际理解，但是必须意识到学生在接触跨文化戏剧时会首先面临的一个问题：文化冲击。当一个人刚进入一个陌生的文化环境时，他会感到困惑、焦虑或恐惧，因为他习惯的文化符号和工具都不再存在。所以此时要在树立文化自信的前提下打开视野，让学生能够在文化自信的基础上理解其他民族文化。要面临的第二个问题：刻板印象。无论是西方人对中国文化，还是中国人对西方文化，由于缺乏了解，双方都容易产生刻板印象和误解。此外还有一个问题就是本土化。不同的国家有不同的文化和社会情况，要提醒学生将跨文化戏剧中提到的问题放到本国的文化环境中理解。

除了对跨文化戏剧进行赏析，我们也可以带学生一起创作跨文化戏剧。这将是一个比较大的工程，因为会涉及不同国家的文化、历史、语言、剧本创作、本土化等很多问题，这些问题需要学生和教师在创作过程中一一解决。但如果能够完成，那无论是学生还是教师都会受益匪浅。在学校里，我们已经尝试创作了一些跨文化戏剧，如《伊卡洛斯之翼》等。此外，在高校，我也为成都大学中国—东盟艺术学院来自韩国、马来西亚、越南、泰国、俄罗斯等国的共二十五名留学生开设了跨文化戏剧课程，选择了中国故事《南柯一梦》为素材一起进行学习和创作。通过跨文化戏剧的学习，留学生加深了对中国文化的理解。

图 7-41　留学生的跨文化戏剧课堂

（三）融合中希文化的《霸王别姬》

下面分享我在教育戏剧硕士毕业时做的一个跨文化戏剧项目——与希腊戏剧学院的学生一起创作的跨文化戏剧作品《霸王别姬》。在这个项目中，我用教育戏剧带希腊戏剧演员学习中国文化，提升对中国文化的理解，完成这个剧目的创作。这也是我的硕士毕业论文《将教育戏剧作为提高演员对跨文化戏剧文化理解的手段》(Drama in Education as a Means for Improving Actors' Culture Understanding on Intercultural Theatre Plays)。

我曾向希腊国家剧院的导演提出一个问题：如何才能帮助演员解决在学习排练国外剧目时遇到的文化内涵理解的问题？当时导演并未给出明确回答，他应当也还在探索之中。我后来与多位导演、演员讨论这个问题，暂时都未有比较有效的解决方法。

这个问题对我来说，却是必须回答的。因为我来自中国，在希腊学习戏剧，希腊戏剧带给了我很多感动和启发，让我对戏剧着迷，我必然要处理好对希腊戏剧中的文化内涵理解问题。来到希腊这个戏剧起源地学习，对我思考和解决这个问题有很大的帮助。但在我回到中国从事戏剧教育后，同样面临这个问题。教育戏剧是舶来品，甚至我们在教育戏剧中使用的大部分理念和方法都来自西方，因此在将教育戏剧应用于对中国学生的教学时，必然需要处理好不同文化背景所带来的问题。

中国和希腊，这两个相隔遥远的文明古国，各自孕育了截然不同的东西方文明，因此，它们的戏剧也必然充满了差异。而双方在进行戏剧交流的时候，如果不能解决这个问题，那交流必然是浮于表面的。所以大家都在思考这个问题，当然，要解决问题光靠思考是不够的，还得通过实践去找寻答案。

于是我在希腊发起了《霸王别姬》项目，作为我找寻这个问题答案的钥匙。这其实是一次实验，目的是通过我所负责的教学部分，探索希腊演员在限定时间内对中华文化内涵能理解到何种程度。我们的演出形式仍然会保留希腊戏剧的精华，但要求演员从内心理解剧中的中国文化元素，明白当时的历史背景以及人物性格特征，并体现在表演之中。这个实验或许成功或许失败，但无论如何都非常有意义，因为它将为之后的中希合作或者其他跨国合作的戏剧演出提供一个样本。

图 7-42　与比雷埃夫斯戏剧学院的师生第一次见面

项目由参与了希腊国家剧院《赵氏孤儿》制作的斯达夫罗斯·卡拉雅尼斯（Stavros Karagannis）和雅尼斯·帕纳戈普洛斯（Yiannis Panagopoulos）担任导演，比雷埃夫斯戏剧学院的十六名戏剧演员与我一起完成演出。这个剧以希腊语和汉语演出，但并非简单的希腊演员说希腊语、中国演员说汉语，而是演员都有可能使用对方的语言。语言毕竟是文化的重要组成部分，尽管希腊语和汉语都位列世界上最难语言的前三名，但我们还是有信心能够做好这一点。我期待做出来的是一部真正实现中希融合的戏剧。什么是中希融合？就是不仅只是让希腊演员演一部中国剧目，或者让中国演员演一部希腊剧目，而是基于一个中国历史故事，演员能演出一部具有中国与希腊特色的戏剧。在演员表演时不用完全模仿中国古代人物的言行举止，也不需要完全以希腊戏剧的方式去表演，而是解构再重构。说起来简单，实际探索的时候千头万绪，但我们所有人都对这个项目充满了热情。

图 7-43　我在给希腊戏剧演员讲"楚汉相争"的历史

在希腊版《霸王别姬》的学习和排练过程中，我们做了一些即兴表演练习。其中一个练习是由我来演刘邦，一名希腊女生演吕雉。我们自己选一段剧本之外的情节来即兴表演，这样既不会被剧本约束，又可以考验我们的即兴能力。刘邦并不是《霸王别姬》中的主角，但我想让希腊演员来饰演项羽，这或许可以给观众全新的感觉，而由我来饰演刘邦，希望这样的安排能在舞台上展现中国与希腊两种文化元素的碰撞与交融。

我们选择了"鸿沟之约"后，项羽释放吕雉回到刘邦身边，吕雉再见到刘邦时的场景作为即兴的片段。因为史书上并未记载两人这次重聚的场景，在过去的京剧等演出中也未出现过，这就给了我们充分的发挥空间。此时我们主要面对的困难有几点：

一是语言。因为是即兴演出，我们的对话没有现成的台词，还要用希腊语和汉语进行表演，我们还必须理解对方在说什么，并在语言和行为上做出相应的回应。在短短二十分钟里，这其实是很难做到的。

二是历史背景。那段历史我还是比较熟悉的，但是希腊女生却并不了解，尽管我已经给希腊学生介绍过那段历史的整体情况，但深入至如此微观的层面对她来说还是有难度的。所以在二十分钟的准备时间里，我花了大量的时间跟她讲解了这部分历史和其中的人物关系，尤其是此时的刘邦和吕雉之间的情况。

三是人物关系。同样是王和王后，但刘邦和吕雉与阿伽门农和克吕泰奈斯特拉是完全不同的，所以要让她理解刘邦与吕雉之间的关系，尤其是他们在分别三年之后微妙的关系变化。

四是表达方法。不仅是这位女生，其他的希腊学生也都反映了这个问题，他们在表演的时候都想让自己表现得像古代中国人，但这样往往导致他们在表演时束手束脚。一来他们并不是很清楚古代中国人到底是怎样的，二来压制自己本来的表演风格，这让他们自己不舒服。

图 7-44　我与希腊女生即兴表演刘邦与吕雉故事片段

在我们表演的时候，希腊女生就问我："应该如何对待刘邦这个王?"我跟她说："你刚进来时，在你面前的确实是个王，但是当你想尽一切办法试图让他再接受你，让你再次成为他的王后、他的女人时，我们之间的关系其实就是男人与女人的关系。所以你在表演时不用压抑，须展现女人面对男人的情感，吕雉在当时的唯一机会就是抓住刘邦的心，以重新成为汉王之后。而如何让刘邦相信尽管自己在项羽身边度过了三年，但仍然真心爱他并忠诚于他，这就是吕雉要做的。"

两年前我站在埃皮达鲁斯古剧场里，与另一位希腊女生搭档，我扮演阿伽门农，她扮演克吕泰奈斯特拉，演阿伽门农从特洛伊归来在城门遇到迎接他的王后的那一幕。和这一次相比，两次的差别确实很大，但其中也有共性，那就是人性最根本的东西，即男人与女人之间的情感。我用心体会这种差别和共性，其结果就是我和希腊女生迅速进入状态，很快找到了那种共情。

所以当我们站在大家面前表演时，尽管是即兴，我们纯粹地通过两人之间的互动来推动剧情发展，但我们在对话上也能做到紧密连贯（也略微得益于我的希腊语基础，可以基本听懂她在说什么，但主要还是通过对方的情绪和状态感受到对方传达的意思）。她逐渐进入了歇斯底里的状态，这正是我期待看到的，一个绝望的女人在追回自己唯一可以托付生命的男人的心。我们互相给戏、互相推动，到最后，情感几乎不可抑制。

那是我们第一次做与剧本相关（尽管是剧本之外的情节）的表演训练，虽然依然存在很多问题，但通过各组的即兴表演，可以看出经过两周的学习训练，大家对于《霸王别姬》里的人物都有了比较多的理解。我之所以发起这个项目，也就是希望希腊演员能够从内心深处真正地理解中国戏剧中的人物和文化因素。

我们组的即兴表演被提出了两个意见：

一个是关于语言。尽管我们在使用汉语和希腊语对话时是紧密连贯的，但雅尼斯老师提出，我们需要解释为什么是用这两种语言表演。可能由于汉语和希腊语差别很大，所以界限过于明显，这个问题在之前希腊国家剧院和中国国家话剧院合作的《赵氏孤儿》中也同样发生过。

另一个是关于动作。我在表演刘邦时，保留了中国传统的动作，尤其是作为一个王的一些举止，而希腊女生是按希腊戏剧的风格来演绎吕雉，这样就出现了两种风格的戏剧动作。我们也尝试在平时的练习和训练中让希腊演员在动作中增加中国

图 7-45　比雷埃夫斯戏剧学院院长斯达夫罗斯·卡拉雅尼斯为演员讲戏

传统元素来平衡两种风格。但这个项目其实是一次实验，我希望这次的演出能像过去中希合作的音乐《仙渡云霓》一样，通过解构和重构，产生一种新的中国和希腊融合的戏剧。

希腊戏剧与中国戏剧在表演风格上存在明显差异，这种差异也同样体现在情感的表达方式上。所以我在加强希腊演员对中国文化学习的同时，也提醒他们要保留并展现希腊戏剧的表演风格和特色，我们要在这两者之间寻找平衡。

图 7-46　《霸王别姬》在雅典奥林匹亚剧场首演的剧照

《霸王别姬》对希腊演员极具吸引力，他们觉得中国文化不再神秘和遥远，反而充满趣味，并且能够与他们的历史故事相互映照。东西方文化的差异则是让我们着迷的地方，我们穿梭在希腊戏剧和中国戏剧之间，穿越在西方历史和东方历史之间。

几年之后当我再回到比雷埃夫斯戏剧学院给年轻的学生上课的时候，我选择了"跨文化戏剧"这个课题，以《霸王别姬》为例跟学生一起探讨跨文化戏剧。希腊学生说，他们之前没有接触过跨文化戏剧，主要还是学习希腊戏剧，所以这次课对他们来说是开阔眼界的好机会。

图 7-47　我们回到比雷埃夫斯戏剧学院给学生讲课

我跟他们说，今天一个中国人站在这里给他们讲课，我们之间的相遇本身就已经是一次跨文化的交流了。我用青城武术的一些基本动作作为本节课的热身游戏。这也是我在国内从事戏剧教育的一个实践，即将中国武术的一些元素转化为戏剧肢体的训练方法。我们对跨文化戏剧的理解不能只停留在用某一种文化套另一种文化的层面上，而是重在创造出一种新的形式。在与学生探讨之后，我们达成了共识，我的见解也给他们对跨文化戏剧带来了新的理解。

九、戏剧 + 乡村

（一）火种

乡村学校也需要戏剧教育吗？答案是肯定的，甚至乡村学校比城市学校更需要戏剧教育来推动教育改革和提升教育质量。在实践中我们也发现，乡村学校在戏剧教育的普及效果上似乎比城市学校更为显著。

尽管我一直想以戏剧教育支持乡村学校，但却没有找到合适的契机。直到2023年A4美术馆邀请我参与"T+乡村教师美育素养发展支持计划"（以下简称"T+计划"），并举办一场戏剧教育工作坊，为教师普及戏剧教育的理念和方法。这是我第一次为乡村教师讲戏剧教育，当时我既忐忑又兴奋。忐忑是因为我拿不准要为乡村教师开设怎样的工作坊，他们会对哪些内容感兴趣，哪些内容会对他们有用。兴奋是因为这两年我致力于教育戏剧在国内的普及工作，毋庸置疑，教育戏剧对乡村美育一定具有巨大推荐作用，而我终于有机会可以为乡村教师传递一些教育戏剧的种子。我花了不少时间，为工作坊准备了非常丰富的内容。因为我觉得机会难得，所以非常希望能给乡村教师尽可能多的东西，让他们能够带回去。

图 7-48 我在"T+乡村教师美育素养发展支持计划"为教师开设工作坊

工作坊在戏剧游戏中开始，教师亲身体验各种戏剧游戏，体会戏剧游戏对培养肢体能力的作用。我向他们强调，戏剧学习的基础在于肢体的表达，无论是成年人还是儿童，肢体表达能力都尤为重要。玩完几个戏剧游戏，大家都觉得很舒坦。实际上，戏剧游戏就是帮助学生从身体和心理上做好学习的准备，这也是学习的重要部分。我也特别跟教师强调，戏剧课或者艺术课不能堆砌游戏，虽然这会让课堂看起来精彩纷呈，但实际上并不能达到美育的目标。

然后我还做了一个调查：请去剧场看过戏剧的教师举手。当时好像有六位教师举手。目前在国内，戏剧观众的基础尚未得到有效培养，多数人更倾向于去电影院或其他娱乐场所。不过很明显，博物馆越来越火，相信剧场的价值也会被越来越多人发现。因此，我花了一些时间和教师介绍戏剧，包括戏剧的形式、戏剧的元素等。然后就过渡到这次工作坊的重点——教育戏剧。虽然教师在戏剧教育和教育戏剧方面几乎没有任何经验，但是我还是向他们强调了在进行戏剧教育时特别容易出现的问题，比如把戏剧教育和戏剧表演混为一谈、拼贴戏剧习式等，希望他们能够有积极的戏剧教育理念。

图 7-49 教师即兴演出《普罗米修斯盗火》

我以《精卫填海》为例，详细分享了如何设计一堂教育戏剧课，同时也展示了如何以同一文本，设计教育剧场作品。如何将故事发展成戏剧？绝不能只是将故事表演出来，还需要运用戏剧元素重构故事。教师被孩子创作的《精卫填海》深深吸引，有教师还因受到触动而流泪。同时我也以这个故事，让教师进行了实战练习，分享自己对故事的解读。然后，我选择了《普罗米修斯盗火》，带教师进行了一次"实战"。首先我对这个故事进行了解构，并将教师自己的生活经验融入故事中。经过几轮环环相扣的逻辑延展，这个故事越来越有趣、越来越有深度。所有教师参与其中，他们基于自己的解构，又重构了这个故事，并进行了戏剧化呈现。最后的呈现一气呵成，教师沉浸其中，真实地说出了自己的想法。当走出情境，他们惊讶于自己的表现，原来这就是戏剧。

后来我收到他们的反馈：这个戏剧工作坊刷新了自己对戏剧和戏剧教育的观念，也让自己对戏剧教育充满了兴趣。与大家想象的戏剧不同，没有华丽的舞台、成熟的演技，却让所有参与者的情感得到了激发与表达。期望戏剧如普罗米修斯的火种，会被带到乡村，让乡村的孩子受益。

（二）火星

在戏剧工作坊之后不久，我收到支持"T+计划"的致朴公益基金会邀请，希望能够为浙江的乡村学校提供戏剧教育支持。当听到这个消息的时候我其实挺惊讶的，没想到当城市里的学校还对戏剧教育懵懵懂懂的时候，乡村的学校已经走在了前面。

图 7-50 桐浦镇中心小学教师团队

来自浙江温州的桐浦镇中心小学，一所规模不大的学校，有几百名在校生和几十名教师，外地务工人员子女占全校学生的 40% 左右。学校长期以来推行"共读一本书"，每个学期所有学生会共读一本书，然后将书中内容编排成儿童剧。但是在排剧过程中出现了较多问题，教师不知道如何解决。因此，周国平校长牵头向致朴公益基金会提出申请，希望加入该基金会的"美育学校共创"项目，并通过这个项目提升学校的阅读课程和儿童剧课程的质量。于是，校长带着全体教师参与到项目中。经过对项目的了解，我也欣然接受了致朴邀请，成为戏剧教育公益导师来支持项目的推进。

经过研讨，我在十一月初为教师设定了前期学习任务：一是读《小狗学叫》，然后完成三个小练习；二是观看青少年剧场作品《精卫填海》和《蜉蝣》，并分享自己的感受，提出问题。月末，我收到了教师的反馈。有不少教师反馈不知如何完成小练习，也有教师反馈看不太懂这两个戏剧演出。这些反馈让我对项目的推进有了些担忧。

十二月初的周末，我应邀来到桐浦镇，跟想象中不同的是，这个小镇的生活气息浓郁，尤其是晚上致朴的张老师和桐浦镇中心小学的周校长带我坐在路边的泡泡店里时。泡泡据说是当地的特色小吃，跟冒菜、钵钵鸡、烧烤之类不同，泡泡是把油炸后的串串进行某些处理，让串串不那么油。泡泡店用透明塑料膜将泡泡包裹起来，有点韩剧里大排档的感觉。在镇上很容易遇到学生家长，泡泡店旁边那位卖羊肉串的摊主就是从新疆来的学生家长，而后面的面馆老板也是一位学生家长。作为教师，会感觉镇上到处都是熟人，享受着很舒服的乡里邻里关系。

我见到了学校的两个学生，就是面馆家和新疆餐馆家的，他们在自由自在地玩。我问校长："这里的学生要上培训班吗？"校长告知："这里没有培训班，学生只能靠学校里开的各种课程培养兴趣特长，就算放学之后想上培训班也没地方上。"这让我想起自己小时候放学后自由自在的时光。我第二天要给一年级的学生上一堂公开课，让教师看到真实的戏剧课堂是怎样的。之前，无论在珠海还是在北京，要上公开课，我都会提前一天去跟学生见面，认识一下。但这次没有这样的安排，第二天学生进教室后就直接开始上课了。所以我多留意了一下两个学生的情况，尽可能多了解他们。

第二天上午，我第一次走进桐浦镇中心小学，对于之前教师们在调查问卷中，针对"如何评价自己的学校"这一问题给出的"小而美"这一答案，我有了更具体的感受。校园的确小而美，整洁有序，能看得出每个角落都很用心。根据介绍，这所学校建于 1906 年，已经有一百多年的历史，算是瑞安当地历史最悠久的学校之一。周校长带我们走上几级台阶，穿过一个小门，眼前豁然开朗，竟然是一处园子，名"百草园"。园中有石头小径，有一畦畦中药材，苍耳、板蓝根、枸杞子等，还有一处锅灶。据周校长介绍，学生也有机会来这里野餐，由他们自己掌勺。园内有一处高台，是学生读书吟诗的场所。想起此行的目的，我不禁跟周校长说："这里太适合做戏剧了，百草园里可以做戏剧节！"当我们来到教学楼，已经有教师陆陆续续地到了。为了这次工作坊，教师将会议室的桌椅搬出来，会议室临时变成了戏剧教室。

图 7-51　校长和教师参加我的戏剧教育工作坊

　　工作坊开始的时候，我跟教师说："不要把它当作是要学了去教学生的任务，就当是自己上了一次戏剧课，先让自己受益。"我带着教师体验各种戏剧游戏，当然，这些戏剧游戏都是我在实际教学中逐步摸索出来，对学生和戏剧素人的初期阶段最有效果的。所以当这几个游戏玩下来，教师已经逐渐进入了戏剧的状态，或许教师自己还感觉不到，但是在我的眼里，教师相较于刚开始参与工作坊时已经有了很大变化。由于冬天气温低，也为了让教师不会因为久坐而感到枯燥，我安排了动静结合的活动，让教师在学习戏剧教育理念的同时，也能亲身体验戏剧游戏和练习。我跟教师说："尽管我们这次项目的最终目的是带学生排剧，但是如果我们的观念没有刷新、方法没有改变，那么最终仍然是会回到老路上。"所以我花了一上午，帮教师逐步建立起对戏剧教育的认知，在这个过程中，我能感受到教师对戏剧教育有了更多的理解和兴趣。

说实话，要让全校所有教师都对戏剧教育感兴趣，是不现实的。在最初的调查问卷的结果中，就有教师明确写了不想参与。即使是来到现场的教师，用周末的时间来学一个全新且陌生的东西，也不可能所有人都完全出于自愿。教师平时已经很辛苦，为什么还要再额外学戏剧教育、做戏剧课程呢？所以，让教师对戏剧教育有更多了解并产生兴趣，让教师知晓戏剧教育并不会增加他们的工作量，而只是通过改变工作方法以提高产出质量，让教师感受到戏剧给自己带来的力量和益处，从而让教师真正愿意留下来，参与到戏剧教育中去，这是这个项目的核心目标。否则，即使教了一些排剧的方法，教师的观念和意愿却没有改变，最终还是水中捞月一场空。

下午回到教室，学生也已经到了。将近四十个一年级学生走进教室站成了圆，我问他们上过戏剧课吗，他们大声回答没有。于是，我如平时一样，带学生从戏剧的基础开始，一步步进入戏剧的世界。尽管是第一次见面，但我也很快跟他们建立了联系。在复盘的时候，有教师问我这堂课的目标是什么，我说一年级学生的第一堂戏剧课，目标是让他们习惯和适应戏剧课堂。当然，今天为了让教师能够看到更多戏剧课的内容以及了解如何从故事发展出戏剧，我加入了《小狗学叫》的内容。

图 7-52　我带桐浦镇中心小学一年级学生上戏剧课

这堂课后，我以戏剧《精卫填海》为例，详细地向教师讲解了这个戏剧作品创作的想法和方法，包括整体结构、道具运用、台词创作、呈现形式、音乐设计等。教师反馈：通过这样的讲解，才真正了解了这个剧的精妙。最后，我又以现在小学六年级共读的《西游记》中的"三打白骨精"故事为例，向教师展现如何利用过程戏剧的方式将一个故事创作成戏剧作品。经过这样详细的拆解，教师逐渐掌握戏剧创作的方法。

整整一天的戏剧教育工作坊，从戏剧游戏、理念学习、公开课、作品讲解到案例实践，满满当当。但对这些教师而言，戏剧教育之路才刚刚开始，更重要的是学以致用，接下来与学生在共创中去实践、反思、改进、提升。

虽然辛苦，却意义深远。乡村振兴需要教育的振兴，乡村美育的发展需要戏剧教育的赋能。

（三）火苗

在南京戏剧与教育应用大会的圆桌论坛上，我被问到了一个问题：如何在语文学科中融入戏剧，如何创作课本剧？这个问题似乎在网络上就能找到很多答案，但是在真正落地的时候，教师还是感觉非常困难。浙江省瑞安市桐浦镇中心小学这几年一直在推行"共读一本书"，以语文教师为主，其他学科教师也参与其中，在学期末共同将共读书目的内容排成一出戏剧并进行演出。他们当时的主要做法是向外面的机构购买剧本，由教师带学生进行排练。具体做法是：由语文教师带学生共读一本书，然后将书本内容编排成剧；学校再安排一段时间，让全校教师参与戏剧的排练和指导工作。不过这套做法存在的问题比较多，教师排练剧本的能力不足，导致最终效果不好。因此该校向浙江致朴公益基金会寻求支持，继而受致朴邀请，我成为该校戏剧教育导师，对该校进行针对性指导。其实桐浦镇中心小学面临的就是典型的课本剧创作的困境。而这也正是本段开头所提到的那个问题：语文中如何融入戏剧？

目前大多数学校的课本剧都是根据文章内容或者现成剧本进行排练和演出。但是，正如李婴宁教授所指出的："单纯靠传统的戏剧教育方式已不能达成我们所期望的深层目标。很失望于一些专家仍然热衷于让孩子将大人写就的故事背诵、模仿、表演出来，在教育戏剧中，不能单纯表演故事。它必须被转化为其他艺术形式，才有可能去打开一个事件，探索事件中的人在那个境遇中的遭遇。"

仔细想想，是不是很多课本剧都是"让孩子将大人写就的故事背诵、模仿、表演出来"？这样做的危害在于，学生仅仅在当一个"演员"，会刻意模仿，但没有自己的理解和创造，容易"东施效颦"。这也是很多观众觉得课本剧演出容易出戏、尴尬、笑场的原因。

因此，在最初的接触和了解之后，我为桐浦镇中心小学的教师设计了培训计划。不同于我在学校里对自己团队教师的教育戏剧全面培养计划，针对桐浦镇中心小学在课本剧方面的需求，我为该校的教师进行了个性化的培训。教师在观看戏剧作品《精卫填海》和《蜉蝣》之后，提出了两个问题：学生是如何做到不出戏的？这两个剧的意象都比较虚拟抽象，学生表达起来是否会比具象的更困难？

在第一次线下授课后，我们又进行了线上研讨。教师分享了他们在实践中遇到的困难，包括故事呈现的场幕太多、学生太多导致参与感不强、学生被框在故事情节里而无法联系生活等。这时我就发现，仅靠一两次工作坊培训或者一两次看课评课是远远不够的。这也是我为什么一直对只做两三天的师资培训很犹豫的原因。戏剧教师不是几天就可以培养出来的。曾经有校长问我培养一名戏剧教师要多长时间，我的回答是两年。真的，至少要两年，这还是在有非常充实的培训计划的基础上。

在线上研讨会，我尽量回答教师的疑问，包括以过程戏剧进行编创的步骤方法、戏剧课堂的组织、引导学生进行表达的方法、结构框架的搭建方法等。尽管研讨时间远超预期，但是我清楚他们仍然有很多疑问。最重要的，还是如何真正地将戏剧教育落地。"纸上得来终觉浅，绝知此事要躬行。"所以，在这次线上研讨会后，我们请桐浦镇中心小学的教师来天府七中戏剧组跟岗学习，走进我们的戏剧课堂，看见真正的戏剧教育。这些教师也很好奇，天府七中是如何在短短的三年时间内，就从零开始发展出了适合中国学校的戏剧教育方式，将戏剧融入了校园文化和校园生活的方方面面？

2024 年 4 月 10—12 日，浙江致朴公益基金会组织"美育学校共创"项目中的三所项目校（瑞安市桐浦镇中心小学、瑞安市云周周苌小学、诸暨市东白湖镇斯民小学）的九位乡村教师来成都向天府七中戏剧团队学习，了解天府七中的戏剧教育实践。其中七位教师都已经开展过各式各样的戏剧活动，如课本剧、舞台表演、竹

图 7-53　三所乡村学校的教师来到天府七中

节偶剧，但大家都希望能做得更好：让学生更多地参与创作的方方面面，真正做到参与、共创，让学生表达自己的所思所想。这九位教师关心的问题涉及戏剧课程的设计与组织、学校管理和文化等方面。

　　在跟岗学习之前，致朴公益基金会的团队与前来跟岗的三所乡村学校的教师开了沟通会，并整理了教师的基本情况、目标期待、关心的问题等，让我更清楚他们

图 7-54　乡村教师与天府七中戏剧团队联合教研

的需求。针对这次的跟岗学习，我们并没有特地做安排，而是让他们直接参与我们戏剧组的工作日常。

这些教师上午跟戏剧团队进行了联合教研，还观摩了我为一年级学生设计的戏剧课《后羿射日》。在这个课堂上，有一个环节是让一年级的学生随机分组并自由创编。这是这些学生第一次体验这个环节，不同组的学生呈现出完全不同的状态：有的小组很快就能分配好角色并进入即兴扮演，有的小组因为角色分配陷入了僵持，还有的小组看起来好像在玩耍并没有进行创编。过程中，观课的教师开始疑惑：这样学生能学到东西吗？会不会太混乱了？如果有小组没有完成怎么办？学生感受到挫败，不再投入怎么办？复盘的时候观课教师说："他们看到我当时看起来完全不着急，也没有插手干预学生的自主排练。"

图 7-55　一年级戏剧必修课《后羿射日》课堂上学生的肢体即兴

最后表演的时候，有一个小组明确知道自己要做什么，成功地完成了创编，给了所有人一个惊喜。同时，也有小组没有完成。我带学生复盘了这个过程。学生通过观察他人的成功、反思自己的不足，学会了自我反思和自我改进，这是一种自然而然的学习过程。于是观课教师马上意识到，原来复盘才是学习深度发生的环节。一次戏剧课的成果并不能证明学生可以成功地创作出一场戏，但戏剧课的过程可以逐渐提高学生团结协作的能力。把失败当作一次学习。这是在做中学，而不是知识和道理的灌输。我跟教师说："不仅要允许学生失败，也要允许教师失败。"在一个允许犯错的环境中，教师和学生更愿意自由探索和表达自己，这增强了他们的创造力，提高了自信心。

图 7-56 一年级戏剧必修课《后羿射日》课堂上教师与学生展开讨论

不止在戏剧课上，这样的"放手"还出现在非常多的场景中。中午，这些教师还围观了执仁有戏戏剧节组委会小策划人的例会，他们看到一至三年级的学生会表达他们对戏剧节的各种想法和创意。这个过程中，学生勇敢表达自己、冷静面对质疑，展现了优秀的语言表达能力。同时，学生展现的自主性和参与度，也让大家赞叹。教师不再是权威、审判者，而仅仅作为引导者，为学生提供独立思考和沟通的空间。

第二天，这些教师听三年级的教育戏剧必修课，袁媛老师带两个三年级班级在戏剧里探索了《沉香救母》的故事，学生在课堂上进行了戏剧创编，从文本中，他们引出了不同的意义。这也给了这些教师很多启发，天府七中学生在课堂上大方、自信、有趣的表现也给他们留下深刻印象，他们对如何引导学生基于一个故事进行戏剧创编也有了更直观的理解。下午，这些教师还观看了伦敦圣三一学院的课程，对基于一段英文文本的戏剧进行观摩和学习。晚上，他们还观看了形剧团和偶剧团的新剧创作排练，对学生剧团的创排有了全新的认识。这是我们第一次把设计的戏剧课程的各个层面展现给希望学习戏剧教育的教师。

图 7-57　学校三年级戏剧必修课《沉香救母》的课堂

　　《后羿射日》和《沉香救母》均是以我在教学中总结形成的过程戏剧方法来进行，既有与过程戏剧相似之处，又有我在课堂教学中实践产生的独特经验。学生在课堂上跟着教师解构故事，联系生活，再重构故事，最终形成自己版本的戏剧。对于一年级的学生来说，这似乎是不可能完成的，但是在天府七中的课堂上，学生都表现得很出色。袁媛老师为两个三年级的班级讲授《沉香救母》，尽管课程设计相同，但是因为学情不同，所以两个班级的同一堂课会呈现不同的过程和效果，这就是戏剧课的魅力所在。即使是同样的课程内容，即使给同一年级的班级授课，不同班级的授课效果都不一样。此外，这些教师还旁听了危煜钰老师面向二年级学生开设的戏剧必修课《神农尝百草》，这是典型的教育戏剧课，并不以戏剧创作为主要内容，而是让学生在情境中体验和思考，感受神农的两难困境，从而获得对自我的认知。

　　天府七中的戏剧课分三层，除了必修课和选修课，还有专修课，即戏剧的剧团。第三天，这些教师观摩了中学部戏剧校队的课程，分别是墨池剧团的音乐剧《暴风雨》和马鞍剧团的先锋戏剧《项链》。在看完之后，他们感叹学生怎么可以演得这么好。无论是小学剧团还是中学剧团，都坚持所有学生共创剧本。即在最开始，教师并不会给学生一个现成的剧本，教师只会提供一个故事素材，然后学生须在学习的过程中思考和讨论如何创作。比如在课程《项链》的初期，学生写了大量的文稿，在排练过程中逐渐形成了自己的剧本。小学部的形剧团当时正在创作肢体戏剧《伊卡洛斯之翼》，偶剧团正在创作木偶剧《大禹治水》。这些教师也兴致勃勃地研究学生是如何进行创作和排练的。相比于中学部校队已基本成型的剧目，小学部的剧团作品还在创作中，所以他们可以更清楚地看到教师和学生是如何一步一步将文本转化为舞台上的表演。

图 7-58　中学部戏剧校队排练现场

　　中午，这些教师围观了第三届执仁有戏戏剧节组委会小策划人的例会，例会由罗玉雪老师带学生进行。安可老师说："以为参加小策展人例会的都是小学高段的学生，没想到是一至三年级的学生。"陆壹老师说："教师会让学生提出质疑，学生也能面对质疑，被质疑的学生也很冷静；学生的语言表达能力都很强，敢于表达自已；教师也很有耐心，留足时间等待，认真倾听学生，没有出戏。"

晚上，这些教师随我来到了 A4 美术馆的小剧场，那时剧场里有天七戏剧家长社群的活动。在这里，他们能看到家长认真地参与戏剧活动，全身心投入，呈现无比和谐的家校关系。

三天的跟岗学习，每天的学习时长都在 10—12 小时，强度非常大。除了听课评课，这些教师还要自主研讨，我也会加入进来，为他们答疑解惑。他们在研讨时讨论出很多"aha"①：

（1）相信，允许学生犯错，允许教师犯错。
（2）戏剧教育带来的思辨、疗愈与舒展。
（3）收放自如的状态。
（4）教师与学生平等的关系和状态。
（5）教师如何在戏剧教育中成长。
（6）学校在其中发挥的作用。
（7）课堂上，允许学生失败，允许教师失败。

这些教师还观察到，在天府七中小学部的校园里，学生的身体是舒展的。邵浩伟老师观察到：每节戏剧课在开始前都有热身活动和戏剧游戏。通过各种身体活动，学生的肢体得到释放和锻炼。这样的活动不仅为戏剧表演中的身体表达打下基础，也为学生与角色间的情感联系做了铺垫。可可老师留意到：授课教师在戏剧课上做示范时，常通过丰富的肢体语言来启发学生，而非直接给出答案，这样的教学方法激发了学生的创造力和想象力。在放得开的同时，学生也都"收得回来"，看得出学生在戏剧课上建立了良好的规则意识。他们还注意到，在袁媛老师的每节课开始前，学生就会安静地列队进入戏剧教室，跟着音乐，自动围成了一个圈。陆壹老师说："袁老师的指令非常清晰，如'在围圈时，请不触碰到人，不触碰到任何东西，当你知道怎么做的时候请站在队伍里面'。"安可老师的观察是：每节课的最

---

① "aha"指在一段经历之后的顿悟时刻，参与者突然对一件事情有了超出预期的收获，常用于对活动或项目的复盘。

后，教师会和学生一起复盘，这会让学生更好地理解规则，规则不是靠"吼"来制止与提醒，而是在体验中自然而然形成的。

他们还有一点非常有趣的发现：天府七中的戏剧课堂有一条明确的规定，在每节课上学生都会有最后的呈现机会，但如果有学生不遵守规则的话，就会被取消表演机会，只能看别人表演了。这让他们反思，因为他们平时在自己的课堂上总是对学生说："如果再吵闹的话，一会儿让你第一个上来说。"于是，上台分享或是表演就在学生心里变成了一个惩罚，而不是一个机会。他们说："回去一定要换一种说法。"在一年级和二年级的戏剧教育中，让学生学习肢体表达并树立规则意识是很重要的目标，所以我们会做非常多的戏剧游戏，因为游戏肯定有规则，可以通过潜移默化的方式让学生树立规则意识。因为规则都是在游戏过程中由教师和学生共同约定的，所以学生都愿意遵守。

金洁老师提到了戏剧教育中两难情境的重要性，它能激发学生的思辨能力。无论是在袁媛老师的《沉香救母》，还是在危煜钰老师的《神农尝百草》，学生都能看到人物选择背后的难处。挑选素材时，无论是一幅图像还是一则新闻，都能成为学生独立思考的催化剂。反观我们日常的课堂，当教师提出一个问题时，学生会按教师想要的标准答案去猜、去答，逐渐没有了自己的思考，也不愿意表达。但在戏剧中，这种情境能促进学生不断思索和表达，不再被动等待唯一的答案。

他们还看到了戏剧对于情感的疗愈作用，在读别人的故事时将自己融入其中。虽然没有看到袁媛老师的《杜甫草堂》一课，但他们在教室旁的墙面上见到了由学生写的纸条拼成的一座"草堂"。原来，在这一课中，学生了解到草堂是杜甫历经苦难后的心灵寄托空间，那么，对学生来说，可以给予他们安慰和寄托的又是什么呢？学生可以选择公开这句心里话，也可以选择保密，那么这句话就只有教师会知道。

季信心老师提到：以前学生的阅读，更多是在看别人的故事，而在戏剧课上，教师会通过链接学生的真实生活，以问题引发学生的同理心。戏剧课促使学生将他人的故事与个人经历相融合，深化了对角色的共情与理解。

除此之外，大家也探讨了许多其他的问题：教师与学生的平等关系和状态、教师在戏剧教育中实现自我成长的方法、戏剧教育课程的整体目标和每节课的目标的设定、课堂上预设和生成的关系、怎么提升教师的即兴能力等。通过这次跟岗，我相信这些教师都对戏剧教育有了更深的理解。

虽然是高强度的三天，但大家都十分投入。大家都感叹，如此高强度的工作，教师怎么还能保持那么好的状态和精力？我跟教师说要找到自己的热爱。这也许更难，但也更值得追寻。

当然，在学习过程中还有新问题产生，比如关于戏剧课教学的设置、教师保持好的状态和精力的方法、小组的合作和被孤立学生的处理等，我们也在讨论中一一做了解答。这些教师在跟岗学习时高度认真、专注和自觉，给戏剧组的教师留下了深刻的印象。只有足够热爱、足够感兴趣，才会有这样努力钻研的内驱力。在跟岗学习的最后，他们感叹这三天实在太充实了，戏剧教师的精力太充沛了！但实际上，这就是戏剧组的日常。这次跟岗学习的日程并没有做特别安排，而是让这些教师跟随戏剧组教师一起进行日常教学、研讨、创作等，在正常的教学过程中感受和学习戏剧教育。

图 7-59   三所乡村学校教师与天府七中戏剧教师团队

我也观察到，这些教师在跟岗学习过程中都很专注且好学。我总觉得认真的人是最美的，在这些教师的身上我看到了。教师的跟岗学习对于戏剧组来说也是一次考核，把最真实的戏剧教育日常展现出来，真金不怕火炼。看到这些教师的反馈和感言，我们发自内心地感到开心，我们也通过这些教师的反馈对自己有了更深的认识。

（四）火花

在跟岗学习之后，桐浦镇中心小学的教师回到自己的课堂上进行实践。一个月之后，我再次走进该校。这一趟主要是观看邵浩伟老师二年级课程《豆蔻镇的居民和强盗》和金洁老师五年级课程《草房子》。两位教师都以我教授的过程戏剧的方法进行授课，他们的课堂结构非常清晰，也达到了一定的效果。由此可见，教师在跟岗中非常认真地学习并做了总结和内化。在这两堂课上，几乎所有学生都表现出了很高的参与度、极大的学习热情和动力。两位教师上课时的状态也十分沉浸放松。在课上，有的学生将故事中的情节与自己的真实生活经历联系起来，与书中人物共鸣，表达自己内心细腻的感受；有的学生在平时课堂上表现不怎么突出，在戏剧课堂上却能表现出很强的组织协调能力和肢体表现力；有的学生敏锐地观察到其他小组展演时的亮点和不足并提出自己的建议；有的小组从其他小组的展示中迅速学习并迭代自己小组展示的方案；还有的小组在展演后主动提出要再演一次。

图 7-60 桐浦镇中心小学金洁老师带五年级学生上戏剧课《草房子》

其他教师观看了这两堂课并进行了非常深入的研讨，提出了很多问题，分享了自己的观察。"学生联系自己的生活的时刻，是学习发生的重要时机。""尊重、理解、欣赏、鼓励学生，给予规则以上的自由，在有安全感的课堂里支持学生与自我对话。""在戏剧的两难困境中体验、学习、思考，训练思辨能力。""关注但不干涉，鼓励学生自己解决问题，过程就是即兴，大家都在实验，每个人都可以有自己的方法。""特殊儿童也可以参与，我们需要等待，也需要鼓励并把握时机。"……我为两位教师进行了评课并回答了其他观课教师的问题。我也特别强调，不要刻意模仿，我相信每位教师都可以找到适合自己的戏剧教育教学模式和风格，刻意的模仿反而会让自己被限制，很高兴看到邵浩伟老师和金洁老师的授课各有风格。

图 7-61　在公开课之后与桐浦镇中心小学的教师进行研讨

在这次进校之后，该校的教师继续在课堂中实践，同时他们也会在微信群里分享和交流。有一天，我收到周国平校长的信息："缪老师，今天《草房子》的演出非常成功！很多教师都被感动了，现场气氛都凝固了！"这让我突然很振奋。

《草房子》是金洁老师带五年级学生上的戏剧课程，从课程到戏剧作品，一个多月里，教师和学生发生了蜕变。周校长发信息来的那天是桐浦镇中心小学那学期的最后一场演出，其中就有《草房子》。据周校长说，演出时很多教师和学生都被感动哭了，甚至有男教师哭了好几回。也有曾经被别人欺负的学生，在看完这个剧之后，反而感觉轻松释然了。同时，更多的教师理解了，为什么学校要坚持做儿童剧。附上周国平校长的文章。

每周一封信：走一步，再走一步

2024 年 6 月 4 日

昨天下午，本学期最后一场儿童剧演出，终于在最好的天气里落下帷幕。演出结束之后，我赶紧给张婧老师和缪斌老师发微信，告诉他们演出非常成功。

　　尤其是五年级的《草房子》，多次让我感动，当时我转身去看家长，看教师，看孩子，他们的表情告诉我，他们和我的感觉一样。尽管他们没有读过《草房子》这本书，但是依然能够从这个儿童剧中，看懂这个故事。甚至，他们还从剧中想到了自己的故事。

　　当秃鹤故意在广播操比赛中，扔出自己的帽子，毁了学校的荣誉之后，身边所有的同学都不再理秃鹤时，我感觉全场气氛都凝固了。退场时，潘丹丹老师见到我，就说："我都被感动哭了！"

　　戴美珍老师说："我为了不让自己哭出来，始终努力让自己出戏，找旁边的人聊天。"

　　邵浩伟老师跑到我身边，一脸严肃地问我："你觉得这个剧怎么样？"

　　我反问他："你觉得怎么样？"

　　他说："我已经哭了好几回了！"

　　五年级的李胜奇同学说："看完这个剧，我想到了自己曾经被别人欺负的样子，但是看完剧我反而轻松了。"四年级的朱优可同学也被这个剧感动了，回家把《草房子》找出来再看了一次。还有人说，这样的演出可以卖门票了。

　　戴美珍老师在交流中，告诉我她明白了学校为什么要做这个儿童剧了。是呀，我们为什么要做儿童剧？这就是最好的答案。说实话，前几年全校连集中演出的机会都没有。在班级里表演，效果大打折扣，教师也看不见其他班级优秀的儿童剧，因此对学校安排儿童剧这件事产生了各种质疑。甚至，多次有教师问我是否可以取消。但是，我坚持下来了。

　　昨天，我们几个人在办公室回顾了我们的儿童剧经历，大家都觉得跟以前不一样了。潘丰洁老师班的学生越来越有"戏"了；邵浩伟老师带的二年级学生，已经发生了质的飞跃了；徐燕老师班级表演的《绿野仙踪》已经比上一届的学生表演得更有感觉了；还有张丽娜老师班的《漏》让我们看到了未来更多的可能。真的，孩子太棒了。他们总能给我们意外的惊喜！教师为此而付出太有意义了！

　　那天，张丽娜老师班的孩子演完后，跟我说："校长，孩子们太棒了，我都感动哭了！"其实，这种感动是被孩子的表现感动了，同时也是为自己的付出而感动。的确是这样，我也特别激动，教师太厉害了，孩子太棒了！

　　想象一下，从一年级到六年级，让我们的孩子经历这样一场又一场的儿童剧，他们会长成什么样子呢？我说，我们的儿童剧一定要走上更大的舞台。致朴的张婧老师跟我们说，我们的剧是要到乌镇国际戏剧节进行演出的。哈哈哈，我们都笑了！是的，这不是不可能的事情。我们的独轮车呢？不就是走到了中央广播电视台吗？

我们从《龙根》开始，到现在的《草房子》，我们的儿童剧已经经历七年的时间。从开始的课本剧，到后来的儿童剧，再到缪斌老师的教育戏剧，我们不断地前行，不断地迭代，如今我们看到了光明。

于是，我又想起了那句话：走一步，再走一步！

感谢所有的人！

因为你们的付出，让我们看到了更优秀的自己！

——摘自公众号"越读居"

（有删改）

儿童剧绝不仅仅是把已有的故事让孩子依葫芦画瓢表演出来，那样的儿童剧缺乏价值和意义。从作为戏剧公益导师开始支持桐浦镇中心小学起，我就坚持为教师带去教育戏剧的理念和方法。这个过程肯定不如直接教表演那么"短平快"，教育戏剧也不是那么容易理解和掌握的，在刚开始教师肯定会有很多疑惑、迟疑甚至质疑。但是，正如周校长在上文中所说，"走一步，再走一步"，你需要坚持向前走，并能够知道怎样走，才能向着光明前行。

很开心在仅半年的时间里，桐浦镇中心小学的戏剧教育已经如火种般燃烧起来。这是我支持的第一所乡村学校，很有成就感。期待与该校的教师一起继续成长！

听到有人说，好像现在乡村的美育做得比城市里还好，你看，乡村的学校都开始做戏剧教育了。我觉得一方面是因为乡村的美育基础相对较薄弱，所以更需要支持。艺术教育对乡村儿童的帮助是无比重要的，比如桐浦镇中心小学的很多学生都是农民工子弟，他们跟随爸爸妈妈外出打工，生活环境的不稳定对其心理和学业造成影响。另一方面，在接触之后发现，乡村教师也非常努力和认真，他们发自内心地想去学习戏剧教育，想去提升自己并为学生提供更好的教育。他们没有把教学只当成一份工作，更没有停留在自己狭小的专业领域里而不思进取，他们有内驱力。非常高兴有机会参与到乡村美育的发展中，有机会为乡村学校的戏剧教育提供支持，看到戏剧教育的种子在乡村学校生根发芽。乡村教师对戏剧教育充满了热情，而乡村学生也有机会在戏剧里成长。希望尽自己的绵薄之力，为乡村美育做一点贡献。

十、戏剧＋教师成长

教师成长是教育发展的根本，也是每一位教师的职业追求。但是，教师培训如何才能有效？如何才能让教师觉得有趣并且有必要？如何才能让教师真正得到成长而不只是完成任务？教师成长似乎已经成了一个难题，学校努力为教师请来专家做讲座，教师却感觉是被强行安排了任务，心不甘情不愿地去听讲座，听了一大堆理论，回来后什么也没有改变，最终只是浪费了时间和精力。

最近几年，我收到越来越多的邀请，将戏剧运用于教师培训。不同于戏剧教师的师资培训，这些培训多是对各种学科教师的培训。在这些培训中，戏剧成为激发教师兴趣和成长的核心动力，让教师动起来，从而改变过去坐着听讲的模式，让教师亲身体验和感受，教师不再只被当作教学者，而是被当作一个人。师资培训的组织者要发现教师的需要，让教师不再觉得培训是一个任务或者负担，而是对自己的滋养。

这里分享我在"戏剧＋教师成长"方面的两个案例。

（一）青海省艺术教师研学营

受阳光未来艺术教育基金会和 A4 美术馆邀请，我为来自青海省西宁市城北区的由十二名美术教师和十三名音乐教师组成的教师研学营带来一场戏剧教育工作坊。不同于以往针对性比较强的戏剧教育工作坊，这二十五位教师并不是单纯为戏剧教育而来，而是因为阳光未来艺术基金会和当地教育局组织了这次外出培训。因此我有些担心他们会对戏剧教育不感兴趣，甚至有些担心他们会觉得这次培训是一次上级安排的任务而没有兴趣。不过既然龚瑜老师、阳光未来艺术教育基金会和 A4 美术馆那么信任我，将这个培训托付给我，我还是硬着头皮接受了委托。

研学营中，我负责半天的学校参访和半天的戏剧教育工作坊，我们戏剧组团队一起提供保障服务。上午十点，我在校门口迎接教师的到来。然后，我们陪他们进行了以戏剧和艺术为主题的校园参观，从负一楼的谷剧场、乌桕剧场和舞蹈教室，到一楼的执仁剧场、画廊、图书馆、美术教室，到三楼和四楼的云剧场、组团空间，经过五楼的空中栈道，最后抵达六楼的戏剧教室。教师对学校里处处都有艺术元素赞叹不已，表示很受启发。这其实也是我们这几年里长期努力的成果，让校园里处处都有艺术，让戏剧在校园里发生。

抵达戏剧教室之后，我为教师详细介绍了学校戏剧课程的设置。对于戏剧必修课程他们表示非常惊讶，也对戏剧课程的三级分层设计提出了很多疑问。为了让他们能更直观地感受戏剧课程，我安排了团队的危煜钰老师为他们上一堂戏剧公开课。如以往一般，我们没有因为有其他教师听课而特地做安排。我提前一天跟煜钰说："明天青海的教师听一堂课，你就按原本的安排上课就好。"我们也没有提前通知学生，二（5）班的学生走进教室的时候才知道原来这堂课有这么多教师旁听。

这也正是我们近年来在戏剧课程建设和教师成长方面所努力的方向，让每一堂课都可以成为公开课。公开课不应成为表演课，一定先磨课很多次，让学生也经过排练，这样的公开课对于来听课的教师而言也没有意义。公开课允许有瑕疵，允许有突发状况，允许有失败，真实的课堂对于听课的教师来说才有学习的意义。

图 7-62　青海省的艺术教师观摩危煜钰老师二年级戏剧必修课《音乐之声》

煜钰上的这堂二年级的戏剧课是日常的必修课，根据《音乐之声》进行设计，课堂上大胆地让学生进行探讨和即兴创作，以旧报纸作为材料，由学生自己进行创意制作。同时也使用了教师入戏，由煜钰扮演男爵夫人，让学生进入情境去体验，学生对男爵夫人和魔法教师的差别有了更深的体会。青海的教师对学生积极主动的表达、想象力爆棚的即兴演绎、打动人心的情感共鸣感到很惊讶，同时又很受启发，尤其是学生在活跃的同时又很有序。

课后，青海教师与我们的戏剧教师进行交流，由于是第一次看戏剧课，青海教师仍意犹未尽。实际上，经过上午的相处，我感觉到他们对这次活动已经充满了热情和探索的欲望，这让我对下午的戏剧教育工作坊也有了更多的期待。

下午，我们来到 A4 美术馆小剧场，青海教师已经早早地在那儿等待，能感觉到他们也对即将开始的戏剧教育工作坊有所期待。根据研学营的主题"爱的启蒙"，我为他们选择了一个绘本故事作为工作坊的素材，即《活了一百万次的猫》。实际上，当时我也正在给一年级的学生上这个课。听起来似乎有些奇怪，一年级学生的戏剧课难道也适合这些教师吗？

图 7-63 我带青海的教师体验戏剧工作坊

照例，我以戏剧游戏带领从未有过戏剧经验的教师开启对戏剧的初体验，每一位教师都非常专注，在这个过程中，我也开始对教师的个性有了越来越多的了解。从他们的动作和神态，我可以清晰地感觉到他们对当下正在进行的戏剧活动很感兴趣，所以能全身心投入其中。

通过戏剧游戏，教师在潜移默化中了解并发挥了一些戏剧基本能力，比如定格、慢动作、即兴等。然后我们就开始进入故事。在我讲述故事的每一个片段的同时，我都会请有兴趣的教师到圆中间来以定格呈现剧情场景。不得不说，来自青海的教师真的很优秀，他们的想象和创造让我眼前一亮。

在完成了故事的定格画面呈现后，我向教师提出了问题：为什么猫在它的每一段生命中都不开心？他们给出了很多答案，比如它不喜欢自己的主人、没有人真正爱它、没有按自己喜欢的方式生活、在无意中被伤害……继而大家突然发现，这些原因在我们的学生身上似乎都有。而我们平时似乎很少能够想到学生不开心，我们总会以成年人的思维去想学生为什么不开心。至此，他们沉默了，他们在思考，被代入其中，可能也想到了自己平时对待学生的态度和方式。

然后我给他们布置了一个任务：在纸上写下或者画下你不开心的事。他们各自找了一个角落，陷入回忆，或犹豫或干脆地在纸上留下印记。当他们都写完后，我让他们将纸片散落地放在舞台上，然后回到观众席。接下来，每次可以有一位教师走到舞台上去浏览所有的故事，并选择其中一个以默剧演绎出来。对很多教师而言，这似乎是个巨大的挑战，但这个部分是非常打动人的，随着上台的人越来越多，教师也越来越进入状态，开始有了真情流露。

图 7-64　青海的教师在戏剧即兴活动中

再之后是小组编创，教师被分成几组，每组选择一个生活中的故事进行演绎，但要求以猫为表现形式。这个部分同样精彩，观看者数次被打动。然后我们开始深入探究：不开心的真正原因到底是什么？我们又如何可以去寻求改变？

所以，一年级的戏剧课同样适合成年人学习，尽管戏剧课的深度与认知层面都发生了显著的变化。通过这样的戏剧教育工作坊，他们感受到了戏剧的力量，在舞台上摸爬滚打的同时，思考角色，也反思自己。他们将自己真实的生活经验融入工作坊中，将自己的苦恼分享给工作坊的协作者，最终他们自己释然了。

这些音乐教师和美术教师并不是来学教学技巧和方法的，而是用心体验戏剧带给他们的力量，也在其中更新自己的教育理念，甚至在这一过程中帮助他们更好地面对自己的生活。教师成长后会给学生带来更有益的教育，只有拥有积极情感、创新能力和生活品位的教师，才能培养出健康向上的下一代。

（二）致朴美好教师成长营

致朴公益基金会这些年聚焦乡村教师的美育领域，我也受邀担任戏剧教育公益导师，支持桐浦镇中心小学的戏剧教育。在 2024 年暑假，致朴举办第二期美好教师成长营，期望通过成长营，让教师找到内在力量、在实践中成长、建立支持系统。找到内在力量是指打开教师的感知力、表达力和好奇心，用有趣的方式与自我、伙伴和乡村产生联结，从而可以感受到内在力量和清晰愿景；在实践中成长，是指通过体验进行学习，找到个人成长的需求、方向和路径；建立支持系统，是指通过个人表达与倾听、小组学习等，建立愿意持续交流和相互支持的社群。

这期成长营在浙江省衢州市龙游县溪口镇开展，来自浙江各地的二十多名乡村教师和校长汇集在这个小镇。我主要负责主题为"教育者生命力"的戏剧工作坊。接到这个命题后，我就在思考：什么是教育者的生命力？尽管"教师是人类灵魂的工程师"这一观点深入人心，教师一直是一个光荣且受尊敬和爱戴的职业，但在现实中，很多教师的精神状态、心理健康、身体机能等都不理想，工作太忙太累，教学之外的任务繁多，心理压力超负荷……甚至还有一些教师并不热爱教育事业，仅仅把教书育人当成一份赚钱糊口的工作，对儿童不亲近不喜爱，结果就是自己痛苦，还影响对儿童的教育。那么，如何改变这些问题？如何让教师可以有健康的心理和强健的身体？如何让教师在自己看似"重复"的日常工作中发现意义和价值？这是我认为让教育者拥有生命力的关键。

我为这次工作坊设计了相当有难度的课程内容，对我自己也是挑战，最终的结果于我也是未知，需要我和教师一起在过程中共创。工作坊以荒诞派戏剧《等待戈多》为素材，以教育戏剧为方法，带没有戏剧经验的教师在一天的时间里，通过一系列有趣的游戏和练习，感知自己的身体和空间，建立与伙伴的默契。环环相扣，层层叠加，最终导向小组共创和彼此链接。我特意设计了肢体部分，让教师的身体动起来，调动他们身心的活力，为戏剧创作打好基础。

工作坊包括四个板块：内观自我、时间与空间、重复与意义、等待与希望。斯民小学的安可老师在经历之后，这样总结四个板块的内容：

（1）内观自我——肢体、专注和打开自我。

（2）时间与空间——关注群体，建立团体默契。

（3）重复与意义——既然重复着乏味，那一定有其存在的意义。

（4）等待与希望——共创的力量，共同寻找希望，寻找"等待什么"，共同完善剧本，共同排演。戈多是谁？没有标准答案，正如人生，没有标准答案。

内观自我板块主要是通过戏剧游戏，逐步激活和开发教师的肢体表达能力、专注力、观察力等，让教师能够放松下来。大多数成年人包括教师都很紧张，这种紧张很容易传递给学生。正如戏剧，先放松下来，才能够爆发。生活中也需要放松，放松下来，才能有热情。

图 7-65　教师在内观自我板块的肢体即兴

时间与空间板块以群体性游戏和活动为主，引导教师感受空间的存在和变化，同时建立起群体的默契和联结。在工作坊的前一天，我们参观了溪口镇的泥美术馆，那里展出了很多人物摄影作品，于是我拍了一些，拿到工作坊作为即兴表演部分的练习素材。教师自行走到空间里，翻开被反扣在地面上的照片，揣摩照片上的人物心理，然后让自己成为这个角色，与空间里的其他角色即兴互动并推动情节发展。

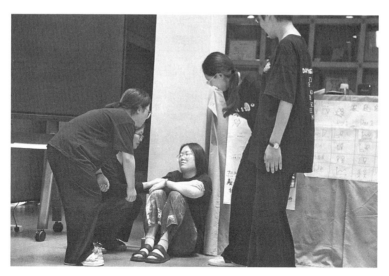

图 7-66　教师在时间与空间板块的即兴表演

　　重复与意义板块有一个前置任务，在工作坊开始的前一天晚上，教师需要去小镇上，以"重复"为主题，寻找一个物件，并以这个物件设计一系列重复动作。教师将物件带到工作坊，并展示了自己设计的重复动作，大家一起决定这个重复动作是否可以。继而，我向他们提出两个问题：重复的事情是否有意义？如何让重复的事情具有意义？设计这个板块是因为教师在平时的教学工作中有很多重复性工作，比如讲课、批改作业等。同时，等待往往也是由重复性动作组成的。

图 7-67　教师在重复与意义板块用从小镇上找来的物件设计重复动作

接下来就来到最重要的板块，即等待与希望。在这个板块里，教师在纸上写下自己在等待什么，并思考等待与希望的关系。当面对不确定性甚至绝望时，你还会等待吗？随后，教师分成四组，每一组讨论确定一个等待对象，设定不同的角色，创作关于等待的对话，并以肢体为主要表现形式，以"等待"为主题创作戏剧作品。

图 7-68　教师在等待与希望板块在纸上写下自己等待什么

在距离傍晚的演出还有两个小时的时候，各小组都开始了讨论与准备。致朴的老师观察到一点：我没有给各个小组指定组长或导演。这也是我平时在学校戏剧课的做法，如果有了组长或导演，创作进度当然会更快，但是，我希望教师能在无领导的小组中学会团队合作，掌握解决团队遇到的问题的方法。

图 7-69　分小组编创《在溪口镇等待戈多》

每个小组都遇到了一些问题，我与他们一起讨论，在尊重他们的想法和设计的前提下，给一些建议。戏剧作品的创作在这个过程中自然而然地发生，到傍晚，一切已然就绪。

很快，将近五点，教师开始收拾道具准备出发。此时外面正在淅淅沥沥地下着雨，但是我们还是相信古渡口的那棵大树会给教师带来不一般的能量。在到小镇的第一天，我看到了在溪口古渡的那棵大树，于是就决定把最终的舞台定在这里。大树笼罩头顶，大江在身边流过，还有哪个舞台能比这更好呢！于是一切仍然按原计划进行。

天公作美，当我们在大树下开始准备时，雨竟然停了。当天午休的时候，教师去

图 7-70 《在溪口镇等待戈多》手绘海报

小镇上贴了海报，邀请当地镇民来看我们的演出。所以演出开始时，除了我们的教师，还有一些镇民来围观。戏剧就这样在小镇里自然地发生，这是这趟溪口镇之行最美好的回忆。

或许是大自然给了教师不同的能量，四个剧团的教师站在大树下的舞台上，展现出了跟在室内完全不同的样子。每个人都那么自信、自然，虽然他们在之前没有

图 7-71 《在溪口镇等待戈多》在河边的一棵大树下公演

过戏剧经验，但此时此刻他们就是戏剧演员。

演出相当成功，我们在短短的一天里就创作出了一部属于自己的戏剧作品《在溪口镇等待戈多》，演绎了四个关于等待的故事，教师完成了在原本看来不可能的任务。

在复盘的时候，他们给出了自己的感受。

"一整天都很快乐、治愈，体验不同的人生，很开心。"

"体验不同的人生，戏如人生，人生如戏。我们的戏源于我们的生活。联系我们自己的实际，在这场戏里我们在等什么？"

"有代入感，能理解人物是什么心情，待在这里和离开之间矛盾的心理。最难的是戏里的默契，同伴之间合作的默契，没到最后一刻没确定好自己要演什么。"

"最大的感受是共创。"

"天时地利人和！天时——表演时不下雨了，地利——留守儿童主题，人和——同频，感受到我是一个团队中的人。"

"在与大家同频的同时，又要有自己的个性，尽可能在团队中表达自己独有的东西。"

"排练时不认真，但当站在舞台上时就不得不认真起来，一定要倒逼自己一把，平时的教学也一样。"

"突破了一把，今天'为 i 做 e'，突破了自己。平时看小孩动物爬行很轻松，今天觉得很有难度。"

"本来想演一棵树，默默在那看别人。但是在过程中心境却不断变化，最后主动、积极去参与，这是最大的收获。"

"专注当下，在很短的时间内专注创作，感受自己、感受空间、感受伙伴。不用想明天后天要做哪些事。"

"更多是治愈内心，能够通过戏剧去理解别人。"

"被大家感动，大家都很认真。"

"紧凑充实，有挑战。伙伴的碰撞，不断揣摩每一个细节，在我们都不确定的时候，有人提出了一个想法，但很快就被否定了，再不断揣摩。从未有过的培训，全新的感受。"

"昨天准备时，担心《等待戈多》会不会有点难。今天演完后会想人生本身就是荒诞的。这样一群人聚在一起的时候，可以去创造很多不一样的东西。之前从不觉得自己可以创造一台戏剧，而今天的经历增强了我对所做之事的信心。今天的主题是力量，这份力量是在过程中大家赋予我的。"

"在今天之前，更多的是模仿，关注动作跳得到不到位，模仿得像不像；今天更多的是创造。之前是完成度，今天是过程。能够从那么多不同的东西中找到共性，感叹大家点子多，过程很快乐。"

"在大家面前爬，是放飞自我的感觉。"

"很多部分都是在挑战自我，以前从来不会做。真正体会到创作的魅力和趣味，很享受，很开心，也像刚刚老师说的，找到了自我。很期待以后能够融入团队中体验这样的活动。"

"感觉很开心，平时在学校里大家都很严肃，没有这么嘻嘻哈哈的，这里可以放声大笑，跟大家一起很开心。"

图 7-72　演出结束后大家围坐在河边复盘

"我觉得太难了，今天对我而言是很大的挑战，要磨合很多次才能让自己爆发，突破了自己的舒适圈，感谢伙伴的支持。"

"好想上台演，很享受在里面的感觉。简而言之，我们一整天都在练习如何在未知和不确定中，在设想之外迎接惊喜的过程。"

"今天缪老师给大家布置了具有挑战性的任务，当不安被慢慢收住，每个人自己都会有收获，大家都太棒了。被吸引、感染和震撼到了。"

"看见了肢体在建立关系和传递力量方面的作用，非常感动。"

"特别妙！每个人都在用不同的方式去触碰彼此，用肢体、言语进行共同创作，今天是很充实的一天，看到了很多东西在生长，很喜悦。"

实际上，今天对我自己而言也充满了挑战。在最开始，我也不确定会有什么过程和结果，在一起共创的过程中，大家都不知道会发生什么。当戏剧教师的好处就在于自己也能收获很多，这是戏剧教师的幸福。

这一次的戏剧工作坊，不为教授教师教学方法，只为让教师得到自身的浸润和成长。只有教师自己幸福快乐和健康成长，才能带给学生最好的教育。

可子（周苌小学）：

戏剧工作坊一日营圆满结束！一天时间，从构思、编写、排练到最后出品戏剧，简直在自我舒适区的边缘疯狂试探！编排的过程中，我们不断地和伙伴碰撞出新灵感、新想法，也曾在剧情安排和意义设置上遇到重大瓶颈，但是，我们依旧积极地进行头脑风暴并努力克服。最后能呈现出较为完整的作品，是早上的我不敢想象的！我来培训的目标一直很明确，就是想要突破自身局限，从不同维度观察美育。经过今天的活动，感觉已实现一半。

张婧（致朴公益基金会）：

一整天的戏剧工作坊，大家通过戏剧游戏和练习内观自我，体会身体力量和注意力，感知空间和时间，逐步放松身体、打开心灵，在创作中探讨重复与意义、等待与希望，找到内在探寻的问题，并进行演绎。最终老师们在傍晚公演了自己创作的戏剧作品《在溪口镇等待戈多》。缪斌老师说，仅用一天时间就完成戏剧创作，得益于大家的开放、认真和创造力，让他也挑战了自我。

黄巧萍（斯民小学）：

今天是"等待戈多"的一天，从上午的打开自己，到下午的戏剧共创，再到傍晚渡口的展演，真的是一种全新的自我突破！就像复盘时说的，演戏看着容易，等到自己上了真是难得很！好在有缪老师的指导，还有非常给力的小伙伴，我们成功完成了演出！戏剧真是一种很奇妙的教育方式，期待明天……

小哼（周苌小学）：

从 2023 年 12 月参加桐浦小学戏剧教育工作坊到 2024 年 4 月成都天府七中戏剧教育跟岗，从初识教育戏剧到看见戏剧与生活的联系，如果说还有遗憾，那就是没有亲身经历一出戏的诞生，今天弥补了！非常过瘾！

道具　剧本　肢体　台词

时间与空间　重复与意义　等待与希望

团队中的每一个人都是寻宝者，捕捉迸发出的各种可能。

图 7-73　教师成长营全体成员在河边的大树下合影

　　一天的时间，我们完成了一件"伟大"的事。"伟大"在于这件事不能被计划，最后呈现的样子出乎每个人的意料，"意外"和"即兴"成就了它——《在溪口镇等待戈多》之"选择"。

后　记

收到出版社发来校样的时候，我正在准备即将到来的冰岛之行。

应冰岛戏剧教育协会（FLISS）的邀请，我将在寒假里为冰岛当地的中小学教师做为期三天的戏剧教育培训。尽管这几年在全国各地为教师做了不少工作坊，但是应该为冰岛的教师做什么样的工作坊，我还是有些犯愁。在与 FLISS 主席阿莎·拉格纳斯多蒂尔（Ása Ragnarsdóttir）讨论时，她认为我在中小学的戏剧教学经验能对冰岛的教师提供很大的帮助。尽管她对我非常信任，但是我还是花了好几天来思考什么样的培训内容会对冰岛的教师有价值。

没想到，在这本书即将付梓之际，我又接到了新的命题。

回顾我的戏剧教育之路，我几乎总是在不断面对并解决新命题的过程中成长：在没有教材的情况下为五个年级设计课程、适应五十个学生的课堂、组建和培养戏剧教师团队、在全国性大会上展示戏剧课堂、在论坛上分享戏剧课程建设的经验、支持乡村学校的戏剧教育、安排外省教师团到学校跟岗学习、在大学里开设教育戏剧专业课、创建戏剧教育研究中心、举办戏剧教育论坛……很多人惊讶于我在戏剧教育这条路上前进的速度，但其实，时间虽短，路却很长。

当初进入学校开设戏剧必修课，并不是对后来艺术新课标的颁布有所预见，事实上当时我一无所知，纯粹是跟着自己的兴趣去做。从中国人民大学本科毕业之后，我开始越走越远——从北京到上海，到丹麦，到希腊，这一路都是在航运业，或许正是这一段经历，让我后来觉得接受新事物、解决新命题都是理所应当。后来又在成都创业，继而在希腊学习教育戏剧。人生兜兜转转，最终我让自己喜欢的事情变成了自己的工作，实现了很多人梦寐以求的理想状态。所以，现在从事戏剧教育的每一天，都是在做自己喜欢的事，都是快乐而充实的。或许这也是我在这条路上可以走得比较快的原因。而当初在跨国公司全球轮岗中所获得的经验和能力，让我对戏剧教育发展的规划有了清晰的思考。

可能也是因为过去没有在学校当过教师，所以对学校教育没有固有的刻板印象，我只是在寻找戏剧教育在学校里最适合的状态，最有益于学生成长的方式。这就是我对于第一章"学校需要什么样的戏剧教育"这一思考的由来。我不是在学校的传统框架里去套戏剧教育，而是从戏剧教育本身去思考学校可以做什么样的改变。不知不觉，与当下的教育创新不谋而合。

当这本书真正摆在面前，我竟然心生怯意，担心书中的内容未能为读者提供足够有益的帮助。这种担忧让我甚至想推翻重写，在袁媛老师的安慰下我将全书逐字仔细阅读，读的过程中我不自觉地沉浸在回忆中，于是想为这本书写篇后记，以说服自己安心地将书稿付印。在将书稿交给出版社之后的几个月里，我们在戏剧教育方面又做了很多新的事情。一本书里难以囊括所有，尤其当前戏剧教育正在蓬勃地发展。新的进展和心得会通过微信公众号"乐行戏剧工作室"更新，也希望读者朋友在阅读本书后，能够提出宝贵的意见和建议（miaodrama@icloud.com）。愿与大家共同努力，众人拾柴火焰高。

缪　斌

成　都

2025 年 1 月 8 日

图书在版编目（CIP）数据

校园有戏：中小学戏剧教育实践指南 / 缪斌, 陈刚, 袁媛著. — 上海：上海教育出版社, 2025. 3. — ISBN 978-7-5720-3359-9

Ⅰ. G633.951.2

中国国家版本馆CIP数据核字第2025DP8179号

策划编辑　刘美文
责任编辑　姜一宁　刘美文
装帧设计　王鸣豪

校园有戏——中小学戏剧教育实践指南
缪斌　陈刚　袁媛　著

出版发行　上海教育出版社有限公司
官　　网　www.seph.com.cn
地　　址　上海市闵行区号景路159弄C座
邮　　编　201101
印　　刷　上海普顺印刷包装有限公司
开　　本　700×1000　1/16　印张 21.75
字　　数　363 千字
版　　次　2025年4月第1版
印　　次　2025年4月第1次印刷
书　　号　ISBN 978-7-5720-3359-9/G·2993
定　　价　78.00 元

如发现质量问题，读者可向本社调换　电话：021-64373213